读图时代中国典籍多模态翻译研究

龙明慧 吴静 ◎ 著

重庆市社会科学规划项目（2021NDYB147）
重庆师范大学人才引进项目（20XWB007）

南京大学出版社

图书在版编目(CIP)数据

读图时代中国典籍多模态翻译研究 / 龙明慧，吴静著. -- 南京：南京大学出版社，2024.9. -- ISBN 978-7-305-28474-8

Ⅰ.K203;H059

中国国家版本馆 CIP 数据核字第 20240008F5 号

出版发行	南京大学出版社		
社　　址	南京市汉口路 22 号	邮　　编	210093

书　　名　读图时代中国典籍多模态翻译研究
　　　　　DUTU SHIDAI ZHONGGUO DIANJI DUOMOTAI FANYI YANJIU
著　　者　龙明慧　吴静
责任编辑　张淑文　　　　　　　编辑热线　025－83592401

照　　排　南京布克文化发展有限公司
印　　刷　苏州市古得堡数码印刷有限公司
开　　本　718 毫米×960 毫米　1/16 开　印张 18　字数 209 千
版　　次　2024 年 9 月第 1 版　2024 年 9 月第 1 次印刷
ISBN 978-7-305-28474-8
定　　价　85.00 元

网　　址　http://www.njupco.com
官方微博　http://weibo.com/njupco
官方微信　njupress
销售咨询热线　025－83594756

* 版权所有，侵权必究
* 凡购买南大版图书，如有印装质量问题，请与所购
　图书销售部门联系调换

前言

中国典籍蕴含着最典型、最丰富的中国文化,是中国文化传承和发展的基石,也是人类文明宝库中的重要组成部分。中国典籍记录了中国几千年的历史变迁,涵盖了政治、经济、军事、科技、哲学、宗教等各个领域,为研究中国古代社会提供了珍贵的第一手资料。典籍中蕴含的哲学思想、道德观念、艺术审美等构成了中国文化的核心内容,并持续塑造着中华民族的文化认同和价值观。《论语》《易经》《道德经》《庄子》等哲学典籍,蕴含着深邃的哲学智慧,探讨了宇宙自然、人与社会、伦理道德等根本问题,对中国人的世界观产生了深远影响。《诗经》《楚辞》、四大名著等文学典籍,以其独特的艺术魅力和深刻的人文关怀,反映了特定历史时期的社会状况、人民生活和思想风貌,展现了中国人民丰富的想象力和细腻而深刻的情感表达。《天工开物》《齐民要术》等科技典籍则详细记载了中国古代的科学技术成就,为现代科技史研究提供了宝贵参考,也为当代科技创新提供了重要启示。《黄帝内经》《金匮要略》《本草纲目》等中医典籍记录了丰富的医学知识与实践经验,对现代医疗保健、疾病预防和治疗仍然具有重要的参考和应用价值。而不管什么类型的典籍,都蕴含着中国传承千年的世界观、道德观、伦理观和价值观,对中国人的精神世界和日常生活有着深远影响。深入了解这些典籍,将有助于从根源上了解中国人的性情和人生观价值观。即使是在当代,这些典籍仍然具有巨大的意义和价值。因此,在中国文化走出去战略中,中国典籍的对外译介和国际传播始终是极为关键的组成部分。

中国典籍的外译和国际传播,有助于增进世界对中国文化的认识,促进文化交流和相互理解,提升中国在国际舞台上的软实力,同时也有助于丰富世界文化的多样性,为国际社会处理当代各种问题提供不同的视角和思考方式,增进不同文化之间的相互理解和尊重。

随着中国在国际舞台上的地位日益提升,中国典籍的外译也可以作为文化交流的桥梁,促进中外学术、教育、经济等领域的交流与合作,加深国际社会对中国发展道路和文化理念的认识与认同。此外,当今国际社会对中国的兴趣日益增长,外译的中国典籍也能够成为世界读者了解中国的一条重要途径。

在跨文化交流的历程中,中国典籍外译工作一直面临着独特的挑战,尤其是在克服时间和空间距离方面。这些挑战往往导致典籍翻译成果难以达到预期的传播效果。然而,新媒体和信息技术的飞速发展革新了信息传播方式,为典籍翻译开辟了新的路径。最为典型的便是随着数字化技术的不断发展,获取各种可以承载意义的符号资源变得极为便利,文本、图像、音频和视频等多模态资源也得以在同一文本中实现高效整合,极大地丰富了文本的表现形式,为中国典籍的跨文化翻译提供了新的契机,即对典籍进行多模态翻译。多模态翻译不仅能够更生动形象地再现原文情境和意象,克服典籍固有的时空距离,降低读者的理解难度,还能够通过视觉和听觉元素吸引更广泛的读者群体,增强他们对中国文化的理解。相较于文字,视听元素所独有的感染力和冲击力更能激起人们的情感共鸣。因此,在当今数字化读图时代,对典籍多模态翻译展开研究,了解其翻译过程,明确其翻译标准,考察其翻译策略以提升典籍翻译效果,应是典籍翻译研究领域的一个重要方向。

本研究则是在这方面的一个尝试。本书从中国典籍对外译介的困境和挑战出发,探讨图文结合的多模态翻译形式对在异域环境中传播中国典籍的重要价值和意义。通过剖析典籍多模态翻译的实质、归纳其翻译过程,提出多元评价标准,再结合当前各类典籍多模态翻译实践,通过大量案例,考察典籍多模态翻译策略,重点分析典籍多模态翻译过程中基于图像信息的语言转换策略、图文关系构建情况以及翻译主体的多元合作模式。最后以"蔡志忠漫画中国传统文化经典:中英文对照版"系列之一的《庄子说》(2013)英译为个案,全面归纳中国典籍多模态翻译的具体实践方式,为其他中国典籍的多模态翻译实践和多模态翻译研究提供参考和借鉴。

本书共分为七章。第一章绪论首先深入分析了一直以来中国典籍在对外翻译过程中所面临的困境和挑战,指出单纯依赖文字进行中国典籍对外传播的局限,结合当今数字化读图时代背景下读者阅读习惯的改变,阐述多模态翻译对于中国典籍对外传播的重要作用和优势。

第二章是对中国典籍多模态翻译的概述,首先回顾了中国典籍多模态翻译研究的现状,探讨了中国典籍多模态翻译的本质,并详细描述了典籍多模态翻译过程涉及的三个关键阶段:语内翻译、符际翻译和语际翻译,并提出了不同阶段的评价标准,作为后续章节深入分析的基础。

第三章是本书的重点,是对中国典籍多模态翻译策略的详细分析。本章首先全面分析了典籍翻译中可能涉及的非语言模态资源的类型以及图文并置和超链接两种图文呈现方式,随后基于当前各种典籍多模态翻译实践案例,归纳总结典籍多模态翻译的具体语言转换策略,即结合图像等非语言模态符号提供的信息,对原文语言文本进行增补、删减、改写转换和简化,实现最佳的信息传播效果。

第四章主要探讨中国典籍多模态翻译中的图文关系构建。首先分析多模态语篇中常见的图文关系,论证在典籍翻译过程中图文关系重构的必要性,结合中国典籍翻译的特点归纳具体的典籍翻译图文关系重构策略,即冗余关系重构、互补关系重构和锚定关系重构,以增强译文在译语环境中的表达力和传播效果。

第五章主要讨论中国典籍多模态翻译的跨界合作模式。首先归纳中国典籍翻译的常见合作模式,即中国译者主导和外语母语译者主导的合作翻译模式,分析这两种模式各自的优势和不足。然后,结合当前典籍多模态翻译实践,根据典籍多模态翻译的不同阶段,描述当前典籍多模态翻译的合作模式,指出其中的不足,进而提出更优化的中国典籍多模态翻译合作模式。

第六章基于前面几章对典籍多模态翻译的理论论述,以漫画版《庄子说》的多模态翻译为对象进行个案分析,通过《庄子说》的漫画版翻译案例,深入探讨典籍多模态翻译的过程和策略,详细分析《庄子说》语内翻译、符际翻译和语际翻译实践,重点考察译者在翻译过程中如何借助漫画图像对原文语言文本进行灵活变通,以及如何在译语环境中重构图文关系,以实现最优的信息传递效果。

第七章是本书的结语,总结中国典籍多模态翻译的重要性和实践价值,并对未来的研究方向提出了展望,强调了多模态翻译在促进中国典籍跨文化传播中的潜力和前景。

目录

第一章 绪论 ··· 001
  第一节 中国典籍对外译介的困境和挑战 ············· 003
  第二节 中国典籍多模态翻译的必要性 ··············· 006
    一、数字化读图时代读者的阅读习惯 ··············· 007
    二、典籍多模态翻译的跨文化传播优势 ············· 009

第二章 中国典籍多模态翻译概述 ··················· 019
  第一节 当前中国典籍多模态翻译研究 ··············· 021
  第二节 中国典籍多模态翻译的实质 ················· 027
  第三节 中国典籍多模态翻译过程 ··················· 030
    一、语内翻译 ··································· 034
    二、符际翻译 ··································· 035
    三、语际翻译 ··································· 044
  第四节 中国典籍多模态翻译标准 ··················· 046

第三章 中国典籍多模态翻译策略 ··················· 049
  第一节 典籍翻译中非语言模态资源类型 ············· 051

第二节　中国典籍多模态翻译中的图文呈现策略 …… 058
　　一、图文并置 …… 058
　　二、超链接呈现 …… 062
第三节　中国典籍多模态翻译语言转换策略 …… 064
　　一、增补 …… 065
　　二、删减 …… 072
　　三、改写转换 …… 078
　　四、简化 …… 090

第四章　中国典籍多模态翻译中的图文关系构建 …… 093
　第一节　多模态语篇中的图文关系 …… 096
　第二节　中国典籍译文图文关系重构的必要性 …… 099
　第三节　中国典籍译文图文关系重构策略 …… 101
　　一、冗余关系重构 …… 102
　　二、互补关系重构 …… 105
　　三、锚定关系重构 …… 109

第五章　中国典籍多模态翻译的跨界合作模式 …… 113
　第一节　中国典籍翻译常见合作模式 …… 115
　　一、中国译者主导的典籍合作翻译模式 …… 116
　　二、外语母语译者主导的典籍合作翻译模式 …… 117
　第二节　中国典籍多模态翻译的合作模式 …… 119
　　一、符际翻译和语内翻译阶段的合作 …… 120
　　二、语际翻译阶段的合作 …… 124

第三节　中国典籍多模态翻译合作模式修订…………130

第六章　漫画版《庄子说》多模态翻译个案分析………135
第一节　漫画版《庄子说》多模态翻译过程…………138
　一、《庄子说》的语内翻译……………………………138
　二、《庄子说》的符际翻译……………………………144
　三、《庄子说》的语际翻译……………………………155
第二节　漫画版《庄子说》多模态翻译策略…………181
　一、《庄子说》语际翻译中语言表达的"具象化"……182
　二、《庄子说》语际翻译中的"图文连贯化"…………186
第三节　漫画版《庄子说》多模态翻译中的图文关系重构
　………………………………………………………202
　一、《庄子说》原文中的图文关系……………………202
　二、《庄子说》英译中的图文关系重构………………208
第四节　漫画版《庄子说》多模态翻译小结…………214

第七章　结语……………………………………………217

参考文献…………………………………………………223
附录………………………………………………………235
后记………………………………………………………275

第一章 绪论

第一节　中国典籍对外译介的困境和挑战

从明朝开始,中国典籍就开始通过翻译走出国门。几百年过去,经过国家、各种机构、团体和个人的努力,涉及各个领域的大量中国典籍都已翻译成外语,且有些典籍多达数十个译本。然而,与典籍翻译数量不相匹配的是,中国典籍的对外传播始终没有达到预期的效果,主要表现在:(1)受众面不够广泛;(2)读者对作品的理解和认知程度有限,国外读者对作品的理解和接受存在较大的难度;(3)受欢迎程度不够;(4)影响力有限;(5)没有产生充分的文化效力和社会效益(李志凌,2023)。这种"传而不通""通而不受"的现实成为中华文化对外传播中的一个困境(胡兴文、巫阿苗,2014)。而中国典籍要为目标读者理解和接受,很大程度上要看"译作品质与读者适配度的关系,主要看作品能否同读者的接受习惯、认知需求、情感世界产生同频共振,引发互动和共鸣。作品适配度高,与读者的距离便越近,文本的可读性和接受性就越好"(李志凌,2023)。

翻译作品要引起异域环境下的目标读者共鸣,首先需要为其所充分理解。中国典籍是对中国古代社会生活方方面面的记述,涉及中国古代的思想观念、道德伦理、政治制度、社会生活、经济发展、科技进步、文化艺术以及宗教信仰等多个领域。中国典籍深深植根于中国特有的文化土壤中，往往与中国特定的历史事件、人物和社会发展紧密相关，异域读者缺乏这些背景知识和语境知识，即使能够理解典籍文本的表层意义，也很难理解其蕴含的深层内涵。而典籍的深层内涵才是典籍之所以成为典籍的精华所在。此外，中国典籍中的哲学思想，如儒家的忠孝仁义、道家的无为而治等，与其他文化的哲学体系和思维方式存在显著差异。中国典籍所反映的中国古代社会的价值观和世界观，也可能与异域读者所拥有的价值观和世界观存在差异或冲突。即使将这些知识呈现出来，处在其他文化语境下的读者也很难真正理解和接受。

中国经典文献因其深刻的文化内涵以及与特定历史时期的紧密联系，一直被认为是极具挑战性的阅读材料。要完全理解这些典籍，需要深入挖掘文本背后的历史脉络和文化寓意。对于异域读者来说，这一挑战更是成倍增加。他们不仅面临着语言和文化的差异，还需填补由于历史和地理距离而产生的知识鸿沟。缺乏对中国古代社会和文化的系统性了解，异域读者在解读典籍时往往难以把握其深层含义和文化价值。缺乏中国文化背景的国际读者，要想深入理解中国典籍，往往需要通过跨学科的学习和研究，积累相应的历史知识和文化背景，才能领悟其真正的智慧和思想。因此，虽然中国典籍早在四百多年前就通过翻译进入西方世界，但其受众仍然限于研究中国各个领域的专业性读者。换言之，中国典籍并未真正进入国外普通读者的视野。这也是中国典籍受众面不广，受欢迎程度不够，影响力有限，没有产生充分的文化效力和社会效益的主要原因。因此，要真正改变中国典籍在西方大众读者视野中"高大上"、难以接近的现状，同时让异域读者理解中国典籍的思想和内涵，在典籍翻译过程中便需要针对异域普通读者降低典籍理解难度,同时利用各种符号资源通过多样化的方式重构典籍的历史语境,灵活运用各种翻译策略,改革典籍的内容呈现方式,使之通俗化、具体化、情景化,并进行多渠道传播。而这些对典籍翻译形式的改革创新,同样需要考虑当前普通大众读者的阅读需求和期待。正如李志凌(2023)指出的:

> 在译介过程中,对于读者文化心理(形成背景与现实需求)是否有深刻把握,对读者群所形成的文化市场是否了解,作品内容与形式能否与读者的期待视野准确吻合,最终决定了作品出口端的宽窄程度和后续发酵的持久效力。如果以人(读者)的需求及接纳特点作为传播方式的指向,则必须对译作质量及其表达形式提出特殊要求。失去读者的作品,必将失去目标语境下的生存家园。因此,典籍翻译要改变现状,只有对作品形式和传播手段进行积极调整,适应环境要求,才能真正实现"译入"和"融通"。

而对典籍进行多模态翻译,就是改变作品形式和传播手段以顺应当今数字化读图时代普通读者需求和期待的一种有效途径。

多模态翻译是将文本生成与传播中的多模态元素作为关注对象和归宿,是对以语言为中心的传统翻译观的一次重要突破(吴赟、牟宜武,2022)。多模态翻译可以极大地丰富译作的表现形式。这种翻译方式不仅包括文字,还可以结合图像、声音、动画等多种媒介,使得作品更加生动、直观,在提供更多细节信息的同时,满足读者的视觉化审美需求,因此更容易被不同文化背景的读者所接受。通过多模态翻译也可以更好地传达中国典籍的深层文化意义,增强其在国际文化市场中的吸引力和影响力,从而实现中华文化的"走出去"和"走进去"。

第二节 中国典籍多模态翻译的必要性

中国典籍承载着中华优秀传统文化与智慧。对于中国文化的对外传播，习近平总书记指出，"要多用外国民众听得到、听得懂、听得进的途径和方式，积极传播中华文化，阐发中国精神，展现中国风貌"（中共中央宣传部，2016）。当前中国传统文化典籍的对外传播面临着投入与产出效果不完全对等的现实难题，主要原因就是典籍作品的对外传播采用的大多不是国外普通民众看得到、看得懂、看得进的途径和方式。要改善这一现状，进行典籍外译，首先便需要了解什么是能够让当今外国读者看得到、看得懂、看得进的方式，也就是要了解当今读者的阅读习惯，然后"改造"自己，为经典"换装"（李志凌，2023）。正如有学者在谈到中国文化典籍翻译时指出的：

> 在中国古典文学名著译介与传播中，如何在传统的文本翻译之外，结合时代语境，合理采用异域接受者喜闻乐见的鲜活方式引发他们对中国文化的兴趣，进而推动中国文化走出去，这是一个值得深入思考的问题。（刘云虹、胡陈尧，2019）

简言之，要提升典籍翻译的跨文化传播效果，目标读者的阅读习惯是需要重点考虑的因素。

第一章 绪论

一、数字化读图时代读者的阅读习惯

不同的传播方式会给读者带来不同的阅读体验,也自然会影响读者的阅读习惯。当信息传播方式发生改变时,读者的阅读习惯通常会发生相应变化。近年来,随着互联网和数字技术的飞速发展,无论在中国还是西方,信息传播方式都经历了革命性的转变。数字化媒体的兴起为读者带来了前所未有的便利和多样性选择。读者可以随时随地通过智能手机、平板电脑或电脑等设备轻松获取电子书、新闻等资源。相应地,读者的阅读习惯也发生了很大变化,出现了电子化、碎片化、视觉化倾向(龙明慧,2020)。

首先,电子阅读日益受到读者青睐。2020年年底,"世界英语编辑"网站(Global English Editing)发布的《2020年世界阅读习惯报告》显示,在美国,纸质图书销售量下降了38%,数码阅读量则增加了33%,新西兰、土耳其等国家都有类似的表现。[①] 由此可见,在当今时代尽管纸质书籍依旧保有其稳定的读者群体,但电子阅读方式正日益受到青睐,并逐渐成为主流的阅读形式,特别是在年轻读者中尤为显著。

其次,随着网络电子阅读的盛行,人们已经习惯于借助智能手机、平板电脑等可移动、便携式的媒介工具进行即时即地的交流与沟通,加之人们生活工作节奏的加快,碎片化阅读成为当下人们阅读的一种新常态。碎片化阅读是一种以互联网为载体,以手机、平板电脑等便

[①] 《2020世界阅读报告出炉:疫情是如何改变人们的阅读习惯?》,《外滩教育》,2021-01-23. https://www.163.com/dy/article/G10T7V060516CMM2.html.

携式电子产品为工具,利用零碎时间获取碎片化信息的阅读方式(贺逸群、刘黎明,2018)。碎片化阅读主要指阅读时间的碎片化和阅读内容的碎片化,也就是说人们利用零碎的时间进行阅读,所阅读的内容也变得更加零散而模块化(王韵涵,2018)。虽然这种阅读形式被当作经典阅读的克星遭到一些专业人士的口诛笔伐(王艳玲,2015),被认为会导致阅读的浅表化,但"碎片化阅读"的本质是"按需阅读""改写阅读",体现着"效率化表达"的读者诉求……并不等于"浅阅读"(林元彪,2015)。只要引导正确,碎片化阅读完全可以向连贯、系统的深度阅读发展(朱明明,2019)。因此,即使有一定负面影响,在数字化时代,碎片化阅读依然是大势所趋,不可逆转。

最后,在数字化时代,与碎片化阅读相伴而生的是人们阅读的视觉转向。正如学者阿莱斯·艾尔雅维茨(2003:5)指出的,无论我们喜欢与否,我们自身在当今都处于视觉(visuality)成为社会现实主导形式的社会。"当代文化正在变成一种视觉文化,而不是一种印刷文化,这是千真万确的事实。"(许雷等,2010)

所谓"视觉文化",是指"文化脱离了以语言为中心的理性主义形态,日益转向以形象为中心,特别是以影像为中心的感性主义形态"(米歇尔,2006)。视觉文化依赖视觉感知,把意义表象化,形成更直接的感官刺激,从而更容易塑造符号印象,便于在大众中流传(李志凌,2023)。当前各种图文书、短视频的流行也说明"适当利用视觉信息可以获得更好的传播效果"(任悦,2008)。

在视觉文化的影响下,受众审美呈现出感性化倾向,人们更愿意接受直观、视觉化的内容。随着数字化新媒体技术的不断进步,图像、视频等视觉元素在信息传播中的作用日益突显,并且越来越受到大众的青睐。在获取信息和理解世界的过程中,人们不再仅仅依赖文字,而是越来越多地依赖视觉图像。因此,在现代阅读活动中,图像、视频等视觉元素扮演着日益重要的角色,读图模式也成为一种广受欢迎的阅读方式。

二、典籍多模态翻译的跨文化传播优势

适应当今时代读者电子化、碎片化、视觉化的阅读习惯,图文结合的多模态文本呈现形式无疑是信息传播的最佳选择。这种方式对于中国典籍的大众化传播,特别是跨文化传播更具优势。

如前所述,对于缺少中国社会文化背景的国外读者而言,要理解蕴含丰富的中国文化意象的典籍,单单依靠语言非常困难。而单一语言模态表达的意义也十分有限。本国读者通常可以凭借其文化背景,甚至集体无意识自动补充语言无法描述的意象,国外读者却做不到这一点,导致文本翻译过程中意义的损失不可避免,这时就非常需要其他模态的补充。正如有学者提到的,图片这样的非语言符号可以作为"话语的载体"(Kress & van Leeuwen,2001),在翻译中国文化典籍时,图片可以直接呈现中国文化中的一些特有意象和事物。虽然图像不能直接使外国读者推断出意象背后的深层含义,但能以一种直观的方式展现出该意象的其他要素,如事物的外观,意象的情境、背景等。在语言文本无法使异域读者产生对这些意象的具体想象时,图像的作用便不言而喻。有了对物象的直观感知,结合译文语言的阐释说明,国外读者理解典籍的深层含义便会容易很多。因此图像也有助于减

轻基于文本的翻译损失(刘彦妤,2019)。

典籍翻译的一个主要任务,便是需要解决语篇的作者和潜在的读者之间所存在的时空错位关系,也就是解决由于时空所造成的理解难题(王云坤,2023)。而多种模态结合,给国外读者提供形象直观的时空语境,便是一条解决读者理解困难的有效途径。此外,多模态翻译传播有助于目标语受众从视、听、触等多种感官理解和接受客体讯息,这种模式嬗变也能够满足新时代受众不断变化的情感需求和审美倾向(毋娟,2023)。

图像和文字在传递信息时各有其独特的优势,也有其各自的局限,两者互补则能够在信息传播中发挥出一加一大于二的效果,在典籍文本中尤其如此。

自人类发明语言以来,语言便是人类最强大的沟通工具之一,在传递信息、构建知识体系和促进社会互动方面发挥着不可替代的作用。语言能够描述抽象的概念、深层次的思想和情感,能够按时间、空间序列叙述事件,提供清晰准确的时间、空间以及文化背景信息,还能够构建逻辑严密的论证,使信息传递具有条理性和说服力。此外,语言可以通过复杂的句子结构和丰富的词汇来传递详细、精确、复杂的信息和情感,也可以根据需要调整信息的详细复杂程度,适应不同读者群体及其阅读水平。语言还可以通过对信息的选择突显操纵信息,对读者的阅读和理解进行引导。

总体而言,语言在精确性、逻辑性、抽象表达和复杂信息传递方面的独特优势使其成为信息传播不可或缺的工具。然而,由于语言的抽象性,在传递某些信息方面自然也存在一些不足。

第一章 绪论

首先,语言往往需要通过抽象的符号和概念来描述事物,所传递的事物往往不够直观具体。也就是在表达事物的外在形象方面,在产生强烈的视觉冲击方面,语言带有天然的不足。语言本身就是一种抽象的象征性的符号,语言描述的东西无法在读者的头脑里还原为逼真的整体(邹广胜,2013)。虽然在作家和诗人的笔下不乏形象的语言,但这些语言哪怕再生动形象,其所呈现的形象也是以语言为载体的形象,而不是我们视觉感官直接接受的形象,不可能像图像那般直接刺激读者的视觉系统,引发读者的情感反应。正如莱辛所说:"一幅诗的图画并不一定就可以转化为一幅物质的图画。"(同上)诗人和作家描述事物所产生的"幻觉"再逼真,都和真实的事物属于不同的东西。如"蔡志忠漫画中国传统文化经典"系列的《聊斋志异·六朝怪谈》中的画皮女鬼,语言描述是:"一狞鬼,面翠色,齿如锯。铺人皮于榻上,执彩笔而绘之。已而掷笔,举皮,如振衣状,披于身,遂化为女子。"[①]仅仅是这样的语言描述,很难让读者产生深切的恐怖之感,而图像配上声音则能达到语言无法达到的效果,这也是观看电影《画皮》的很多观众都会受到极大惊吓,甚至回家后不敢睡觉的原因。对于鬼神文化迥异的异域读者而言,仅仅凭借语言更是难以产生直观印象。

其次,语言传递信息直观性不足的另一个原因则是语言的静态性。语言描述往往是静态的,难以传达动态变化或过程,这也会给读者带来理解困难。如中国的科技典籍《天工开物》详尽地记录了众多工艺流程,但其文字描述的静态特性使得缺乏相应背景知识的读者在

[①] 详见蔡志忠:《聊斋志异·六朝怪谈》.北京:现代出版社,2014:218.

理解这些工艺的具体操作方法时很可能会遇到困难。此外,在传递操作过程知识时,语言可能无法涵盖所有的细节,尤其是那些需要通过视觉或实践来理解的细节。这很可能导致读者无法完全掌握某些复杂工艺的精髓。对于不熟悉中国古代器物工具、生产劳作工艺的异域读者而言,仅凭语言去掌握这些工艺就更为困难。

再次,语言的意义是不固定的。语言具有文化和语境依赖性,语言的含义和使用往往与特定的文化背景和历史语境紧密相关,读者若是缺少这些背景知识,便很可能无法充分理解语言所传递的意义,甚至对其产生误解。而这也对阅读语言文本的读者的语言能力和文化教育水平提出了较高的要求。典籍文本更是如此。语言文化教育水平达不到的读者,将很难达到对典籍文本充分的理解。同时,个人的认知和个体经验也会影响对语言文本的理解。对于同一文本,即使处于相同文化背景的中国读者也会有不同的理解和解释。来自不同文化背景的读者对典籍的解释就更加难以预测和把控。因此,在跨文化传播中,对于通过语言翻译传递到异域社会的典籍,读者很难按照我们期待的方式去理解,或是理解出我们希望传递的典籍思想和内涵。

最后,在吸引读者的注意力方面,长篇的语言信息很可能给读者带来阅读疲劳,使其难以长久保持注意力。人们对于语言描述的信息,也更难形成快速持久的记忆。

鉴于语言传递信息的局限与不足,越来越多的人开始依赖视觉传播,其中最突出的便是图像传播。自古以来,人类对图像便一直有着十分明确的需求。图像也以其直观、生动的特性,成为人们理解和表达世界的重要方式。中国古代的哲人先贤们也对人们对视觉图像的

第一章 绪论

需求早有论述,如孟子所谓"口之于味也,目之于色也,性也"。《庄子》中盗跖所谓"人之情,目欲视色,耳欲听声"。《周易》更是阐明了"目见"乃是人认识世界之开始,《易传·系辞传上》所谓"圣人有以见天下之赜,而拟诸其形容,象其物宜,是故谓之象",即用具体的卦象来表达对事物本性的认识,但语言在表达对自然万物深刻精准的把握时常常"言不达意"。所谓"书不尽言,言不尽意""圣人立象以尽意"。由此可见,在中国古人眼中,"象"的意义是不可取代的(邹广胜,2013)。

前面我们提到,作家和诗人虽然会用精妙的语言传递信息,引起人们的直观想象,但这些图像都是不够清晰真实的。语言的图像并不是一种客观的、外在的物质化存在,而是一种"图式化外观",一种由读者的想象力所产生的内在形象。从摹仿的角度看,语言的描述并不能代替绘画(同上)。如中国古典小说中明眸善睐的美丽女子,温润如玉的谦谦君子,通过语言描述,读者只能产生模糊印象,而这种有限的想象还很可能以现实人物为参照,但若是图像呈现,效果自然不同。这也是为何如今网上在评价某个明星时,会说"看到她,小说里的清冷女主有脸了"这样的话。

黑格尔曾提到过,画家的优点就是"能描绘出一个具体情境的最充分的个别特殊细节,他能把现实事物的形状摆在目前,使人一眼就把一切都看清楚"(同上)。因此图像能够直接展示事物的外观和状态,使信息传递更加直观和易于理解。图像可以展示复杂的场景和细节,为受众提供更丰富的视觉信息。相比语言,人们也更容易记住这些信息,特别是具有视觉冲击的画面。此外,通过色彩、构图和人物表情等元素,图像也能够传达情感和更真实的氛围,激发受众的情感反应。因其丰富的视觉元素,图像也比语言更具有艺术性,有助于增强信息的吸引力和表现力。对于跨文化传播,相比语言,理解图像的门槛更低,图像传递的信息也更容易为读者所接受。

图像在表达事物的外在形象、产生强烈的视觉冲击,以及受众理解方面具有语言无可比拟的优势,但图像在信息传播中仍然有其不足。

首先,对于抽象概念或复杂情感,图像一般难以表述清楚。图像虽然更容易理解,但也容易引起歧义,这主要是由于图像只能呈现部分信息,常常需要特定的语境来辅助理解。在没有足够背景信息的情况下,图像可能会导致误解或歧义。例如,2022年重庆发生山火,云南消防队员前来帮助灭火,当灭火成功,他们要离开重庆时,重庆人民为表示感激,纷纷往云南消防队员的车上扔去各种物品,有的甚至拦在车前,舍不得英雄们离去。这样的画面,若是不了解具体情况的读者看到,可能会产生不同的理解,甚至会觉得这些民众在释放敌意。造成这种情况的原因在于,图像不是仅仅通过感知就能够理解的表象。观者在阅读时会随其注意力以及兴趣爱好的变化显露出各自不同的理解。图像虽然是直观形象的,但观看者通过图像获取信息与观者直接从现实场景中获取信息是有所不同的(参见任悦,2008:192)。

其次,对于实物外观和场景等方面,图像能提供更为丰富的信息,但信息的丰富反而会使图像受众难以从图像中提取和理解核心信息。受众对图像信息的接收是有选择的(同上)。对于丰富的画面,我们很难把握受众会重点关注哪一点信息。

第一章 绪论

对跨文化传播而言,图像传播更为复杂。虽然大多数图像符号在全世界都具有共性,但图像同样具有文化特殊性,图像中的有些符号和隐喻很可能在不同文化中有不同的解释。例如,某些颜色、手势或物体在不同文化中可能代表截然不同的情感或概念。因此,涉及文化象征意义时,图像的跨文化传播效果可能受到影响。读者很可能读不出,或是读错图像的象征意义。"一图胜千言,但关键在于观看者是否能够读出这所谓的'千言'。"就像视觉传播学者 Wendt 提到的:"图像的意义不在于图像本身,而是在于解读图像的人。"(任悦,2008:自序)

人们对图像的解读会影响视觉传播的效果,对图像的过于依赖则会影响信息传播的深度。由于图像相对更容易理解,也更有趣味性,人们若是过于依赖视觉图像获取和传递信息,忽视文字在深度和复杂性上的优势,很可能导致思想浅表化。就如同学者对图像霸权的担忧:"印刷媒介成就了阅读、写作和思想的深度,而电子媒介的兴起则降低了这种深度,图像挤走了文字,视觉弱化了思维,'快阅读'搁浅了思考。"(陈锦宣,2015)

鉴于语言和图像在传递信息上各自的优势与局限,最完美的信息传播方式便是图文结合的方式。图像和文字结合使用,充分发挥各自的优势,弥补各自的不足,可以全面提高信息传递的效果。例如,在漫画中,图像主要用于描述人物、事物外观和场景,吸引读者注意力,传递情感,文字则主要用于提供故事的详细情节和角色对话。在教育类材料中,图像帮助解释复杂概念,文字则提供详细的说明。这种结合使得信息传递更加全面高效。而图文结合的优势也为典籍的多模态翻译提供了坚实的现实依据。

多模态翻译具有深厚的学理依据，涉及语言学、认知科学、跨文化交际、信息传播以及技术发展等多个领域。根据 Kress 和 van Leeuwen 的多模态语篇分析理论，语言和非语言符号（如图像、声音、视频等）共同参与意义的构建。在跨文化翻译中，非语言模态也可以与文字描述相结合，给异域读者提供更丰富的信息和更直观的理解方式。从认知科学来看，视觉和听觉符号直接作用于人的感知，将知识以图解方式表示出来，同时使用语言和非语言两种形式呈现信息，可以增强信息的记忆与识别（任悦，2008：69）。那么，多模态的译本也就可以通过图像、声音等非语言模态，帮助读者更好地理解和记忆译本内容。从跨文化交际来看，中国与西方在文化背景、价值观和叙事方式上存在差异。多模态呈现信息可以为不同文化背景的读者提供更直观的文化语境，帮助其跨越文化障碍，更好地理解和接受中国文化信息。从信息传播来看，在融媒体环境下，信息传播趋向于多模态化。多模态翻译能够适应这一趋势，通过整合文本、图像、声音等多种信息载体，提高信息的传播效率和用户的阅读体验。正如魏姝（2013）在论述符际翻译时提到的：

> 在当今网络时代，图像符号的大量涌现使得传统意义上的语内翻译和语际翻译应对不暇。符际翻译顺应了时代的发展，从文化传播和多维互动交际意义上来说，较之传统和单一的语际翻译，符际翻译运用面更加宽泛且更具实效。语际翻译常常以语言视角去探视翻译的特点和效果，而符际翻译研究则更加注重语言与非语言因素之间解读和翻译，即语言与图像、语言与文化、语言与音乐等交叉

点上那些具有质感的意义传达。这样才能将信息时代的可视信息（文本的，包括文字和图像）和不可视信息（隐形话语，如音乐、光感，以及其他具有诗意和美感的交流方式或交流背景等）结合起来，获得更加全面综合的信息。

这里提到的符际翻译无疑就是多模态的翻译形式。由此可见，不管从哪个角度看，多模态翻译在跨文化传播中都具有单一语言模态翻译无可比拟的优势。

典籍英译的多模态构建，是典籍获得新生命力，以新姿态向世界展现我国独特民族文化景观的重要手段（张小曼、卞珍香，2021）。以多模态形式呈现的典籍也最容易吸引普通大众读者的兴趣。以漫画为例，有漫画家指出："漫画是一种最具漫画亲和力，最容易侵略读者的武器……一本文言文的古书很难引起一般读者的兴趣，但是一本改编古书的漫画书就不同了，它很容易引起读者的好奇，进而翻阅，进而详谈，进而对该书原文发生兴趣。"[1]同理，对于对中国典籍更为陌生的国外读者而言，多模态的译本更具有吸引力。多模态文本中图像与文字两种不同的叙事媒介对读者的视觉、知觉影响虽有不同，却在同步传递信息。读者的阅读过程并非对图像与文字的简单感知，而是对所见图像、文字进行素材重组，产生对图像文字之外形而上的哲学理解，这一过程中产生的阅读乐趣与情感体验大于画面与文字的简单相加（王治国、张若楠，2023）。通过图文结合的方式呈现文本内容，"读者从中不仅可以获得形而下的视觉化满足，也能获得形而上的意象化审

---

[1] 详见三毛：《蔡志忠使一些视古人如畏途的中国人，找到了他们精神的享受和心灵的净化》。https://www.sohu.com/a/563305706_121124777.

美体验"(王治国、张若楠,2023)。

  翻译是一门永远存在缺憾的艺术。语际翻译的缺憾在于,译者虽经百般解释依然无法说清众多的文化专有项。符际翻译虽然可以通过画面提供多维视角的切换以尽力弥补语际翻译留有的缺憾,且给读者同样提供了补充固有理解欠缺的机会,但画面的定格化又会在一定程度上束缚文本可能存在的更多想象空间(胡牧,2013)。而语际符际结合的多模态翻译则能在很大程度上弥补这些缺陷和遗憾。

第二章 中国典籍多模态翻译概述

第一节　当前中国典籍多模态翻译研究

如前所述,近年来,整合语言文字、图片、影像等多种模态符号的多模态文本在信息传播中正发挥着越来越重要的作用,也带来多模态话语分析的繁荣。在翻译研究领域,多模态翻译也逐渐成为一个热点话题。正如冈萨雷斯(Gonzalez,2014)在十年前所预见的,随着科技快速发展和翻译走向主流文化产业,多模态必将成为未来翻译界的研究焦点。近年来,有学者明确提出了"翻译研究的多模态转向"(陈曦等,2020)。

近十年来,多模态翻译研究的确呈现逐年增多的趋势。如剑桥大学就曾连续两年(2017年和2018年)召开多模态翻译研讨会。总的来看,当前国内外对多模态翻译的研究大多集中于视听类文本以及广告、绘本、儿童漫画或是科技实用文本的翻译。随着近年来中国文化走出去战略的推进,中国典籍翻译日益受到重视,国内不少学者意识到多模态对于典籍国际传播的重要意义,开始进行典籍多模态翻译研究。目前国内典籍多模态翻译研究主要以诗词、思想典籍、科技典籍等不同类型的典籍翻译为对象,从以下视角展开:

1. 多模态话语分析视角的多模态翻译研究

多模态话语分析源于功能语言学,该视角认为意义由多种模态来实现,在多模态语篇中,每种模态都体现一定的意义,各种模态相互作用,共同构建语篇的整体意义。这个角度进行的多模态翻译研究主要从各个层面分析译本的多模态性。如贾佳、龚晓斌(2015)基于张德禄的多模态话语分析综合理论框架,从文化层面、语境层面、内容层面和表达层面分别对杜甫的题画诗《画鹰》英译涉及的视觉模态和听觉模态进行分析。然而,该研究并未充分探讨翻译过程中如何准确反映原诗中图画的意义,以及图画与文字之间的互动关系。

刘伊婷(2016)从多模态话语分析角度,以辛弃疾《西江月·夜行黄沙道中》的英译为例,分析宋词语篇翻译的意象美及运作过程。刘晓明、吴利琴(2015)分析唐诗意境传真的难点和相应的解决方式,得出唐诗英译的主导模态和辅助模态协同共建规律和原则。朱玲(2015)以《牡丹亭》英译为例,根据昆剧在语言文学、音乐声腔和舞台表演上所体现出的多模态性,参照多模态话语分析领域专家Gunther Kress、Theo van Leeuwen共同构建的视觉语法和Theo Van Leeuwen构建的听觉语法框架,从视觉模态和听觉模态视角对原作进行话语分析,并比较研究白之、张光前、汪榕培、李林德、汪班的五个英译本,不仅考察译作对原作文本信息的再现,还通过挖掘语言文字所附带的多模态信息,探讨译者在英译本中对原作视觉、听觉模态信息的传达。

当前更多的研究是考察典籍漫画的翻译。强晓(2014)结合韩礼德的语域理论,分析《论语》在语场、语旨和语式三方面的翻译难点,在此基础上讨论漫画这一媒介解决这些难点的潜质,并具体考察现有海外《论语》的几个漫画英译本在实际操作过程中的得与失。刘琼雨

(2021)基于对系统功能语法以及视觉图像语法的思考,以典籍漫画为例,对典籍漫画的图像元素和文字符号各自的三个元功能进行分析,运用符际互补理论探讨典籍漫画的翻译过程中图文协作的机制,总结出概念意义层面的符际替换、人际意义层面的符际失调以及构图意义层面的符际互补三个维度相结合的符际互补翻译策略。顾欣珺(2021)以多模态话语分析的符际互补理论为视角,从纯理层面、人际层面、构图层面分析《世说新语》漫画版中符际翻译的本质,考察这种符际关系对漫画翻译的影响。蒲桦鑫(2023)以王学文、隋云英译,韩亚洲和周春才等人绘制的《黄帝内经——养生图典》漫画译本为个案研究对象,结合定量和定性的研究方法,较为系统地探讨译本的语言模态和图像模态在概念元功能上如何传递原文信息,在有效传递意义的同时,译本如何实现两个模态的内在衔接,以及应用到的衔接手段对传递中医药文化有何种作用等问题。毋娟(2023)立足媒介融合的时代背景,借助多模态话语分析的理论框架和概念内涵,探索《道德经》多模态翻译传播模式,以图文叙事、声影叙事等维度作为切入点,对《道德经》翻译传播过程中的多模态阐释与重构进行深入分析。

2. 符际翻译视角的多模态典籍翻译研究

多模态翻译实质上可视为雅各布森提出的语际翻译和符际翻译的结合。不少翻译学者从符际翻译角度对典籍多模态翻译开展研究。如卢颖(2009)从跨文化符际翻译视角论证图画作为一种非语言符号,可以作为诗歌语际翻译的辅助手段,成为一种独特的"语境"预设,以方便人们对诗歌意象意境的理解,弥补语言在翻译中的局限性。

汤文华(2014)借助雅各布森的符际翻译理论,分析《论语》漫画中对孔子形象的构建和孔子思想的诠释，指出《论语》漫画中的图像符号作为一种非语言符号，可以成为解释中国典籍的手段。许雷等(2010)也对漫画中英文版《论语》进行研究，指出后现代语境下跨文化传播的图像转向。黄广哲、朱琳(2018)以典籍漫画《孔子说》在美国的译介为例，对译本的符际翻译展开分析，结合漫画图像研究，分析该译本符际翻译能推进读者解读深化的原因，总结该译本符际翻译与解读要素的互动关系，阐明读者解读视角下该译本符际翻译的独到之处，并提出典籍漫画语-图翻译的"求同存异"策略。胡牧(2013)对《桃花源记》的符号翻译艺术进行分析，指出翻译不再局限于文字，影像、绘画也是翻译。文字、影像、绘画可以共构叙事，多视角展现中国传统艺术魅力的同时，重构原文本的经典性。王敏、罗选民(2017)以《山海经》翻译为例，提出中国神话的多模态互文重构对中国文化对外传播的意义。王海燕等(2019)从视觉模态与听觉模态视角对中国科技典籍翻译与对外传播进行探讨，指出在中国科技典籍的翻译与对外传播中，如果将传统的单模态的文字转换扩展为融合文字、图片、声音、颜色、字体等多种符号的多模态文本进行对外传播，必能改善中国科技典籍的国际传播效果。

除上述视角外，章国军(2014)围绕复译中的竞争机制，考察《孙子兵法》复译中的漫画化改写，分析《孙子兵法》漫画英文版中的漫画对译文具象化和剧情化的作用。张祥瑞(2009)将网络技术与翻译结合，以茶文化典籍为例，探讨图像视频等超文本在典籍翻译中的运用。李志凌(2023)详细讨论了对经典作品漫画化，即进行语内、语际和符际翻译结合的复合式编译的理据、模式及具体操作方法。王治国、张若楠(2023)对漫画版《格萨尔》的翻译进行多模态阐释,指出漫画翻译不仅关涉文字转换与插图移植,而且关乎可读和可见两种模态间的图文互释与语义互补。漫画翻译的难点在于如何越过文字和图像之间由于缺乏同质性或文化差异而造成的阅读障碍。陈静、刘云虹(2021)则聚焦中医药典籍的多模态翻译,以漫画版《黄帝内经——养生图典》(汉英)为例,从文字模态和图像模态两个方面考察该译本文字模态翻译部分存在的问题与不足,对比分析该译本图像模态的叙事效果。

3. 典籍多模态翻译策略研究

对于典籍多模态翻译,更多的研究以具体翻译案例为对象,考察各种翻译策略的使用。汤仲雯(2021a)选取《西游记》的中英文对照版,研究其跨模态和跨文化改写的具体策略,重点分析通过从图到文和从文到图的双向调节来实现语图互文的策略,提出在保证排版合理和沟通顺畅的情况下,可以适当增加文化信息的输出,在异质文化中实现典籍漫画的风格建构和文化交流。汤仲雯(2021b)从拓扑变化视角,以漫画《菜根谭》翻译为例,分析译者在进行翻译时操控信息使文本经历字面重述、释意、替换或置换的拓扑变化,指出译者通过选择不同的拓变形式,可以实现修正、强化、淡化和重塑等图文互动效果,引导读者聚焦中国古代优秀文化,从而使典籍翻译获得较好的传播效果。

杨纯芝、覃俐俐(2018)以漫画版《庄子说》英译本(2013)为例,分别从文字模态、图像模态、字体设计模态几方面探讨了典籍漫画的多模态英译策略,归纳出以《庄子说》为代表的典籍漫画在文字模态上主要采用了替换、删除和添加等归化的翻译策略,图片模态主要采用了保留的异化策略,字体设计模态主要采用了更改字体、调换阅读顺序的归化策略。张文娜(2023)也以漫画版《庄子说》英译本为研究对象,基于多模态视角,结合文字和图像模态及图文关系探讨该译本的翻译策略,总结出增补、转换、释义、具体化等文字模态翻译方法。

杨艳、肖辉(2022)以漫画《论语》英译本为例,从美学角度出发,分析《论语》翻译中的变异与视觉化审美趣味的过滤因素之间的关系,指出其漫画创作者及译者通过漫画这种美学形式,对《论语》这部中国古代厚重文本进行不同程度的过滤处理,使用了核心概念词"具象化""复调"的叙事方式和诗意语言的"平面化"翻译策略。

韩子满、黄广哲(2023)结合多模态视觉语法和表演性理论,阐述漫画版《庄子说》英译本(2013)所采用的"演译"策略,通过封面设计、人物简介和故事主体的分析,展示了该译本通过对人物进行多模态改写,赋予了庄子不同的角色和情感维度,从而构建了一个有温度的人物形象。这种表演性的译介策略,使得庄子思想不再是一个被研究和审视的他者,而是成为读者可以参与的一个生成过程。

王云坤(2023)以典籍漫画《孙子兵法》英译为例,根据 Sara Dicerto 提出的多模态文本分析模型,分析典籍漫画意义生成机制,提出了具体的典籍多模态翻译和传播策略,即补充文化语境,扫除跨文化障碍;使用本土化语言,消减语言障碍;提升情感投射,引起受众共鸣;利用视觉符号,增加视觉冲击。

刘彦妗(2019)运用语料库工具对漫画版《道德经》译本进行对比分析,提出将拼音作为语内翻译,利用显化策略进行语际翻译,并借助图片这一符际翻译的方式弥补翻译中的缺失,提升典籍英译的效果。

总的来看，当前研究都突出并肯定了非语言模态在典籍翻译中的作用，但对多模态翻译策略的研究大多是要么关注纯语言文本的翻译策略，要么只考察非语言符号的使用情况，没有将语言模态和非语言模态结合起来进行分析。很多研究虽名为多模态翻译研究，但其重心仍然是以语言为主的论述，没有充分挖掘译文中非语言模态的意义构建潜势，而另一些研究则将语言翻译完全抛开，只考察译本中图像如何构建意义。多模态的核心在于多种模态共同构建和传递意义，对于典籍多模态翻译，不管从哪个视角进行研究，研究哪个方面，始终要立足于语言和非语言模态的有机结合。

第二节　中国典籍多模态翻译的实质

1959 年俄裔美国结构主义学者雅各布森提出了翻译三分法，认为翻译可以归纳为三个类别，分别是语内、语际和符际翻译（Jakobson，1959）。语内翻译指在同一语言中用一种语言符号解释另外一种语言符号，就是人们通常所理解的"换言之"（rewording）。语际翻译是跨语言跨语境之间的翻译，即一种语言的符号被另一种语言的符号所代替，也就是我们常规严格描述的"翻译"。符际翻译（亦称跨类翻译：transmutation），是通过非语言的符号系统阐释语言符号，或用语言符号诠释非语言符号，例如把肢体动作用言语表达出来。在这三类翻译中,语内翻译要么依赖同义词,要么依赖迂回表达形式在同一语言内重述原信息,不是严格意义上的翻译(谭载喜,2005)。"符际翻译"在很多方面不同于另外两种翻译,也经常被认为不是一种标准意义上的翻译。如斯特罗克(Sturrock)就认为它是"一种彻底的符号转换,以至于与我们通常理解的'翻译'相背离"(转引自谭载喜,2005)。语际翻译则是通常意义上所说的翻译,也是一直以来翻译研究的主要对象。若是把翻译看作一个原型范畴,可以说语际翻译就是翻译原型,而语内翻译和符际翻译则是翻译范畴的非典型成员(龙明慧,2011)。

随着社会的发展,特别是新媒体技术带来的多模态信息传播的流行,符际翻译逐渐从边缘走向中心。"符际翻译采用非文字符号来阐释文字符号,打破了长期以来以文字为中心的翻译活动,将原文本衍生出来的各种媒介形态都纳入翻译研究范畴,强调多模态的互动,增强了知识文化传播的有效性。"(蒋梦莹、孙会军,2018)在网络新媒体技术的加持之下,符际翻译无疑可以给翻译传播带来更多的选择。而符际翻译和语际翻译结合,语言和非语言符号在译文中共同传递意义便形成了多模态翻译。

事实上,在翻译实践中,很多时候语内、语际、符际三种翻译并不能完全割裂开来(魏姝,2013),特别是语内翻译和语际翻译。几乎所有的语际翻译都涉及语内翻译,甚至可以说语内翻译是语际翻译的前提,因为译者进行语际翻译时,几乎都会用自己的语言对原文进行解释,将原文信息解释得更清楚流畅,然后再将其译为外语。若是典籍翻译,将典籍古文转换成白话文的语内翻译就更是不可或缺。以典籍英译为例,从事语际翻译(如把汉语典籍翻译为现代英语)的人,通常必须先把用古汉语撰写的典籍"翻译"("解释")成现代汉语,然后再根据现代汉语版本翻译成现代英语。只是有些"今译"版本只存在于译者的头脑中,而非"看得见摸得着"的"今译"版本(黄国文,2012)。

不管是在语内翻译还是语际翻译阶段,若是涉及给语言文本配上插图,或是使用语言对插图信息进行描述解释,便是一种符际翻译。语言翻译和符际翻译的结合,便是多模态翻译。

多模态翻译是涉及多种模态符号的翻译,可以分为对多模态文本的翻译和使用多模态手段对单一语言模态文本的翻译。多模态文本是"由图、文、音、色等多种表意符号系统构建的意义连贯的文本"(张丽萍,2017:1),如广告、绘本、漫画、影视等文本。对于这些文本,译者构建译文时,除了用目标语言传递原文语言文本传递的信息,也就是进行语际翻译,也要考虑原文非语言符号传递的信息。而用译文语言传递原文非语言符号的信息,就是一种符际翻译,或者更准确地说,是一种跨文化符际翻译。因此,对多模态文本进行跨文化翻译,实质上是语际翻译和符际翻译的整合。

用多模态手段对单一语言模态原文进行翻译,除了用目标语传递原文语言表达的信息,也就是语际翻译以外,还可以借助非语言模态辅助译文信息的传达,特别是传递原文关于事物外观的信息时,用非语言符号传递原文部分语言符号的信息,同样也是跨文化符际翻译和语际翻译的结合。典籍翻译,由于原文是对大多数人而言生涩难懂的文言文,翻译成外语时,往往还涉及将文言文翻译成白话文这个环节,也就是语内翻译。因此,典籍的多模态翻译实质上正是雅各布森所提出的语内翻译、语际翻译和符际翻译的有机整合。

当然，在语内、语际和符际这三种翻译形式中，不管是从语言到图像，还是从图像到语言的符际翻译，都不是完全的翻译，只能是部分翻译。这是由语言和图像在传递信息方面的固有特性所决定的。语言不能描述图像的所有信息，同样，图像也不能再现语言的所有内容。因此，就典籍多模态翻译而言，要充分传递典籍原文的意义，不能仅仅依赖符际翻译，必须和语内语际翻译结合。唯有三者结合，才能实现真正的多模态翻译。

第三节　中国典籍多模态翻译过程

既然典籍多模态翻译是语内翻译、语际翻译和符际翻译的整合，那么典籍多模态翻译的过程就需要经历语内翻译、语际翻译和符际翻译三个阶段，而每个阶段也都涉及原文理解和译文表达。当然，这三个阶段的顺序可能存在差异，有些典籍多模态翻译可能是先进行语内翻译，然后语际翻译，最后符际翻译，如美国译者卡朋特（Carpenter）的《茶经》译本（1974），虽然该译本并未出现白话文翻译，但因古文的晦涩难懂，译者在翻译过程中不可避免会参考各种《茶经》的白话文翻译和注解，这些作为参考的白话文注解和翻译就是该典籍的语内翻译。而卡朋特基于语内翻译构建了英语译文，完成语际翻译后，黛米·希茨（Demi Hitz）再根据英文《茶经》绘制插图，也就是对《茶经》部分内容进行符际翻译。又如当前网络上特别流行的古诗词英译小视频。这些小视频一般都是新媒体和诗词爱好者选择某首诗词以及著名译者的译文,如许渊冲的中诗英译(语内翻译和语际翻译结合的成果),配上体现诗词意境的视频动画以及悠扬的古乐和真人诵读(符际翻译),调动受众的视觉、听觉器官全方位感受中国诗词的意境。这些视频从生成的整个过程看,也是遵循从语内翻译到语际翻译再到符际翻译的过程。

也有的典籍多模态翻译是先有符际翻译,再进行语内翻译,最后是语际翻译,如"蔡志忠漫画中国传统文化经典·中英文对照版"系列,其创作者首先根据国学典籍的类型和特点,构思了漫画故事框架,然后绘制漫画,再配上白话文语言脚本,最后由国外译者译为英文。又如2021年出版的《山海经》葛浩文(Goldblatt)英译本。该译本的产生过程是,首先插画家陈丝雨绘制《山海经》中各神灵异兽的插图,然后国学研究者孙见坤进行白话文注解,最后葛浩文进行语际转换,将其译为英文。

依照不同顺序进行的多模态翻译可能会导致不同的翻译效果,特别是模态间的整合效果。例如,若是先进行符际翻译,再进行语内翻译和语际翻译,译文文本和图像的契合度可能更高,但对原文语言文本的忠实程度可能会相对低一些。原因在于,译者在构建译文的过程中,很可能会根据图像信息选择译文表达,原文文本和图像都成为译者构建译文的信息来源。此外,由于符际翻译是从原文语言到图像的转换,图像会更忠实于原文的意象,但其文化适应性可能受到影响,也就是图像可能不太符合异域读者的审美期待,或是具有更多难以为异域读者所理解的图像元素,不过译文语言的解释可以克服这方面的问题。相反，如果先进行语内翻译和语际翻译，再由国外图像创作者进行符际翻译，原文语言文本是译文信息的唯一来源，译文会更忠实于原文的意义，但与图像的契合度有可能相对较低。原因在于，在符际翻译作为最后环节的情况下，译文语言一般不会根据图像提供的信息再进行调整，也不会对图像进行额外的解释，而图像只能传递语言文本的部分信息，同时又会传递语言文本没有表述的信息。因此，对于这种情况的多模态翻译，译文文本和图像之间可能存在更多不必要的冗余信息，语言对读者理解图像的引导作用不明显，读者对图像信息的理解和把握也会存在更多的不确定性。如《茶经》卡朋特译本中的语言表达几乎见不到因为加入插图而进行的任何调整的痕迹。若是图像创作者缺少图文互文和图文连贯意识，如当前网络上的有些中诗英译小视频，图像和译文语言还会出现意象冲突，给译文受众带来困惑，干扰其对文本的理解。

  除了翻译的顺序，典籍语内翻译、语际翻译和符际翻译的不同译者组合也会导致典籍翻译效果的差异。几乎所有典籍的语内翻译者都是典籍所在领域的专家。语际翻译的译者，若是中国译者，则一般是外语专业译者，如"大中华文库"系列的中国译者大都是活跃于翻译领域的翻译学者。外语母语译者，因其母语优势，除了部分是专业译者，如葛浩文，以及"蔡志忠漫画中国传统文化经典·中英文对照版"系列的英文译者布莱恩·布雅(Brian Bruya)等，更多是典籍所涉及领域的专业人士。如20世纪70年代美国出版的《茶经》的英译者卡朋特就是从事茶叶贸易的专业人士。《山海经》另一译本的译者比勒尔(Birrell)也是研究中国神话的专家，曾出版过中国神话研究的相关著作。国外中国典籍研究专家也自然承担了语内翻译的工作,虽然其译本中并没有附上白话文译本。不过,语际翻译的译者若非典籍领域的专家,则需要借助典籍专家的语内翻译。如葛浩文在翻译《山海经》之前从未接触过典籍翻译,其翻译《山海经》主要依靠孙见坤的白话文译文和陈丝雨的插图。借助典籍专家的语内翻译进行翻译的译者和同时承担语内翻译和语际翻译的译者,其译文在传递原文信息的准确性上又会存在差异。国外译者,即使是汉学研究者,由于其自身的历史文化背景,在理解中国典籍时始终还是存在一定局限,其理解典籍的准确性和充分性大都和中国典籍专家存在差距,导致译文存在各种误读造成的误译,或是原文深层文化信息的流失或变形。而国外译者若是基于中国典籍专家的白话文译文进行翻译,出现误译的概率相对会小很多,对典籍文化信息的呈现也会更充分。当然,译者出于自身文化立场和意识形态对原文文化信息的操纵则另当别论。

不同于语内语际翻译,符际翻译的译者一般都是绘画艺术家。而为典籍配图的一般都是对典籍有所研究之人,他们既是绘画大师,也对国学深有研究。符际翻译者的身份也分为两种:一是中国画家,一是国外画家。中国画家的符际翻译通常更注重中国元素的突显,如陈丝雨的《山海经》插图,而国外画家的插图往往会弱化中国文化意象,如卡朋特版《茶经》中希茨绘制的插图,除茶具之外的其他插图,人物衣着外形都和中国古人明显不同。图文的一致性无疑对读者理解文本内容具有重要影响。

此外,在语内、符际和语际翻译阶段,由于转换对象的不同,译者所要考虑的因素,所使用的翻译策略也会有所不同。

一、语内翻译

语内翻译是语际翻译和符际翻译的基础。在典籍的语内翻译阶段,译者需要将原文从古汉语转换为更易于理解的现代汉语。在这一阶段,译者的核心任务是对原文进行深入理解和准确诠释。这不仅仅是简单的语言转换,更是一种对典籍原文深层次的探索和研究。这也是为何大多数典籍的语内翻译者都是该领域的专家。如葛浩文版《山海经》负责白话文翻译的就是自幼研究《山海经》、被誉为"小小国学鬼才"的孙见坤。

在理解原文过程中,语内翻译者需要考虑古汉语与现代汉语在词汇、语法、句式等方面的显著差异,同时结合典籍的历史文化语境确定原文意义。也就是说,除了语言上的考虑,在进行语内翻译时,还必须考虑时间上的差异、社会以及文化习俗的变化等因素(黄国文,2012)。原文是原作者为其同时代的读者所著,而白话文译文是为当代读者所作。随着时代的变迁,原文中的一些概念、事物和风俗对当今读者而言已经变得十分陌生。因此译者在翻译典籍时,还要考虑当今读者的认知理解能力,进行必要的解释和转换,以及相应的简化、通俗化处理。

在对典籍进行语内翻译时,大多数译者都是用白话文忠实传达原文意义,不涉及信息的增减。如我国的"大中华文库"系列中,各部经典文献的白话文翻译,除了偶尔出现的理解偏差,大体上都能准确且忠实地反映原典的内容。这样的翻译方式为那些希望深入研究和学习典籍原文的读者提供了极大便利。通过白话文译文,读者可以更轻松地理解文言文的含义,同时也能够对照原文进行深入学习和探究。这样的译文也为传统的典籍语际翻译提供了基础参照,其面向的读者主要是想要了解典籍原文的专业型、学习型读者。此类译文学术性有余而趣味性不足。

除了对典籍原文的忠实准确翻译,更为读者所喜爱、传播受众更广的则是对典籍原文进行改编的语内翻译。这种翻译对原文内容进行了灵活处理。有的增加了对原文的阐释性拓展性信息,有的改变了原文的结构体例和叙事方式,有些则是对原文内容进行了删减。如葛浩文版《山海经》中,孙见坤在进行白话文语内翻译时,就增加了大量额外的信息。除地理位置信息以外,还增加了对神灵异兽的评价性、解释性信息,相关文化信息和传说故事,前后互文信息等。这些增加的信息可以让读者获得对这些神灵异兽更全面的了解,也增进了该书的故事性和趣味性。而典籍漫画版中的语内翻译,则改动更大,如"蔡志忠漫画中国传统文化经典"系列,便是将中国典籍改编成一个个短小精炼的故事,语言也变得通俗化、口语化。权迎升编绘的藏族典籍《格萨尔王》漫画版(2012)几乎全部以口语对话的形式讲述格萨尔的故事。漫画版中的这种白话文翻译语言过于简单,信息含量明显不足,必须结合图像,也就是符际翻译,才能实现对文本的全面呈现。

二、符际翻译

在符际翻译阶段,译者主要考虑如何设计图像,如何利用图像呈现原文意义,或者确定哪方面的意义由图像呈现,哪方面的意义由语言传达,图像与图像之间如何实现"起、承、转、结"的连贯,图像和语言文本通过什么关系实现有机互动,从而构建比单一语言或图像更为丰富的意义。

(一)图像信息元素

图像作为一种强有力的视觉传达工具,能够直观展现具体的细节和情境,从而在短时间内向观众传递丰富的信息元素,如人及其他物象的外形特征、动作姿态,场景背景、色彩、象征符号等元素传递丰富的信息,帮助读者更好地理解文本主题意义。

(1)物象外形特征。图像可以精确地描绘物象的外形特征。以人物为例,图像可以生动形象地呈现人物的外貌特征,包括面部表情、体型、服饰和配饰等。这些细节有助于塑造人物形象,传达其性格、身份和社会地位等信息。例如在中国古典文学中,有许多作品通过细致的文字描述来塑造人物形象,而当文字被转化为图像时,这些描述便通过视觉元素得以生动呈现。以中国文学史上的经典之作《红楼梦》为例,这部小说中的人物形象丰富多彩,各具特色。对小说中的这些人物,若只看文字介绍,读者难以获得直观印象,图像则能够让人物变得鲜活,如《红楼梦》中的林黛玉,其形象在小说中描绘得非常细腻:

> 两弯似蹙非蹙罥烟眉,一双似喜非喜含情目。态生两靥之愁,娇袭一身之病。泪光点点,娇喘微微。闲静时如姣花照水,行动处似弱柳扶风。心较比干多一窍,病如西子胜三分。(曹雪芹,1982:49)

这些文字描述在转化为图像时,便通过林黛玉的面部表情、体型、服饰、配饰等得到了精确呈现。1987年版电视剧《红楼梦》中陈晓旭扮演的林黛玉,眉毛细长而弯曲,眼神清澈而含蓄,嘴角带着淡淡忧愁,身材纤细柔弱,衣裙细腻的花纹和优雅的色彩,佩戴的玉簪,都给观众留下了深刻印象,以至一提到林黛玉,人们头脑中首先浮现的便是陈晓旭所扮演的黛玉形象。带着这样的影像,再去理解语言文本的描述,无疑会容易得多。

(2) 动作与姿态。除了人物外形与特征,人物的动作和姿态是传达情感和故事发展的重要元素。图像可以通过捕捉动态的瞬间或表现静态的姿态来传达紧张、放松、愤怒、喜悦、激动等情感状态。如在漫画版《菜根谭·心经》(2013)中,传递原文"与其攀交权贵人家,不如亲近贫贱人家"这一信息时,漫画中便是一人面带真诚的微笑,躬身向一身穿补丁衣裳的老者作揖,通过人物动作传递"结交贫贱人家"这一信息[①]。

(3) 场景与背景。图像中的场景和环境设置能够提供故事发生的时间和空间背景,增强情境的真实感。场景的细节,如建筑风格、自然环境特征、室内装潢设计等,都能帮助受众更好地理解故事发生的背景和人物的生活环境。例如,《红楼梦》中大观园的美丽奢华,独具中国特色的雕梁画栋,精致的亭台楼阁,小桥流水,房内的青纱帐幔,潇湘馆的清雅,怡红院的奢华,只有通过图像才能变得真实而立体。又如电影《长安三万里》将众多诗歌带入了具体的场景,结合这些场

[①] 详见蔡志忠:《菜根谭·心经》,北京:现代出版社,2013,第50页第2幅图。

景,听到诗人抑扬顿挫的诵读,受众无疑更能领会诗歌所传递的意象和情感。

(4) 色彩。色彩的运用在图像中扮演着至关重要的角色。不同色彩可以唤起不同的情绪反应,如暖色调通常与温暖、舒适相关联,冷色调可能传达孤独或悲伤。对于典籍的符际翻译,色彩的选择还能体现典籍主旨和中国文化身份。如陈丝雨绘制的《山海经》插图,选择了黑白红三种色调,就带给读者浓浓的远古气息。就像当当网上介绍这本书时特意提及的:"现代科学研究表明,人类在识别黑白之后,认识的第三种颜色是红色,然后才是五颜六色。2015年出版的黑红版唯美《山海经》,以黑白红古朴简洁的巧妙配色,向远古的山海经时空无限延伸。"①

(5) 符号与象征。进行符际翻译时,不仅要传达出原文的字面意义,也要考虑原文更深层次的内涵意义。图像中的符号和象征物就可以传达更深层次的意义和主题。如中国文化中的杨柳、莲花、太极八卦图等符号就具有丰富的文化内涵。若是对一首惜别的诗歌进行符际翻译,人物的不舍这一抽象的情感就可以用杨柳这一图像符号传达。

(二)图像布局

图像布局是指图像在视觉空间中的排列和组织。进行符际翻译时,译者需要考虑如何通过图像布局来引导读者的视线,以及如何借

---

① 详见当当网对该版《山海经》的介绍:http://product.dangdang.com/23824569.html.

助布局来传达文本的结构和节奏。例如,图像可以按照时间顺序排列,或者通过对比和并置来强调文本中的某些主题。

如在"蔡志忠漫画中国传统文化经典"中,图像的布局起到了至关重要的作用,不仅引导读者的视线,还帮助传达文本的结构和节奏。在漫画中,创作者通常是将一页漫画分为几个小格子,每个格子代表一个场景或故事的一部分。这些格子通常采用从左到右、从上到下的排列方式,引导读者按顺序阅读。

在漫画中,创作者还经常通过图像的大小、形状和对比排列来调节故事的节奏或是突出故事的主题。如在设置故事背景时,采用较密集的图像表现繁华喧嚣或是大规模战争,用较大、较开阔的图像来描绘宁静悠远的乡野。又如在漫画版《菜根谭·心经》(2013)中讲述"死后留给后人的恩泽要能流得久远"[①]这一抽象信息时,所配插图是一尊比较大的墓碑。墓碑后是只有墓碑一半大小的坟墓,在坟墓后面则是一条数倍于墓碑长短的黑色线条,延伸到很远,坟墓、墓碑、黑线的对比,充分体现了原文所要重点突出的死后恩泽悠长久远之意。

(三)图像意义呈现

图像不仅能展现文字信息,还能传达文字难以表达的情感和氛围。译者需要考虑哪些意义可以通过图像呈现,哪些需要文字补充。例如,在描述人物性格时,文字可以提供直接的描述,而图像则可以通过人物的表情、姿态和所处环境来传达更为微妙的情感和性格特征。

---

① 详见蔡志忠:《菜根谭·心经》,北京:现代出版社,2013,第5页第3幅图。

以《红楼梦》为例，影视剧中的人物形象和场景布置便足以表达小说中的情感和氛围。例如黛玉葬花的场景，图像可能会通过黛玉忧郁的眼神、飘落的花瓣和凄凉的背景来传达她内心的悲哀和对生命无常的感慨。这些都是文字难以表达完全的情感细节。

图像还能够传达文字难以传达的一些微妙意义。例如，宝黛之间的爱情并非直接表达，而是通过两人相互凝视的眼神、相互依偎的姿态以及周围环境的和谐来暗示他们之间的深厚感情。

此外，图像还能够帮助读者理解中国传统文化中的象征意义。例如，《红楼梦》大观园中的各种植物和建筑不仅美化了环境，也富含文化象征，如竹子代表坚韧，牡丹象征富贵。通过图像，读者可以直观地感受到这些象征物在中国文化中的内涵。

尽管图像能够传达许多情感和氛围，但文字仍然不可或缺。例如，对于贾府的描写，文字能够详细介绍其历史、地位以及与当时社会的关系，而图像则通过精细的室内装饰和人物服饰来展现贾府的奢华。

又如在"蔡志忠漫画中国传统文化经典"系列的《菜根谭·心经》(2013)"不忧患难,不畏权豪"这个故事中，提到"君子处在患难中,并不忧虑担心"[①]时，在一个人头顶上方画了一朵巨大的乌云代表患难，人物悠然自得的表情动作表现出君子并不忧虑担心；在阐释"君子遇到有权势地位而强横无理的人,并不感到畏惧"时，在画面左边是一个穿着华服，身体庞大，满脸凶相之人，代表有权势地位而强横无理之

---

① 详见蔡志忠：《菜根谭·心经》，北京：现代出版社，2013，第69页第1幅图。

人,右边则是个子小了几倍,穿着普通之人,满面怒容地与左边之人辩驳。人物大小以及穿着的对比体现地位的不平等,而右边小人不屈的气势则明显呈现出君子的不畏强权。①

(四)图像之间的连贯

若是将典籍改编成漫画这种故事性强的文本,符际翻译者便需要设计一系列图像。在设计这些图像时,如同用语言讲述故事一样,需要确保图像之间存在逻辑上的连贯性,具备"起、承、转、结"的结构。漫画图像本身就是在讲述故事,需要有清晰的开始、发展、转折和结尾,而每个图像都是故事的一个环节。通过这种方式,图像序列能够形成一个完整叙事,帮助读者更好地理解和感受原文内容。

例如在漫画版《列子说·韩非子说》(2013)"心中的贼"②这个故事中,第一幅图中只有一名男子出现,位于画面中间。这名男子面带忧虑,坐在一排木头上沉思,头上气泡中显示一把斧头,表示这个人丢了斧头。第二幅图中这个人仍然坐在木头上,和第一幅图实现了紧密衔接,不过由居中的位置变到了边缘,暗示有新的人物出场。的确,第二幅图的中间位置出现了一个小孩抱着一捆木头,小孩右下角另一个男子正在用一把砍刀砍柴。先前的男子由第一幅图的表情忧虑变成了满脸愤怒地盯着小孩,传达出该男子怀疑小孩偷斧头这个信息。第三幅分为两部分,左边是小孩配合另一名男子用砍刀劈木头,丢了斧头的男子从木头上站了起来,露出更为愤怒的表情,而这幅图中男子的

---

① 详见蔡志忠:《菜根谭·心经》,北京:现代出版社,2013,第69页第3幅图。
② 详见蔡志忠:《列子说·韩非子说》,北京:现代出版社,2013,第136页。

表情也是第二幅图中男子表情的升级版。在第四幅图中,丢斧头的男子又出现在画面中间,先前坐着的木头已然不见,表示其换了地方。而在他面前有一把斧头嵌在一个木桩上,说明他找到了斧头。第五幅图则是该男子手上拿着斧头,面带微笑看着先前出现的孩子,表明他心里已经解除了对孩子的怀疑,从而表现出对孩子的喜爱。通过主人公变换位置、变换表情出现,新的人物自然出场、退场,图像与图像之间实现了有效衔接和连贯,生动形象地呈现了故事内容。

(五)图像与文本的有机互动

除了图像间的衔接连贯,符际翻译者最后还需要考虑如何让图像和文本之间实现有机互动。这可以通过图像和文本的相互补充、相互解释来实现。例如,图像提供文本中未明确描述的视觉信息,文本则解释图像中的隐喻和象征意义。或者文字描述更广泛抽象的意义,图像呈现具体的例证。通过这种互动,图像和文本共同构建一个比单一媒介更为丰富的意义世界。

漫画版《论语》(2013)"仁者安仁"篇有一段论述,"不仁者不可以久处约,不可以长处乐。仁者安仁,知者利仁"。这里的意思是说,没有仁德的人不能长久地处于穷困中,也不能长久地处于安乐中。有仁德的人安于仁,聪明的人利用仁。这里的"仁"是一个统摄诸多伦理条目的抽象概念。在将这部分论述改编成漫画时,漫画创作者通过具体化、形象化的图像,提供了更具体的信息,以展示不同情况下"仁"的

第二章　中国典籍多模态翻译概述

内涵①。

　　这个故事的分格漫画中,第一幅图中间是一名男子,穿着补丁衣衫,看着面前一张小几上空空如也的碗,紧握拳头,脸上露出愤怒的表情,头上气泡中显示他说的话,似乎在发出质问:"大丈夫当如此一生穷困?"孔子站在一旁说道:"一个没有道德修养的人,不能长久过穷困的生活。"第二幅图中一名男子躺在一个美女怀中,听另一个女子弹奏古琴,但脸上露出不满足的神情,他旁边的气泡显示他心里的疑惑"大丈夫当如此安乐而已?"第三幅图中,一名穿着长衫的青年男子正恭敬地向一名衣衫褴褛的老乞丐行礼,老乞丐背着一个酒壶,手上拿着一个讨饭的碗,满面笑容,显示这名青年男子应该是给了老乞丐一些银两。两人都没有说话,画面中的旁白是:"一个天生有仁德的人,以仁德为他生活中最大的快乐。"第四幅图的中间,一个身形高大、身着长袍,背着酒壶的男子正微笑着把一锭银子递给另一个男子,另一个男子躬身向他行礼,而看其穿着,并非贫穷人士,因此这里画面呈现的意思应该是背着酒壶的男子捡到了另一个男子的银子,将其还给失主。而图中两人个子呈现明显差异,背着酒壶的男子是行礼男子的两倍大小,画面中的旁白是:"一个聪明的人,把仁德当作最有利的生活规范。"由此可以看出,在这里,创作者通过生动而形象的漫画手法,把"不仁者"具体化为身处困顿之时的怨天尤人和富贵时的骄奢淫逸,如沉溺于声色享受;将"仁者"描绘为帮助他人,尊重他人,不贪钱财之人。

---

① 详见蔡志忠:《大学·中庸·论语·孟子说》,北京:现代出版社,2013,第164页"仁者安仁"篇。

总之,在符际翻译阶段,译者的任务是将精心设计的图像和语言结合,传达原始文本的深层意义,同时创造出一种新奇、独特的交流体验。这要求译者不仅要有深厚的语言功底,还要有良好的视觉素养和创造性思维。

三、语际翻译

在大多数情况下,语际翻译是典籍多模态翻译的最后一个环节。典籍多模态翻译过程中的语际翻译和单一语言模态的语际翻译显然有所不同,这种差异主要在于它们处理的信息类型和翻译过程中涉及的模态元素不一样。

单一语言模态的语际翻译专注于将文本从一种语言转换到另一种语言,不涉及其他模态元素,主要关注文字信息的准确传递,包括词汇、语法、句式和语言风格等。当然,对于意蕴丰富的典籍文本,语际翻译还需要传递原文的深层文化内涵和思想。在这个过程中,译者往往还需要充分考虑目标受众的理解接受能力,对原文进行灵活变通。

而典籍的多模态翻译,不仅包括语言文字的转换,还涉及对非语言模态符号的细致观照和恰当处理。在这一过程中,图像等视觉元素与文本内容的融合至关重要,它们共同构成了典籍译本在目标语境下的多维表达。

通常情况下,由于成本和资源的限制,经过符际翻译生成的图像在跨文化翻译过程中可能不会进行修改。然而,当这些与中文文本紧密相连的图像被置于异域语境时,便需要与外语文本实现新的有机结合,以适应不同的目标受众和语言环境。在这种情况下,如果图像本身无法进行调整,译者就必须调整语言文本以适应图像,也就是"以文就图",确保图像与译文之间的和谐统一。

典籍多模态翻译的"以文就图"往往导致典籍多模态翻译涉及更为复杂的选择过程。首先译者需要选择合适的译文语言传递原文语言文本的意义。我们知道,大多数翻译都不可能完全对应原文的表达,特别是在原文涉及一些具有文化特殊性的表达或者对译文读者而言存在理解困难的表述时。这时,译者便要做出选择,对这些信息是直接保留,还是增加解释,或是删除改写,以保证目标受众理解文本的主要信息。而译者进行选择的依据,通常是这些信息本身的特点和价值,以及图像和这些信息的关系。若是图像能清晰呈现这些信息,且图像对目标读者而言并不存在理解困难,译者便可以选择简单直译,甚至弱化删减这些信息。若是图像和这些信息没有直接关联,译者往往就需要对这些信息进行阐释或是通俗化改写,并确保译文提供的信息不会与图像发生冲突。当然,译者也可以根据图像对原文进行改写,将图像作为译文的信息来源,选择不同于原文文本内容的视角和信息点。不过这样改写的前提是不影响译文的前后连贯。

此外,如果图像创作者基于对原文文本的个人理解,或者是为了追求特定的艺术效果,所创作的图像与原文文本之间出现一定程度的不一致性,在图像无法更改的情况下,译者就需要对原文进行删改。若是图像中出现目标读者可能难以理解或是可能出现误解的形象,译者还需要在译文语言中进行解释。译者构建译文时,结合非语言模态对原文进行灵活处理,是典籍多模态翻译最为核心的部分。这个过程中译者会使用的具体翻译策略将在本书下一章进行详细论述。

总之,典籍多模态翻译是一个涉及多个阶段和多种模态的复杂过程。每个阶段都需要译者具备相应的专业知识和技能,同时也需要对原文和目标文化有深刻的理解。通过有效地整合语内翻译、语际翻译和符际翻译,能够在确保原有文化精神不变质的前提下,生动地塑造作品的文化形象,形成文化印象,广泛而深入地靠近当代国外读者,消除认知屏障,引起读者对异域文化的高度自觉和开放包容态度,从而增进彼此了解,提升跨文化交流效果(李志凌,2023),让中国文化通过翻译真正走进译语环境中。

第四节 中国典籍多模态翻译标准

典籍多模态翻译的复杂性在于其不仅仅是语言文字的转换,而是涉及多种符号系统和模态的综合运用,也涉及多重翻译过程,在这个过程中,翻译的标准和实现方式与传统的单一语言模态翻译自然存在显著差异。在每个翻译阶段,所考虑的标准也有所不同。

在语内翻译阶段,译者首先需要将典籍的古文原文转换为现代白话文。这一阶段的翻译标准主要体现在以现代读者能够理解的方式准确传达原文意义。译者需要结合原文生成的社会历史背景,深入理解中国古代汉语的语法结构、词汇含义以及文化内涵,确保在转换过程中不丢失原文的核心信息。同时,还要考虑原文和当代读者存在的时空距离,估量译文表达是否足够充分,是否能够为当代读者所理解。

在符际翻译阶段,译者关注的是将文本内容转换为非语言符号,如图像、声音、视频动画等。在这一阶段,翻译的标准涉及非语言符号能否准确反映原文内容和精神。例如,插图是否忠实地描绘出典籍中的场景、人物和物品,声音翻译(如朗诵或戏剧改编)是否传达出原文的情感和节奏。同时也要考虑图像符号能否为目标读者所理解。若是符际翻译面向异国受众,还要考虑图像是否和目标社会的图像文化存在冲突,目标读者是否会对该图像形成不同的理解和反应。如果符际翻译是在白话文翻译的基础上进行,那么图像等非语言符号还需要与白话文译文保持一致,确保信息的连贯性和一致性。

若是符际翻译涉及多幅图像,如将典籍改编为漫画、动画或视频,除了衡量上面提到的图像和原文文本意义的连贯一致,还要考虑图像之间的连贯一致,即图像与图像之间是否实现了自然衔接和过渡。简言之,符际翻译的标准涉及图像和文本、图像和图像之间的双重连贯。

在语际翻译阶段,译者需要将白话文和非语言符号的信息转换为目标语言。严格说来,这里的语际翻译应是从汉语到外语的语际转换和从非语言符号到外语语言的符际转换的整合。因此,这里的翻译标准不仅要求外语译文忠实于白话文提供的信息,还要忠实于非语言符号所传递的信息。外语译文应当与图像等非语言符号实现有机整合,形成一个连贯统一的多模态文本。

此外,同前面的语内翻译一样,语际翻译也要考虑信息传递的充分性,同时还要考虑信息传递的必要性。这里的充分必要性既是针对原文语言而言,也是针对非语言图像而言。信息传递的充分性指译文的语言表达是否足以让目标读者了解原文语言和图像呈现的信息。如原文文本中涉及中国特有的人物、事物、风俗或思想文化概念时,非语言图像涉及目标读者难以理解或可能产生误解,或是与目标文化冲突的意象时,译文是否增加必要的解释或是改变原文说法,帮助读者全面而充分地理解图文共同呈现的意义。

译文信息传递的必要性强调译文应当向目标读者呈现核心和关键的信息,避免出现对目标读者而言非必要的信息,这些非必要的信息可能会干扰或掩盖主要信息的传达。如原文中比较复杂、难以解释清楚,信息价值对目标读者而言不大的中国文化意象,或是对理解文本主题关系不大的事物概念,译者在译文中都可以进行删减以突出原文主要信息。

在多模态翻译环境中,除了考量原文语言文本信息的传递,还需关注译文与图像之间是否存在不必要的冗余。通常情况下,在翻译多模态文本时,对于那些图像已经明显呈现且价值不大、无需特别强调的信息,译文在语言表达时可以适当省略。通过这种方式,可以更加有效地突出主要信息,确保目标读者能够聚焦于文本的核心内容,这也是语际翻译中信息传递必要性的重要体现。

总之,典籍多模态翻译标准的实现是一个多层次、多维度的过程,要求译者综合考虑各方面的因素,充分传递出原文语言和图像共同呈现的意义,确保译文在新的语境下实现图文的协同互补,连贯统一。

第三章 中国典籍多模态翻译策略

中国典籍的一个典型特点是语言精练,往往意在言外。而这些言外之意,高语境的中国读者借助自身中国文化背景,自然能够理解。但对于低语境的西方读者而言,就很难理解。当然,有些文化背景信息可以通过增加语言注释提供,但有些信息是语言无法表述清楚的,这时便可以借助图像、声音、视频动画等非语言符号资源进行补充。而具体选择哪些模态资源则视情况而定。当非语言符号参与文本意义构建时,如何规划译文的语言表达,采用何种语言转换策略以实现最佳的图文组合效果成为典籍多模态翻译的核心问题。

第一节　典籍翻译中非语言模态资源类型

模态(mode)是指"利用一系列元素,如声音、音节、形态素、词汇和从句等,通过其特定排列组合来创造和表达意义的一种方式"(Kress & van Leeuwen,2006:226),"是交流的管道和媒介,包括语言、技术、图像、颜色和音乐等符号系统"(朱永生,2007)。多模态(multimodality)则是指"设计符号产品和事件时使用多种符号模态"(Kress & van Leeuwen,2001:20)。相应地,多模态翻译就是涉及多种模态符号的翻译。典籍多模态翻译,如前所述,是语内、语际、符际翻译的整合,涉及语言和非语言模态符号资源的处理和应用。

中国典籍,除少部分在创作之初即带有插图的典籍,大多数都是单一语言模态文本。因此,典籍多模态翻译,就是"在翻译过程中调用除语言符号之外的诸如图像、声音、颜色等非语言符号模态,与语言符号一起,共同参与再现和创造原文意义的过程"(吴赟,2022)。一般来说,在典籍翻译中,可以与语言符号一起,共同参与再现和创造原文意义的非语言符号模态,主要是视觉模态和听觉模态,而触觉模态、嗅觉模态和味觉模态在典籍文本翻译中几乎不会涉及。

视觉模态(visual modality)是指通过视觉感知途径进行信息传递与接收的交际方式。在多模态传播和符号学的领域内,视觉模态涵盖了众多视觉符号及其构成元素,这些元素借助其独特的视觉属性来构建和传达特定的意义。除语言之外的常见视觉模态符号主要包括:(1)图像,涵盖摄影作品、图形绘画、数据图表、象征性图标等多种形式,这些图像通过构图、色彩、线条等视觉属性来传递具体的概念或情感。(2)颜色,颜色的选择和组合搭配可以有效地传达情感状态、突出关键信息或区分不同的内容区域。此外,不同的颜色还具有不同的象征意义。(3)形状和线条,不同的形状和线条可以表达动态、静态、力量、柔和等概念,如柔和的水通常用曲线表示。(4)空间布局,图像中的元素排列和空间关系,不仅影响视觉传达的效果,还可以传达深层次的信息和意义,如位于画面中心的通常是突显的信息,边缘的是背景或是即将出场、退场的人物。(5)字体排版,文字的字体样式、大小、间距等排版元素,用于强调信息的层次和重要性,同时特殊字体的使用还可以起到突显信息的作用,如加大加粗的字体可以表达重要信息,漫画中不同的字体可能表示说话人特别的情绪。(6)符号标志,一些具有特定含义的视觉符号可以帮助读者快速识别和传达特定信息,如五线谱通常用来表示乐曲,z字符号通常用来表示人睡觉的状态。(7)视觉叙事,通过一系列图像可以讲述故事或展示复杂的信息流程,如漫画故事、动画和电影等视觉叙事艺术,便是通过一系列连续的画面展现事件的进展和故事的脉络。这些动态的视觉叙事手法不仅可以捕捉时间的流逝,还可以通过画面之间的流畅转换成功地引导观众深入故事情节,感受角色的情感变化和故事情节的变化。(8)视觉突显,利用对比、重复、突出等视觉技巧,使某些元素在视觉场中更加吸引注意力。如漫画中经常利用极为明显的人物大小差异引起受众关注人物地位、力量的差异。(9)视觉风格,如现实主义、抽象主义、超现实主义等,不同的艺术风格适用于描述不同的对象。例如,要描述精确信息,一般采用写实风格;描述模糊意境的,则可以采用写意风格。此外,不同艺术风格还可以传达不同的情感和氛围。如中国水墨画以黑白两色的运用为特点,不仅能够体现中国艺术的传统美学,还能够深刻传达中国风情的独特韵味和深邃意境。(10)视觉文化符号,特定文化背景下的视觉元素,如宗教符号、民族图案等,这些文化符号具有特定的文化意义,在跨文化交际中很容易造成误解,在翻译过程中需要谨慎处理。如"卍"字符与佛教有着密切关联,被认为是释迦牟尼佛胸前的瑞相之一,代表着佛的无尽功德和慈悲。在藏传佛教中,"卍"字符被称为"雍仲",象征光明和轮回不绝。佛教寺庙的建筑和佛教艺术品中常见此符号,作为吉祥和神圣的标志。德国纳粹的党徽"卐",则具有血腥、暴力和恐怖的象征意义。

听觉模态(auditory modality)指通过声音来传递和接收信息的方式。在多模态传播中,听觉模态也包括了一系列的符号和元素,这些符号通过声音的特性来表达意义。常见的听觉模态符号除语言(口头语言、对话、独白、旁白等),还包括:(1)音乐,音乐的旋律、节奏、和声等元素可以传达情感和氛围,有时也用于强调或补充视觉信息。(2)声音效果(sound effects),如自然声音(风声、雨声、雷声)、机械声音(汽车引擎声、门铃声、单调的钟声)、动物叫声等,用于呈现特定的情境,增强场景的真实感。(3)语调(intonation),说话时声音的高低变化,可以表达说话者的情感状态。(4)节奏(rhythm),语言或音乐中声音的快慢、强弱变化,可以表达场景氛围,也可以表达说话人的性格情绪。(5)音量(volume),声音的响度,可以用于强调重点或创造紧张感。(6)回声(echo),声音在空间中的反射,可以增加空间感或创造特定的效果,如制造幽深恐怖的氛围。现在随着数字技术的不断发展,几乎各种声音都可以通过 AI 合成,给我们充分利用各种声觉模态符号传递信息提供了极大便利。

从视觉模态和听觉模态的具体运用来看,两种模态可以单独传递信息,如漫画中的图像就是单靠视觉模态传递信息,广播就是靠声音传递信息。当然,更多的情况是视觉模态和听觉模态相互组合,以增强信息传达效果,提供更丰富的感官体验。例如,在电影、电视、广播和多媒体演示中,听觉模态与视觉元素就是共同作用,创造出引人入胜的叙事和观看体验。典籍的多模态翻译,就目前的翻译实践来看,主要分为以下几种类型:

(1)图文结合。图文结合是典籍多模态翻译最常见的模式,主要是通过语言文字和图像共同传递典籍原文意义。图像主要分为插图和漫画两种类型。当然图像又可分为黑白图像和彩绘图像。图像色彩的选择也能传递出特定的意义。如 2021 年出版的《山海经》葛浩文英译本主要由插图和语言文字构成,插图是黑白红三种颜色,这三种颜色带给读者浓浓的远古气息,非常契合《山海经》主题。"蔡志忠漫画中国传统文化经典·中英文对照版"系列则是典型的语言和漫画图像共同传递原文意义,其漫画选择黑白二色,显示出浓厚的中国文化风。

图文结合的典籍多模态翻译必不可少地会涉及形状线条、空间布局和字体排版,但这些元素对典籍原文信息的传达影响不大。利用图像、符号、色彩、形状等视觉语言构建的视觉隐喻,视觉文化符号在典籍中经常会有所体现。充分利用视觉隐喻和视觉文化符号,在一定程度上有助于增强典籍译本的表达力和深度。视觉隐喻通过将抽象的概念与具体的图像相结合,可以使难以理解或记忆的信息变得更加直观和易于把握。如通过描绘历史事件或人物形象,视觉隐喻可以帮助读者更深刻地感受到文本所传达的情感和氛围。如"蔡志忠漫画中国传统文化经典·中英文对照版"系列中经常出现身背酒壶的人物形象,如老子、庄子,就影射了他们追求逍遥自在、超脱世俗的生活态度,体现了释放天性、回归自然本真的生活哲学。

使用视觉隐喻,可以将中国传统文化的精髓以直观、易懂的方式呈现给目标读者。而视觉文化符号则有助于突出中国典籍在异域文化中的中国身份,深化目标读者对中国文化的认知。如"蔡志忠漫画中国传统文化经典·中英文对照版"系列中的太极八卦符号,文人的长袍儒巾都体现了明显的中国身份。此外,视觉叙事,即通过一系列图像来讲述故事或传达复杂的信息也是典籍多模态翻译的常见方式。"蔡志忠漫画中国传统文化经典·中英文对照版"系列就是通过一系列图像结合相应的语言文字来讲述一个个中国文化故事。图像之间的前后衔接和关联直接影响着整个文本意义的传达。

(2) 文字声音结合。近年来,随着互联网和数字音频技术的发展,有声书变得特别流行。有声书(audiobook)是一种通过声音媒介传播书籍内容的形式。这种形式将书籍的文字内容转化为音频格式,让读者可以通过听的方式来享受阅读体验。相较于一般纸质和电子图书,有声书可以让人们在忙碌的生活中利用碎片化时间获取知识和享受阅读的乐趣。更重要的是，有声书通过声音的抑扬顿挫和情感表达，能够更好地传达书中的情感和氛围，增强听众的沉浸感和体验感。如赵彦春的《英韵三字经》朗诵版，可以让西方读者在理解其意义的同时感受文本的音韵美，领会《三字经》表达形式上的独特之处。此外，典籍中有些信息用声音呈现，对读者而言会更准确。如《山海经》中很多异兽是以其声音或其出现时经常伴随的声音命名，或者其声音有非常独特之处。声音命名通常采用音译，但西方读者很难将汉语拼音拼读准确，因此很难感受到异兽的声音具体是什么样的。而其他各种各样的声音，以及动物发出的类人声音，单凭文字，即使是拟声词，也很难让西方读者产生直观感知，若是能通过语音合成，以声音模态呈现这些声音，自然能够更准确传达这些异兽的独特之处。其音如击石的狰，其音如吠犬的狡，其音如婴儿之音的蛊雕，在介绍这些异兽时若是辅以声音，读者必然能够对这些异兽获得更深刻的印象。又如典籍中若是涉及古代乐曲，在描述乐曲的优美音律时，再美的语言描述也比不上乐曲本身带给读者的感受。

(3) 图像文字声音结合。文字图像声音结合的多模态翻译是最丰富的翻译形式，这种翻译形式结合前面两种模式的优势，只要模态间整合得当，将能够获得最佳的信息传播效果。文字图像声音结合的多模态翻译，最典型的便是影视翻译以及现在网络流行的配有中英文字幕的中国传统文化故事小视频。中国典籍可以通过影视改编加字幕翻译实现文字图像声音结合的多模态跨文化传播。然而，影视的瞬时性往往会导致受众没有充分的时间去领会语言图像背后的深刻思想，加上当前影视过于偏娱乐性，这些都会在很大程度上影响受众对典籍理解的深度。要避免影视在传播深度信息方面的局限，可视化图书可以作为一种替代形式。可视化图书是应用信息图、漫画、动画视频等多媒体手段，结合多媒体交互技术实现图书信息的可视化。可视化图书通常是在纸质图书中呈现文字和图像，读者可以扫描二维码查看视频。如人民出版社2019年出版的《百姓看两会——2019幸福密码》就是以新闻图片＋大数据图解＋扫二维码看视频相结合的形式全面展现两会政府工作报告中的民生内容，使读者更易于接受图书的深度内容。南京大学出版社最近推出历时五年编译的《中国世界级非遗文化悦读系列·寻语识遗》(2024)便设计了大量生动形象的涉及非遗知识的手绘图画，并通过二维码链接，为一些非遗故事提供了相关的英文短视频，以更生动直观的方式讲述中国非遗故事。典籍翻译也可以借鉴这种方式，以可视化图书的形式呈现典籍内容。图书可以文字为主，在需要图像辅助的地方插入图像，涉及声音的地方插入声音，需要视频动画的地方插入视频动画，如此既可以使文本更直观生动，增强其趣味性，同时也可以保证信息的深度。在当今数字化时代融媒体技术的发展也可以为这种图书制作提供技术支持。

  总的说来，进行典籍多模态翻译，我们可以充分利用各种能够传达意义，技术上又具有可操作性的模态符号。当然，这些模态资源类型的选择和具体运用要视典籍类型、翻译目的、目标受众而定。

第二节　中国典籍多模态翻译中的图文呈现策略

多模态翻译是语言模态和非语言模态符号共同传达原文意义。随着新媒体技术的发展，多模态文本中语言模态和非语言模态可以采用不同的呈现方式，可以出现在同一个平面，也可以通过超链接技术出现在不同的平面。呈现方式的选择、非语言符号和语言符号各自所占的空间和具体位置都会影响整体意义及细微意义的传达。

一、图文并置

图文并置，也就是语言模态和非语言模态符号出现在同一平面，是多模态翻译最典型的模态呈现方式，不涉及复杂的技术问题。这种模态呈现方式主要针对静态的多模态文本，在同一平面，语言文字和图像相互补充，共同传达原文意义。在此类文本中，读者会同时看到文本和图像，为了给读者提供良好的阅读体验，也为了更好地传递原文意义，需要特别注意图文的布局和设计。

首先，总体来看，图文布局应该合理，避免过于拥挤或分散，保持整体的协调美观，确保读者可以轻松地在图像和文本之间切换注意力。此外，图像和文字的比例要适中，若是文字为主的典籍译本，要避免太多的视觉图像干扰读者的注意力，影响读者对文字内容的深度思考,甚至影响文本的深度。当然,若是图像为主的典籍译本,则要避免文字过多,削弱图像的表现力,使得作品失去其独特的艺术魅力,影响读者的阅读体验。

其次,就图像和文字的具体位置安排而言,既要考虑读者阅读的方便性,也要考虑图文之间的关系。静态的多模态文本一般分为漫画多模态文本和带插图的多模态文本。对于漫画多模态文本,图像是传达信息的核心元素,而文字起到辅助解释的作用。在这类文本中,图文布局通常遵循一套标准化的规则。例如,旁白文字往往被安排在漫画的空白区域,通常位于图像的上方,以便在不干扰图像内容的情况下使读者获取额外信息。人物之间的对话或内心独白,则通过气泡对话框的形式呈现,这些对话框通常放置在接近人物头部的位置,以便于读者在视觉上迅速识别和理解人物的言语和思维活动。

带插图的多模态文本,其图像通常有两种布局方式:一种是单独占一个页面,另一种是与语言文本共享一个页面。当图像独立占据页面,且与相邻的文字描述紧密相关时,为了优化读者的阅读流程,最理想的布局方式是采用左图右文或右图左文的形式。这种对称布局美观大方,便于读者在同一页面上轻松地在图像和文字之间进行对照和切换,避免了翻页查找相关内容的不便。《山海经》葛浩文译本就很好地体现了这一设计原则,除了少数占两页的大图外,大多数插图和文字都是独立成页,要么是左图右文,要么是左文右图,确保读者能够在视觉图像和文字描述间无缝穿梭,获得连贯而深入的理解。

如果图像只是作为装饰点缀之用,与文字内容并无直接关联,那么图像的位置便具有更多的灵活性。在这种情况下,设计师可以根据自己的创意自由安排图像的位置，但应确保图像不会破坏文字阅读的流畅性和连续性。图像应该恰到好处地融入文本之中，既增添美感，又不分散读者的注意力，达到既美化页面又不影响阅读体验的双重目的。

若是图像与文字共同占据同一页面，实现图文穿插时，对于图像与文字关系的考量就显得尤为关键。那些内容密切相关的图像和文字应当尽量安排在同一页面相邻位置。这是因为，当图像和文字描述相同的主题或者相互印证、扩展时，它们的紧密排列能够让读者在同一视野下对照理解，从而增强信息的传达效果和阅读的便捷性。若是将辅助文字描述的图像与相关文字分散到不同页面，即同一页面上的图像与文字内容并不匹配，将对读者造成不小的困扰。这种布局方式会迫使读者在理解内容时频繁翻页查找，严重影响阅读的连贯性和舒适度。

以我国茶文化经典著作《茶经》的英译版本为例，不同译者在图文布局上采取了不同的策略。1974年版卡朋特的译本中，图像与文本描述并未总是放在同一页面。2015年《国际茶亭》杂志的英译本和2019年长河出版社出版的英译本，为了排版方便，将多种茶具茶器的图像集中展示在一页，相应的文字介绍则置于另一页面，有时甚至间隔数页，给读者图文对照带来了极大不便。

相较之下，2023年出版的邱贵溪的《茶经》英译本则在图文布局上做出了改进，尽可能将每个茶器茶具的图片与其文字描述放在一起。由于译本包含了文言文、白话文和英译文，每一件茶器茶具的英文译文与图像严格对应存在一定难度，但邱贵溪的译本基本确保了它们在空间上的紧密关联,极大地减少了读者在阅读过程中的翻页次数,提升了阅读的流畅性和便捷性。这种精心设计的图文布局,无疑能为读者提供更为舒适和愉悦的阅读体验。

当然,即使图像和文字描述位于同一页面,对于图像的具体位置安排也很重要。这不仅关系到视觉效果的优化,还直接影响到信息传递的效率和读者的理解过程。首先需要考虑图片与语言信息的顺序。通常,图片可以放置在相关文字信息之前或之后。放在前面可以激起读者的兴趣,提供一个直观的视觉参考点;放在后面则可以作为对文字内容的强化和回顾。选择哪种方式,取决于想要引导读者的注意力和理解的先后顺序。其次还需考虑图片在页面的方位。图片可以放置在页面的左侧、右侧、上方、下方或中间。这通常取决于阅读习惯和视觉流动性。例如,对于从左至右阅读的语言,将图片放置在文本的左侧或上方,可以让读者在阅读过程中自然地将视线从文字转移到图片,而无需过多移动视线。另外也要考虑图片的尺寸和篇幅,图片的大小应当与其重要性和信息量相匹配,过大或过小的图片都可能分散读者的注意力,降低信息的传达效率。同时,图片的篇幅也应当考虑到页面的整体布局和美观性。最后还需考虑图片的标注和说明,对于需要额外解释或标注的图片,应当提供简洁明了的语言说明。这些标注可以直接嵌入图片中,或者放置在图片旁边,以便于读者在查看图片时能够迅速理解其含义和与文字内容的关联。

此外,设计非语言符号在译本中的位置时,还要考虑译本的传播媒介问题,也就是译本是纸质发行还是网络发行。适合纸质发行的译本体例未必适合网络发行的电子译本。例如,太大的图像就不太适合电子译本,如图像单独占据一个页面或两个页面,或者图像放在文本内容上面和下面,即使是在同一页面,若是在电脑或移动设备阅读,都可能涉及前后翻页的问题(龙明慧,2020)。如葛浩文的《山海经》英译本,非常方便纸质阅读,读者可以很方便地在插图和文字之间来回切换,但其电子译本并非如此,读者几乎不能像阅读纸质译本那样无需翻页便可以在图像和文字间来回切换。该《山海经》译本电子版本打开后,除非将页面缩小,正常大小时,文字描述和图像并非同时出现,读者视野所及要么只是图像,要么只是文字,且图像和文字间不知为何还留有一页空白,读者要来回大幅度滚动鼠标才能在图像和文字间进行切换。而里面的一些占据一左一右两个页面的大图甚至无法完整呈现,一个页面只能呈现图像的一部分,且中间还留有一个空白页面,靠前后拖动鼠标,读者几乎无法拼凑出完整的图像。由此可见,电子多模态译本对图文布局要求更高。在设计图像这类非语言符号时,需要尽量避免图像和文字分离的问题,也要避免依靠大幅度滑动鼠标实现图像和文字间的来回切换。图文并置的模式具有较大的局限性,而超链接的使用则可以在很大程度上克服这方面的不足。

二、超链接呈现

超链接可以给典籍多模态翻译提供更多的可能。前面我们提到,文本正文中图像太多会干扰读者的注意力,太多视觉图像也会影响读者对典籍文字内容的深入思考,甚至影响文本的深度。但以超链接形式呈现图像等非语言符号,就可以避免这样的问题。此外,如前所述,电子译本图文并置有很大局限性,若是使用超链接,读者不需要大幅度滚动鼠标,只需点击超链接便可以看到图像,更方便阅读。另一方面,图片可以和文字同一平面共现,但音频、动画若要参与译本意义构建,就只能以超链接的形式出现。当前的数字技术为我们使用超链接提供了很大便利。

超链接是植入网页的链接,本是万维网上一种被广泛使用的技术,指事先定义好关键字或图形,只要用鼠标点击该段文字或图形,程序就会向服务器提出请求,服务器通过"统一资源定位器"确定该链接的位置,找到相关信息并发送给提出请求的计算机。通过这种方式,可以实现不同网页之间的跳转(董璐,2016:134)。

超链接的特点是能够非线性地在信息之间相互参照(同上)。使用超链接可以压缩译本正文篇幅,使译本正文不至于杂乱厚重,但同时又能容纳大量额外信息,读者可以自主选择是否点击查看超链接内容,如此译本便可同时满足不同读者的需求。特别是对于典籍这样蕴含深厚思想的文本,过多的图像会影响读者对文本的深度思考,使用超链接进行典籍多模态翻译,便可以将语言文字作为正文页面,其他辅助的图像、声音、视频等非语言符号则作为超链接内容呈现。如此语言文字和非语言符号既相互补充,又能避免互相干扰,赋予读者更多的选择自由。

当然,在典籍多模态翻译中使用超链接,要特别注意超链接提供的内容应与文本内容高度相关,确保读者点击链接后获得的内容是有用的,即能够帮助读者更好地理解文本内容。此外,超链接的标识要清晰,以便用户能够轻松识别哪些是可点击的链接。这通常可以通过下划线、颜色或鼠标悬停效果来实现。

总而言之，典籍多模态翻译时对语言符号和非语言符号的呈现方式要考虑多方面的因素，给读者呈现最佳的阅读体验，如此才能最大程度地发挥多模态译本的优势。

第三节　中国典籍多模态翻译语言转换策略

在多模态翻译过程中，图像会引导译者进行语言文本的翻译（Ketola，2016）。早在20世纪90年代初，诺德（Nord，1991）在其文本分析模式中就提出了翻译过程中要考虑视觉信息。同时，在多模态文本中，文本也能够通过阐释某些非语言符号元素，引导读者阅读图像，影响其对图像的认知、理解和解释（Lee，2013）。因此在典籍多模态翻译中，构建译文语言文本时，必须考虑非语言符号提供的信息，根据非语言符号提供的信息进行相应的策略调整，也就是译者在翻译过程中"必须兼顾非语言信息的加工和转换，包括信息的增补、删减、转换等"（王建华、张茜，2020：15），使译文在新的环境中实现图文连贯，如在原文语言文本提供的信息基础上根据图像提供的信息增加一些额外的描述和解释，删减图像明显呈现又不需要突显的信息，或是改写图文不一致或会给读者带来理解困惑的信息，如此才能保证多模态译本真正实现其不同于单一模态译本的信息传播效果。

一、增补

读者阅读图文结合的文本时,会同时处理语言和视觉信息,也就是文字和图像,根据两种模态共同提供的信息理解多模态文本(Ketola,2016)。早在20世纪90年代就有学者通过实验发现,读者在阅读有插图的文本时,会频繁地在插图和语言文本之间切换,读者看插图也不是随意的,会特别关注语言文本中描述过的图像信息(Hegarty & Just,1993)。由此可见,在进行多模态翻译时,必须考虑图像等非语言符号呈现的信息,同时也要充分利用语言描述对读者理解图像进行引导。

进行典籍多模态翻译,文本中的声音、图像等非语言模态符号是为了使读者更好地理解文本内容,但这些非语言符号本身作为意义载体,又可能传达出多方面的信息,如在描述事物外观时,图像传递的信息一般都会多于语言描述提供的信息。若是图像提供的这些语言文本之外的信息具有跨文化传播价值,有助于读者更好地了解文本所描述的对象,译者便需结合图像,在语言翻译中适当增加对图像的描述,引导读者以合适的视角关注理解图像(龙明慧,2019a)。

例如中国著名的科技典籍《天工开物》中配有123幅插图,描绘了130多项生产技术的名称、工序和工具的名称、形状等。插图形式以白描为主,状物精致,特别是在描绘房屋、树木、船只时细致入微、纤毫毕现,真实地还原了生产场景且十分精工(马桂纯,2022)。每幅插图下都有标注说明。这些农业、手工业器具和生产场景对当时的中国读者来说都比较熟悉,加之这些插图着重于表达劳作中的真实情况,对读者不设门槛,亦不需要读者过多地揣测作者的意图,一眼就能看懂其中传达的内容(马桂纯,2022),因此中文标注非常简洁。对不了解中国古代生产生活的西方读者而言,要全面理解这些插图传达的信息并不容易。"大中华文库"系列中的《天工开物》的译者在翻译这些中文标注时,基本上都增加了细节描述信息。如涉及农事生产的"耕"Loosing the soil by ploughing,"耙"Breaking the soil into fine particles by harrowing,"耔"Foot-patting the plant,"耘"Hand weeding,"耨"Weeding with wide-blade hoes(王义静等,2011)。这些术语的英语译文根据图像增加了更多细节信息,不仅说明是什么活动,更描述了这些活动具体如何进行。描述这些细节信息,能引导不了解中国农事活动的西方读者关注图像中的细节描绘,了解这些活动之间的细微差别(见图3-1)。

图3-1 《天工开物》农事活动图

又如葛浩文英译的图文版《山海经》中，原文语言文本对各个神灵异兽的介绍都非常简单，大都缺乏细节描写。葛浩文构建英译文时，几乎对所有的异兽外观都增加了更详细具体的描述，如对鹿蜀的介绍[①]：

文言文：有兽焉，其状如马而白首，其文如虎而赤尾……

白话文：……山中有一种神兽，叫作鹿蜀。它样子很像马，却长着白如雪的脑袋，火焰般红色的尾巴，身上还有老虎一般的花纹……（陈丝雨、孙见坤，2015：4）

译文：In ancient times, a mystical animal known as the Lushu... A horse it was, and yet it wasn't. The head, like most of its body, was white as snow—the symbol of death in some cultures, of freedom in others—while its tail, like its hooves, was a fiery, auspicious red. But what truly distinguished the Lushu were irregular tigerlike streaks that seemed to drip down its sides from the ridge of its back. (Goldblatt, 2021: 4)

对鹿蜀的介绍，原文只提及鹿蜀外形像马，有白色的头，红色的尾，像老虎一般的花纹。相比语言文本，插图对鹿蜀的刻画更完整，提供了更多细节信息。插图中描绘的是一匹雄壮的骏马，前蹄腾空，马蹄下方有一朵红云，暗示鹿蜀非凡的速度。马蹄红色，与其浓密而飘逸的红色马尾相得益彰。马背上的花纹从颈部一直延伸至尾部，犹如

---

① 鹿蜀插图详见陈丝雨、孙见坤：《山海经》，北京：清华大学出版社，2015，第 4 页，或是 Goldblatt, H. *Fantastic Creatures of the Mountains and Seas: A Chinese Classic*. New York: Arcade Publishing, 2021: 4.

猛虎的斑纹，从背脊开始，覆盖马背垂到接近马腹的位置。而马头与其他部位则呈现出纯净的白色，与身上的花纹形成鲜明的对比。

在英译文中，译者显然是结合插图，增加了原文语言文本没有明确给出的信息，指出"鹿蜀的头和身体大部分颜色一样也是雪白"（The head, like most of its body, was white as snow）。介绍马尾是红色时，提到马蹄也是红色，并指出这是一种"吉祥的红色"（its tail, like its hooves, was a fiery, auspicious red），一方面增加了中国传统文化元素，让西方读者对其有更清楚的认知，另一方面也显示出鹿蜀是一种吉兽。除此以外，英译文中介绍更详细的是虎纹。原文只提到鹿蜀有老虎一般的花纹，但花纹具体怎么样，长在身体哪个部位并未提及。英译文详细介绍了鹿蜀长着"不规则（irregular）的虎纹，从背脊垂下"（seemed to drip down its sides from the ridge of its back）。虽然这些信息都能从插图中看出来，但英译本将插图呈现的信息用语言进行了重述，引导读者重点关注鹿蜀的这几个特点，了解其奇异之处。语言和图像呈现更多同样的信息，也可以加深读者对所描述对象的认识和记忆。

图像和语言一样，具有多重意义，也具有文化特殊性。1955年，德国艺术史学家潘诺夫斯基（Panofsky）在论述如何理解艺术品图像时就提出了理解艺术品图像的三个阶段，即（1）前图像志阶段（preiconographic），（2）图像志阶段（iconographic），（3）图像学解释阶段（iconological）。这三个阶段对应视觉图像的三个意义层次，即事实意义、表现意义和内在意义（Serafini, 2011；吴静、龙明慧, 2023）。视觉符号这三个层次的意义其实刚好对应语言的指称意义、内涵意义和象征意义

（吴静、龙明慧，2023）。肢体动作、空间位置安排、服饰装饰、颜色、动植物等在不同文化中都可能具有不同的表现意义和内在意义。

一般而言，在多模态文本中，若是视觉符号只存在事实意义，并无特别的表现意义和内在意义，在翻译过程中可以不用额外处理，或者如上面所述的在译文语言文本中增加更多的细节描述信息，帮助读者理解该视觉符号所指代的实际对象。若是文本中出现的视觉符号除了具有事实意义，还具有表现意义和内在意义，且其表现意义和内在意义具有文化特殊性，也就是异域读者无法理解该符号的文化内涵和象征时，译语文本中就需要对该视觉符号的文化内涵和象征进行额外的解释，帮助读者对译文进行更深入的理解，也避免视觉符号的文化差异带来的文化误解。如前面提到的葛浩文《山海经》英译本中对鹿蜀的描述，原文只提到鹿蜀长着白如雪的头，火焰般红色的尾巴。在中国文化中，白色具有尊贵、纯洁、神秘之意，尊崇白色动物，是中国古代的一种重要文化现象，在众多古代典籍中可以发现大量关于白色动物的记载，如《山海经》中的白鹿、白雉、白翟、白虎。古人对白鹿、白雀、白虎等诸多白色动物都表现出了较为尊崇的态度，或以其为祥瑞，或以其为与神明沟通的灵物（刘一辰，2017），而红色在中国文化中更是具有吉祥喜庆之意。因此，对于中国读者而言，单单从鹿蜀身上的两种颜色来看就可以知道鹿蜀是一种瑞兽。但在中国文化中，白色除了有尊贵、纯洁、神秘之意，还代表死亡。所以中国的丧事也称为白事，丧礼上，人们戴的帽子、穿的丧服都是白色。白色的这一文化意象随着大量中国影视作品进入西方世界，应该已经为不少西方读者所知。因此西方读者看到与中国有关的白色，首先想到的很可能是死亡。那么看到白色的动物,不会想到是瑞兽,反而有可能误解为会带来死亡的不祥之兽。红色又代表吉祥喜庆。因此两种颜色出现在同一种动物身上,反而会让对中国文化感兴趣、有文化意识的西方读者感到困惑。为了避免这样的问题,葛浩文在英译文中就对颜色增加了额外解释:

> The head, like most of its body, was white as snow—the symbol of death in some cultures, of freedom in others, while its tail, like its hooves, was a fiery, auspicious red. (Goldblatt, 2021: 4)

英译文中明确说明白色在有些文化中是死亡的象征,但在另外一些文化中也可能代表自由,而红色代表吉祥。通过这样的解释,读者便会扩展对白色文化意义的想象,不至于对白色动物产生负面联想。

中国典籍描述的是中国古代社会,典籍多模态文本中的图像自然会出现大量中国古代社会的生活场景和物品。西方读者如果不太了解中国古代社会,不一定能完全理解图像中的这些古代物品,这时也需要文字的解释。如漫画版《菜根谭·心经》(2013)的"谦虚受益,满盈招损"这个故事第一幅图中就出现了一种器皿"欹器":

> 欹器装满了水而倾覆。
> 译文:The qi vessel topples over by being filled. A special vessel that fits to one side when empty, stands erect when half full and overturns when full. Ancient kings kept them near at hand as reminders.[①]

译文第一句是对原文"欹器装满了水而倾覆"的直接翻译,后面是

---

① 详见蔡志忠:《菜根谭·心经》,北京:现代出版社,2013,第22页"谦虚受益,满盈招损"篇。

对欹器的解释:"一种特殊的器皿,空着时会向一边倾斜,半满会竖立起来,全满又会倾覆。古代帝王放在手边作为警示之物。"欹器是一种很特别的器皿,设计巧妙,利用了物理学中的重心原理,通过其独特的形状和结构来实现水满时自动倾覆的功能。欹器在古代本是一种计时工具,因其装满水会倾覆这一功能而具有了象征意义,象征着过度的贪婪会导致失去已经拥有的一切,因此这一器皿可以用来警示人们不可贪婪,这也是为何古代帝王经常将其放在手边作为警示之物。盛水的器皿很少有装满了会倾覆的。不了解这一器皿的国外读者看到这样的信息会觉得非常困惑。书中所配的图画中有一个背着酒壶之人拿着茶壶朝一个水罐中倒水,由于倒得太满,已经有水溢出,罐子也朝一边倾斜。[①] 如果不进行解释,外国读者会觉得很疑惑,倒水的人为什么会找这么一个罐子装水,这本来就是个无法竖立的罐子吗?不然怎么装满水就会朝一边倾斜。没有解释,读者很难理解这个器皿在这里的意义。因此译者增加了解释,点明这种器皿的文化象征意义。

中国典籍作为记录中国古代社会生活和事物现象的重要文献,其内容丰富多彩,涵盖了广泛的领域和知识。然而,这些典籍中所描述的许多事物和现象对于国外读者而言可能相对陌生。在这种情况下,图像作为一种直观的表达方式,虽然能够在一定程度上帮助读者更好地理解和感知这些内容,但其在传递信息的过程中也存在一定的局限性。视觉传播的研究发现,受众对图像信息的接收是有选择的,且对图像意义的阐释也是多元的(任悦,2008:191-192)。这是因为在观看

---

① 具体图像详见蔡志忠:《菜根谭·心经》,北京:现代出版社,2013,第 22 页"谦虚受益,满盈招损"第 1 幅图。

图像的过程中,眼睛仅仅是将获取的信息传递给大脑,而本身并不能形成判断。对信息的理解需要大脑与已经形成的视觉经验进行对比和处理,从而产生对信息的认知。因此,观看并非一种被动的行为,而是一种主动的过程(任悦,2008:52-53)。对于陌生事物,西方读者可能会产生出乎我们预料的解读。鉴于此,为了帮助读者更好地理解和吸收典籍中的内容,有必要在语言文本中对图像进行更详细的描述和更清楚直白的解释。

增补信息可以促使这些内容进入读者的大脑,并得到特别处理。这样的语言引导有助于引起读者对特定信息的关注,增加理解的深度和广度。因此,在典籍的多模态翻译中,增加关于图像的描述和解释是一种常用的语言转换策略,能够有效帮助读者跨越文化和认知障碍,更准确地理解和领会典籍所蕴含的丰富内涵。

二、删减

在谈到影视字幕翻译时,有学者曾指出:"译者不需要将对话中所有内容都在字幕中翻译出来,他可以选择忽略其他模态符号已经体现的信息。"(Chuang,2006:375)"在多模态语境下,压缩原文并不一定意味着该译本不那么准确,不那么贴切,因为有时图像可以补偿对原文的省略或调整。"(Borodo,2015)因此,典籍译本中若是插入可以充分表达原文部分信息的非语言模态,这部分信息便无需语言赘述(龙明慧,2019a)。充分借助非语言符号传递信息,删减语言文本篇幅,也能够减轻读者的阅读负担。特别是在译文受空间限制的情况下,如影视翻译中的字幕由于受到时空限制就需要尽量简洁,漫画也是如此。漫画主要依靠图像传递信息,语言文本是对图像的解说,在漫画中图像占据了大量篇幅,留给文字的空间并不多,英语又比汉语更占空间,这种情况下在译语文本中删减某些信息便显得尤为必要。一般而言,构建译文时,可以删减图像呈现的无需突显的信息以避免冗余,或是可能给读者带来理解困难,让读者产生困惑甚至误解的、价值不大的信息,以及和图像不一致,但又不会影响理解整个文本内容的信息。

如在漫画版《聊斋志异·六朝怪谈》(2014)"黑鸦"这个故事中,有一段提到书生鱼容回到家后思念在汉江的竹青,想起竹青送给他的黑衣服,便穿上黑衣服,看能否再变成乌鸦飞到汉江。原文文本是鱼容的心理活动:"把黑衣服穿上,不知现在灵不灵。"对应这一句的画框比较小,人物占了大部分空间,因此留给文本的空间很有限。这里图像描述的是鱼容穿上了黑衣服,并侧身细看,衣服上发出一阵光。图像清晰显示出鱼容穿上了黑衣服,因此英译文直接省略了"把黑衣服穿上",保留了"不知现在灵不灵"(I wonder if this clothing still works)这一鱼容的心理活动。①

又如"崂山道士"这个故事中老道邀请嫦娥为大家跳舞助兴。原文是"大家鼓掌,欢迎嫦娥仙子为我们表演霓裳舞",对应的图像中央嫦娥挥舞水袖翩翩起舞,左下角王七面露惊异之色,右下角的老道正鼓掌说着什么。霓裳舞堪称中国最有名的舞蹈之一,中国读者看到霓裳舞就会不自觉想到杨贵妃的《霓裳羽衣曲》,想到杨贵妃和唐明皇的

---

① 关于这个故事片段的中英文及图像详见蔡志忠:《聊斋志异·六朝怪谈》,北京:现代出版社,2014,第 44 页"黑鸦"故事中的第 53 幅图。

凄美爱情。但不了解中国历史和文化的外国读者很难理解霓裳舞的特别之处，看到霓裳舞并不会产生和中国读者同样的联想，且在漫画有限的空间内也不可能对霓裳舞进行详细的解释，因此译者翻译时便直接将霓裳舞略去，将这句话译为"Everybody clap and welcome the fairy Chang'e to perform for us"。[1]

构建典籍译文，除了上述两种情况的删减以外，若是出现图文不一致的情况，在不影响整个文本理解时，就可以视情况删减语言文本中和图像不一致的表述，避免给读者带来困惑。如葛浩文在翻译《山海经》时，对于插图和原文语言描述在读者看来的相悖之处，且又不是特别重要的信息，进行了删减。如对奢比尸的介绍：

> 文言文：奢比之尸在其北，兽身、人面、大耳，珥两青蛇。
> 白话文：……奢比就是奢龙，他虽然长着野兽的身子，却有着人的面孔，两只耳朵非常大，上面穿挂着两条青蛇。（陈丝雨、孙见坤，2015：249）
> 译文：... Shebi is the Shelong, or Dragon, a creature with the body, tail, and claws of a fierce feline, the face of a human, but with intense eyes, a horn emanating from just above its snout, and enlarged ears from which snakes dangle. (Goldblatt, 2021：249)

在插图中，奢比尸蹲在地上，身躯类似于狮子，有着强壮的四肢和锋利的爪子，一条粗壮的尾巴随着动作摆动，头部覆盖着浓密的毛发，仿佛狮子的鬃毛，面部特征却带有人类的影子，只是眼睛极大，几乎占

---

[1] 关于这个故事片段的中英文及图像详见蔡志忠：《聊斋志异·六朝怪谈》，北京：现代出版社，2014，第 20 页"崂山道士"中的第 31 幅图。

第三章 中国典籍多模态翻译策略

据了整张脸,异常醒目。额头上两眼之间长着一根鹿角。两只耳朵特别大,上面缠绕着两条红色的小蛇。①

原文介绍奢比尸珥两青蛇,原文插图只用黑白红三色,陈丝雨在绘制奢比尸插图时,不知为何将其耳朵上悬挂的两条青蛇设计成了红色。即便由于色彩类型的限制,青色和红色还是相差太大。为避免读者看到插图颜色和文本描述相悖,产生不必要的疑惑,葛浩文直接省略了蛇的颜色。

又如对雨师妾的介绍:

文言文:雨师妾在其北,其为人黑,两手各操一蛇,左耳有青蛇,右耳有赤蛇。一曰在十日北,为人黑身人面,各操一龟。

白话文:雨师妾,有人认为是国名或部族名,也有人认为就是雨师屏翳的妾,雨师即是雨神。我们这里取前一种说法。雨师妾国的位置在汤谷的北面。那里的人全身黑色、两只手各握着一条蛇,左边耳朵上挂着一条青色的蛇,右边耳朵挂着一条红色的蛇……(陈丝雨、孙见坤,2015:266)

译文:... Some believe that Yushiqie was the name of a nation or a tribe, though others insist that she was the rain god Ping Yi's concubine, a creature with a human face. But if the former is true, then the land of Yushiqie lay to the north of Yang Gu. The bodies of the people there were covered in black, with a snake in each hand and two more in their ears, each a different color... (Goldblatt,

---

① 奢比尸插图详见陈丝雨、孙见坤:《山海经》,北京:清华大学出版社,2015,第249页。或是 Goldblatt, H. *Fantastic Creatures of the Mountains and Seas: A Chinese Classic*. New York: Arcade Publishing, 2021:249.

075

2021:266)

  陈丝雨的插画中,雨师妾上半身纯黑,下半身穿着白色长裙,头部与身体直接相连,没有明显的颈部分界。面部轮廓上宽下尖,呈现出类似三角形的形状。面部清秀,鼻梁挺拔,嘴唇精致小巧,眼睛特别大,几乎占了整张脸的三分之一。头部仿佛覆盖着鱼鳞般的纹理和贝壳状的饰物。耳朵上各缠绕着一条青灰色的蛇,一条色泽较深,另一条则相对浅淡,此外,从小臂至腰间,同样缠绕着两条蛇,一条青色,一条白色。四条蛇在图中特别醒目。①

  原文介绍雨师妾时,提到其左耳有青蛇,右耳有赤蛇。但从插图来看,右耳的蛇却不是赤色。若是纯黑白的插图,赤色自然无法从插图中体现,但这里的插图本就是使用黑白红三色,原文是赤色,插图却没有用红色。为了避免读者产生不必要的困惑,葛浩文在译文中省略了蛇的具体颜色。

  此外,原文还介绍了雨师妾的另一种说法,即认为雨师妾国是十个太阳所在地,那里的人是黑色身子,人的面孔,两只手握着的不是蛇而是龟。但这里的插图选择了关于雨师妾的第一种说法,即两手各操一蛇。在《山海经》中,大多数神灵异兽虽然有操龟的,但大多是操蛇。在图中,蛇的形象显得特别醒目。因此葛浩文翻译这段介绍时,直接删减了各操一龟这种说法,让读者的注意力集中在蛇上,还可能引发读者进行文化层面的思考,即为什么上古神灵异兽中会频频出现蛇的

---

① 雨师妾插图详见陈丝雨、孙见坤:《山海经》,北京:清华大学出版社,2015,第266页。或是 Goldblatt, H. *Fantastic Creatures of the Mountains and Seas: A Chinese Classic*. New York: Arcade Publishing, 2021:266.

形象？蛇在中国文化中有什么特别的寓意？

　　除了静态的多模态文本翻译，在影视动画领域，由于字幕的时间和空间限制，字幕翻译往往更需要进行删减和精简，以适应快速切换的画面和观众的阅读速度。当然，视频中的省略往往是经过精心选择的，主要是省略那些通过视频画面已经呈现的信息，从而避免重复并确保信息的有效传递。

　　这种省略并不会影响文本整体意义的传达。因为视频画面本身就是一种强有力的叙事工具，能够通过视觉元素补充文字所省略的内容，甚至在某些情况下，画面的直观性和表现力能够更有效地传达原文的情感和氛围。因此，视频画面的辅助作用在多模态翻译中显得尤为重要，不仅可以弥补文字翻译可能导致的意义缺失，还可以增强文本的跨文化传播效果。

　　如在《长安三万里》中，李白诗歌《采莲曲》的诗句"风飘香袂空中举"，描写了一群女子挥舞长袖翩翩起舞的场景，舞台似乎是建在湖水中央，舞台四周的水面上漂浮着朵朵莲花，与碧绿的荷叶相互映衬，刚好应和了诗名《采莲曲》。诗中"香袂"的"袂"指的是衣袖，特别是古代女子宽大的衣袖。在中国古典舞蹈中，舞者的长袖不仅是服饰的一部分，更是一种重要的舞蹈语言和表现手法，舞者通过长袖的舞动能够表达出丰富的情感。这里的"香"可以指衣袖随风飘扬带出的女子袖中的香气。这句诗对应的英译文是"Their scents and flowers' aroma blend"，诗中的"风飘""衣袖空中举"意象在译文中都省略了，仅留下了"香"，然后加入了花这一意象，将整句诗阐释为女子的"香"与"花香"融合。从这首诗所表现的场景来看，"花"也是出现在视频中的，只是视频中最显眼的还是几个女子挥舞长袖翩然起舞。因此译者省略了视频中明显出现的信息,将其他不那么显眼的意象加入译文中,文本和视频画面协同互补,共同传递出更为丰富的意境。①

三、改写转换

多模态文本中语言文字和图像共同传递信息,而读者阅读多模态文本时也同时会关注语言和图像。前面已经提过,在多模态文本中,图像和语言文字传递的信息不可能完全等同,语言可能比图像传递更多的信息,如事物的特性、精神内涵等抽象信息。同样,图像也可能比语言传递更多的信息,如事物外观的更多细节,人物的细微表情和精细的肢体动作等。因此,语言和图像结合能够比单一的图像或语言传递更多的信息。对于图像提供的更丰富、直观、细腻的场景事物,若是语言中有所提及,读者能够给予更多关注,也更容易理解,但语言不能描述图像中的所有信息,只能是就图像呈现的部分对象进行说明和描述,保证文本整体的连贯和流畅。而图像和语言一样,具有文化特殊性。在原文语境下,有些图像呈现的信息读者可以一目了然,无需语言赘述,语言仅需传递其他相关信息,同时保证整个图像和语言文本的连贯一致,但这些图像呈现的信息在目标语环境中未必能够让目标读者理解,而目标语读者对这部分信息缺乏了解又可能让其无法在图像和语言文本之间建立关联。一般情况下,原文图像几乎不会改变。Rota(2008)在谈漫画出版的时候提到,欧洲的出版社不希望太多地改

---

① 这句诗出现的画面详见电影《长安三万里》38:45处。http://www.xxtjdz.com/play/5Pj9999b-1-1.html.

第三章 中国典籍多模态翻译策略

动原作的非文字内容,因为每处改动都需要花钱。那么,在图像无法改动的情况下,就需要改写译文语言重构译文的图文连贯。正如Borodo(2015:24)所指出的,在图文意义一致时可进行略译,图文意义不一致时可进行解释或变译,以形成新的"连贯的跨模态整体"。这些转换可能涉及信息焦点转换、具体化转换、泛化转换、意义范畴转换和意象转换。

(一)信息焦点转换

由于图像往往包含更多的细节信息,对于原文读者而言,原语文本选择某部分信息可能会更有利于前后文连贯,但对译文读者而言,可能图像呈现的其他信息更有语言重述的价值,与上下文更连贯,这种情况下就可以改写译文表达。如漫画版《聊斋志异·六朝怪谈》(2014)"黑鸦"故事中,一个乘船之人用弹弓射到了鱼容变成的乌鸦,其他乌鸦集合起来惩罚此人。原文中乌鸦的话是:"大家一起展翅,扇动江水!""把船扇翻"。对应的图像是江水波浪汹涌,一群乌鸦在天上使劲扇动着翅膀,小船翻覆,射杀鱼容之人满脸惊恐之色掉入江中[①]。乌鸦展翅可以扇动江水,西方读者对此可能觉得难以理解,因此译者将这一信息改为"Come on everybody, tip over the boat!""Dump him into the river",把"扇动江水,把船扇翻"合并为"tip over the boat",模糊了 tip over 的具体方式,然后补充了"Dump him into the river"这个信息,将读者的注意力转向图中船翻,人掉入江水中这个信息,不用为

[①] 故事片段的中英文和图像详见蔡志忠:《聊斋志异·六朝怪谈》,北京:现代出版社,2014,第38页,"黑鸦"故事中的第23幅图。

"乌鸦能否靠扇动翅膀把船扇翻"而疑惑。

(二)具体化转换

若是原文语言文本出现一些模糊委婉的表达,或是目标语读者难以理解的概念,或是译入目标语会存在歧义或表意不准确,引起读者误解的表达,也可以在构建译文时进行改写,提供更具体易懂的信息,保证目标语读者实现对文本整体意义的正确理解。如漫画版《聊斋志异·六朝怪谈》(2014)"画壁"这个故事中提到书生和画中美人亲热的场景:"他四顾无人,便又和她缠绵起来。"图像描绘的是书生与画中美人正跪坐于床榻之上,彼此紧密相拥,脸上露出温柔的微笑,四目相对,目光中流露出对对方满满的情谊与无尽的眷恋。①

在汉语中,"缠绵"一词具有丰富的内涵,不仅仅是指身体上的亲昵,更蕴含了情感上的深厚依恋。这种表达方式在中国文化中非常细腻含蓄,传达了一种难以言表的情感交融和心灵相通。然而在英语中,表达亲昵和情感交融的词汇虽然多样,但大都很难完全捕捉到"缠绵"所特有的意境和情感深度。因此,译者在翻译时根据上下文和图像提供的情景进行了适当的调整,选择了"Alone again, they fell into each other's arms"这样的表达方式,不仅具体化了原文中的"缠绵",而且通过"fell into each other's arms"这个动作传达了两人之间强烈的情感依恋和亲密无间的关系。

又如漫画版《菜根谭·心经》(2013:17)"真伪之道 只在一念"这

---

① 故事片段的中英文和图像详见蔡志忠:《聊斋志异·六朝怪谈》,北京:现代出版社,2014,第9页,"画壁"故事中的第25幅图。

第三章　中国典籍多模态翻译策略

个故事中提到：

> 原文：处处都有自然的趣味，华宇和陋舍并没有不同。
>
> 译文：All places have a touch of charm, and there is no disparity between a golden chamber and a thatched hut.

在中文里，"华宇"通常指代那些装饰华丽、结构宏伟的宅邸，往往属于社会地位显赫、经济条件优越的人群。而"陋舍"则代表了那些结构简单、装饰朴素，甚至有些破旧的房屋，这些居所常常与生活条件较为简陋的普通百姓联系在一起。

在西方文化中，对于"华丽"和"简陋"的界定可能与东方有所不同。西方读者可能更习惯于根据建筑的风格、材料和装饰来评判住宅的豪华程度。因此，为了使西方读者能够更准确地理解这两个概念，译者在翻译时便进行了适当的文化适配和概念具体化。

书中的配图，一边是座雕梁画栋的宅子，门前站着一个衣着华服之人，头微微上扬，满脸倨傲。另一边是盖着一半茅草一半瓦片的简陋小屋，屋后是一片树林，门前站着之人衣着普通，背着酒壶，嘴巴张着，满脸愉悦。[①]两边的人和屋子形成明显对比。结合图像提供的信息，译者将"华宇"具体化为 golden chamber，使得读者能够在心中构建出一个金碧辉煌、奢华无比的宅邸形象；"陋舍"具体化为 a thatched hut，直接指向以茅草为顶的简陋小屋，这样的描述让读者能够立即联想到一种朴素无华、与世隔绝的生活状态。这样的具体化处理使译文

[①] 故事片段中英文及图像详见蔡志忠：《菜根谭·心经》，北京：现代出版社，2013，第17页，"真伪之道　只在一念"故事中的第2幅图。

081

既与图像契合，又能够让读者对"华宇"和"陋舍"有更清晰的认知。

（三）泛化转换

典籍中含有大量的文化专有信息，这些文化专有信息在译文中一般无法找到对应表达。而针对"文化专有项"，Aixela（1996：61—64）总结出11种翻译策略，并按照"跨文化操控程度"进行了排序（张南峰，2004）：

1. 重复，即照抄原文。
2. 转换拼写法，即转换字母系统或译音。
3. 语言（非文化）翻译，即尽量保留原文的指示意义。
4. 文外解释，即在运用前三种方法的同时加上解释，但由于把解释放在正文里不合法或者不方便，因此标明是解释，例如脚注、尾注、文内注、评论文字等等。
5. 文内解释与前一种策略相同，但把解释放在正文里面，以免打扰读者。
6. 使用同义词，即用不同的方式来翻译同一个文化专有项，以避免重复。
7. 有限世界化，即选用译文读者较熟悉的另一个原语文化专有项。
8. 绝对世界化，即选用非文化专有项来翻译文化专有项。
9. 同化，即选用译语文化专有项来翻译原语文化专有项。
10. 删除。
11. 自创，即引进原文所无的原语文化专有项。

在这 11 种策略中,为了保持译文的简洁性,同时又避免用其他文化词替代导致的意义损失,以及由于"语义表征造成的联想偏移及误导"(顾毅、孙千雅,2024),在很多时候,选用非文化专有项来翻译文化专有项会成为译者的优先选择。为了避免意义的误传,译文所选择的非文化专有项通常是那些意义更为宽泛的词。这种翻译策略可称为泛化翻译(generalization translation),指在目标语中用比源语意义更宽泛的表达来翻译的情形(Shuttleworth & Cowie,2004)。由于泛化翻译所选择的译文意义比较宽泛,在单纯的语言文本中,泛化的表达会在很大程度上影响目标读者对译文所描述对象的准确理解,但若是在多模态文本中,具体化的图像往往能够补充译文泛化表达未能突出的一些细节信息,因此可以很好地弥补泛化翻译的不足。

漫画版《聊斋志异·六朝怪谈》(2014)"狐仙雨钱"的故事中描述了狐仙使用法术为书生变钱的情节:"于是狐仙拿着铜钱,踏着八卦步念起咒来。"书中画面中间偏左的位置,狐仙穿着道袍,但衣服上一边写了一些"道"字,一边则是"佛"字。狐仙左手举着拂尘,右手拿着几枚铜钱,铜钱发出微弱的光芒,狐仙口中似乎念念有词,一脚抬起,脚下是一道 Z 型虚线,旁边穿着补丁长衫的秀才满脸开心地看着狐仙。[1]

原文中的"八卦步"源自中国传统的易经文化,是一种具有象征意义的步法,通常与道教仪式和法术表演相关联。对于不熟悉中国传统文化的西方读者来说,这个概念可能显得陌生且难以直观理解。

---

[1] 故事片段中英文及图像详见蔡志忠:《聊斋志异·六朝怪谈》,北京:现代出版社,2014,第 59 页,"雨钱"故事中的第 14 幅图。

为了使译文更加通俗易懂，译者采取了一种更为泛化的表达方式，将"踏着八卦步"改译为 danced a special dance。这里的 special 一词可以很好地说明狐仙施法方式的独特性，既保留了原文中的神秘和仪式感，又避免了对"八卦步"进行过多解释。而故事的插图又为读者提供了视觉上的线索，狐仙在施法过程中手舞足蹈，脚下的独特行走痕迹清晰可见，看到这样的画面，结合语言表达中的 a special dance，西方读者便会形成这样的认知，即中国术士会通过一种特殊的肢体行为施法。这样通过图像与文本的相互印证，目标读者即便不能完全理解"八卦步"在中国文化中的具体含义，也能比较轻松地把握译文所传达的主要意义。通过使用这种泛化的语言将一个具有特定文化色彩的概念转化为一个更具普遍性的表达，加上视觉图像补充一些细节信息，便能够将翻译中的文化损失降到最低，同时也能够减轻读者的理解负担。

此外，典籍漫画中不乏和宗教有关的内容。如"蔡志忠漫画中国传统文化经典·中英文对照版"系列中就有不少佛教色彩的表达。对于佛教词汇，英译者既没有深度阐释，也没有为了方便西方读者理解将其替换成和基督教有关的词语（汤仲雯，2021b），而是通过泛化处理淡化原文的宗教意味，避免和西方宗教冲突。如《菜根谭·心经》中的两处：

原文：人人都有慈悲心，维摩居士和屠夫刽子手的本性并没有两样。

译文：Everyone possesses great mercy and there is no difference between a saint and a butcher.

原文：救难的菩萨啊！

译文：You're a savior!

第三章　中国典籍多模态翻译策略

第一个例子对应的图像是维摩居士和一个身材粗壮的男子。维摩居士留着乌黑的长须,披着头巾,戴着耳环,坐在蒲团上,虽然坐着,但形象显得特别高大。他身后墙上挂着一幅佛经。在其右手边,一名身材粗壮的男子扎着简单的头巾,留着浓密的络腮胡,也带着一幅大耳环,双目圆睁,表情有些凶狠,光着膀子,四肢特别粗大,从肩膀到小臂处有大块纹身,挺着肥大的肚子,是典型的中国古代屠夫刽子手形象。[1]

维摩居士在佛教文化中具有特殊的地位,是智慧与慈悲的象征。然而,直接将其名称 vimalakirti 翻译到英文中,对于不熟悉佛教的西方读者来说可能显得陌生。因此,译者选择了 saint 这个词,该词在西方文化中通常指代具有高尚品德和神圣性的人物,这样的翻译既保留了原文中维摩居士的神圣和崇高形象,又使得西方读者能够更容易地理解和接受这一形象。

在第二个例子中,画面左边一个男子趴跪在一块垫子上,流着眼泪,面前放着一个碗和一个钱袋。在他前面,一个身着华服之人微抬着头,面带微笑地离开。图像中这个身着华服之人应该给了跪着的男子钱,跪着的人哭着表示感激,称其为"救难的菩萨"。[2]

在这里,原文通过"菩萨"这一佛教术语来比喻那些愿意伸出援手、救助他人于苦难之中的人。在佛教文化中,菩萨是慈悲为怀、普度

---

[1] 故事片段的中英文及图像详见蔡志忠:《菜根谭·心经》,北京:现代出版社,2013,第17页,"真伪之道　只在一念"故事中的第1幅图。
[2] 故事片段的中英文及图像详见蔡志忠:《菜根谭·心经》,北京:现代出版社,2013,第31页,"多种功德,勿贪权位"故事中的第2幅图。

085

众生的典范。这一概念对于西方读者可能同样具有较高的文化门槛。因此,译者将其泛化为 savior,这个词在西方文化中通常与救世主或救助者相关联,传达了一种普遍的救赎和帮助他人的意象。这两个例子都通过泛化处理消除了西方读者不太熟悉的宗教意象,更容易为目标读者所接受。这样的翻译不仅使得译文更加通俗易懂,还增强了文本在跨文化交流中的普适性和影响力。

这样的处理在语言上是一种归化,但所配的插图清晰地呈现了人物的具体形象,因此,目标读者在阅读译文时,不会将其想象成西方的圣人和救世主形象,避免中国典籍在翻译过程中的文化西化。这也是多模态翻译优于单一语言模态翻译之处。若是单一语言模态翻译,为避免文化冲突,使译文更易为读者所理解,很多时候译者不得不进行归化处理,而语言又总是和文化意象密切相关,目标读者读到译文语言,总会从自身文化背景对语言所指涉的对象进行理解,产生不同于原文的文化想象。但若是语言和图像并存,读者阅读时必然会关注图像呈现的形象,因此语言的归化不会导致文化意象的错位和变形。采用多模态的翻译方式,语言归化和图像结合,可以有效解决典籍翻译中保留原文意象和使用目标读者熟悉的语言之间的矛盾。

(四)意义范畴转换

虽然图像也能传递意义,但有时图像呈现的形象不同,读者可能会有不同的解读。比如对介于两个范畴之间的事物,有的会将其归于 A 范畴,有的会将其归于 B 范畴,不同文化的读者更可能存在这样的认知差异。因此译者在翻译时需要考虑到目标读者的认知习惯进行改写。如《山海经》中对厌火国的介绍：

文言文：厌火国在其国南,其为人兽身黑色。生火出其口中……

白话文：……这里的人样子像野兽,黑皮肤,以吃火炭为生,因而能够口吐火焰……(陈丝雨、孙见坤,2015:194)

译文：... The inhabitants stood erect and had faces that looked somewhat human. They were, however, wild animals, with thick coats of fur and prehensile feet, much like monkeys. ... (Goldblatt, 2021:194)

原文将厌火国居民归于人的范畴,只是说明其样子长得像野兽。但插图中的厌火国人上半身粗大,长满黑色皮毛,除了直立行走,头部像人,人的特征非常少。因此英译文中没有用"人"来指代厌火国居民,先是用了inhabitants一词,将其外形描述改写为脸有些像人(had faces that looked somewhat human),却是野兽,非常像猴子(They were, however, wild animals, much like monkeys)。在中国神话中,人类始祖就是人首蛇身,人和动物并没有严格的界限,《山海经》中很多神灵异兽都是人和自然界各种动物的错综拼接,到底是人还是兽其实并没有明确的界定标准。而西方读者受其自身文化的影响,对这些类人生物的范畴划分未必会和中国人相同,因此葛浩文考虑到其目标读者的认知倾向,对这些类人生物的范畴划分进行了改写,避免引起读者争议。

（五）意象转换

在典籍翻译中,有时出于多方面的考虑,译者往往会转换原文意象,若是单一语言模态翻译,意象的转换往往会导致原文意境、情感发生变化。但借助图像,则能有效保证原文意象的传达,甚至还能够和改变的意象结合,传达出更丰富的信息。

如赵彦春教授近年来对不少中国诗歌进行了重译。不同于其他翻译家的翻译,赵彦春更为注重诗歌的音韵以及可唱性。他翻译的诗歌大都会谱曲演唱出来,并且配上唯美的动画视频,算是一种非常丰富的多模态翻译。而在其诗歌翻译中,出于视频传递的信息和音韵的考虑,在传递原文意义时,他经常会进行一些意象改写,改写后的意象和视频搭配能够呈现更丰富的意蕴,如"独上西楼"这首诗的翻译。[①]

《独上西楼》歌词取自南唐后主李煜的名篇《相见欢·无言独上西楼》,是作者被囚期间所作。词上阕写景,以独上西楼、残月、梧桐、深院勾勒出一幅凄凉的秋景,揭示了词人内心的孤寂之情。下阕写情,以丝喻愁,描绘愁的纷繁,又以滋味喻愁,体现愁的郁结,如人饮水,冷暖自知。该词的中英文为:

无言独上西楼,

Lonely, West Tower I tread

月如钩

Moonlight spread

寂寞梧桐

Plane trees, no sound

深院锁清秋

Deep court, autumn's bound

---

① 诗歌演唱视频详见微信公众号"英韵译歌"2024年第一期《独上西楼》。

剪不断，理还乱

Cut, yet a tangled skein

是离愁

The heart's pain

别是一般滋味在心头。

A taste lingers inside to remain

　　该词上部分："无言独上西楼,月如钩,寂寞梧桐,深院锁清秋"中的"独上西楼、残月、梧桐、深院"都通过视频呈现出来。原诗中的"独上西楼"传达了一种孤独和寂寥的情绪。所配的视频中，一轮圆月挂在天上，画面中间是一座拱桥，桥的两边是古色古香的中式建筑，一座孤立的楼宇矗立于远处，与其他建筑相隔甚远，这一画面成功地呼应了诗句中的孤独感。英译文将 lonely 单独拆出，放在句首，刚好和孤立的西楼对应，强化了原诗的意境和情感。

　　在中国文化中，月亮的形态变化往往与人的情感状态相联系。原诗第二句"月如钩"描绘了一弯残月，带有一种凄凉之美。英文翻译则省略了"如钩"的意象，将其改为 moonlight spread,这很大程度上可能是考虑到音韵的需要。文字上看，"月如钩"的意象没有体现出来，但视频画面(一轮如钩的残月悬挂天空)则有效地补足了这一意象。画面中的残月和文字中倾洒的月光共同营造出一种清冷孤寂的氛围。

　　"寂寞梧桐"在原诗中表达了一种孤独和寂静的心理状态。与之相配的视频画面先出现的是地上零落的枯黄树叶，紧接着是梧桐树上浓密的梧桐叶在风中飘舞，随后是静谧的深深庭院，对应的英文是"plane trees, no sound"。这里将"寂寞"具体化为 no sound,改变意象的同时实现与整首词音韵的协调一致。虽然改变了原词的意象,但视频中飘落的梧桐叶和静谧的庭院景象足以传达出寂寞的情感。

从这首词的翻译可以看出,诗歌翻译常常需要考虑音韵的美感而改变原诗词的意象。如这首词为了整体押尾韵,将"月如钩"译为moonlight spread,"寂寞梧桐"译为"plane trees, no sound"。若是仅仅依靠语言这一模态,意象的损失不能不说是诗歌翻译的一大缺陷,然而视频画面的艺术表现可以有效地补充甚至强化语言文本遗失的意象。这种结合文字与视觉艺术的翻译方式自然为古典诗词的国际传播提供了新的可能性。

四、简化

进行多模态翻译时,除了增加解释拓展信息,删除非语言符号可以充分表述的信息,改写图文不一致或者会给读者带来理解困惑的信息,还可以对语言信息进行简化。如描述中国复杂的服饰、建筑、器具所涉及的一些西方读者无法理解的细节,读者通过图像已经可以对其产生直观印象,因此语言方面便可简单描述,不必如原文一般详细(龙明慧,2019a)。

如电影《长安三万里》中对于李白观看舞女跳舞所作的诗句"垂罗舞纱扬胡音"的翻译。这一诗句描述的是一个舞蹈场景。[①]"垂罗"和"舞纱"都是指舞女所穿的丝绸舞衣。罗是一种轻软细密的丝织品,纱指绉纱,一种质地轻薄、带有皱纹的丝织品。这两个词共同描绘了舞

---

① 这句诗出现的画面详见电影《长安三万里》52:24 处。http://www.xxtjdz.com/play/5Pj9999b-1-1.html。

女在舞蹈中轻盈飘逸的舞衣,给人一种柔美、优雅的视觉感受。要让观众在观看电影这么短的时间内了解"罗"和"纱"是比较困难的。这里的画面是舞女在桃花树下挥舞水袖,翩然起舞,读者的注意力也更多在舞女的舞姿。因此译者将诗句进行了简化,译为"Rippling her sleeves, she sings an exotic tune",将"垂罗"和"舞纱"的动作简化为"Rippling her sleeves"(舞袖),画面呈现的舞女最突出的动作是挥舞长袖,这也是中国传统舞蹈的代表性动作。简化翻译传递的信息和画面更契合,也减轻了观众理解的负担。

又如在《长安三万里》另一场景中,李白手持琵琶吟"催弦拂柱与君饮"。[①] 这里的"催弦"指加快拨动琴弦的速度,使音乐节奏变得更加急促。这通常是为了配合某种特定的氛围或情绪,比如在宴会中增添欢乐的气氛。"拂柱"的"柱"指的是琴柱,即用来固定和支撑琴弦的部件。"拂"有轻轻触碰或拨动的意思。因此,"拂柱"可能指的是在演奏过程中,通过轻触或调整琴柱来改变琴弦的音高或音色,以达到更好的音乐效果。对于不了解中国乐器弹奏原理的西方观众而言,这样的细节在观影短暂的时间内是很难理解的,观众能看到的就是李白拨动琴弦,边弹边吟诗的画面。为了减轻观众的理解负担,英译者对"催弦拂柱"进行了简化处理,将两个动作合成动作的目的即"调弦",生成更为简洁的译文"I tune the strings and drink with thee",与视频中李白快速拨动琴弦的画面一起完整呈现了原诗意义。

在典籍多模态翻译中,多种模态符号共同传递构建意义,考虑到

---

① 这句诗出现的画面详见电影《长安三万里》01:42:26 处。http://www.xxtjdz.com/play/5Pj9999b-1-1.html。

目标读者的理解和译文语言本身在传达中国典籍意义上存在的局限，译者在翻译过程中可以灵活使用各种翻译策略，或增补，或删减，或改写转换，或简化，以最优的方式传递原文图文共同呈现的意义。而这样的语言调整和转换也常常会在译文中构建出不同于原文的图文关系，如原文的图文冗余或再现关系变为互补关系或锚定关系，或是原文的互补关系变为冗余关系，给读者提供更容易理解、更清晰、更丰富的阅读体验。同时，充分发挥图像等非语言符号的信息传递功能，也可以在很大程度上弥补语言传递意义的局限，特别是涉及特有文化意象翻译时，有助于协调语言归化以促进读者理解和保留源语文化意象之间的矛盾，减少跨文化翻译过程中的意义流失和文化失真。

第四章 中国典籍多模态翻译中的图文关系构建

在多模态文本中,图像和语言文本共同传递丰富的意义和信息。在传递意义的过程中,两者各有其优势和局限。

图像作为一种非语言符号,能以不同的色彩、形状、线条和布局等视觉元素形象生动地展现事物外观、形态和相互关系。不同于语言表达,图像的表达方式往往是非线性的,读者能迅速捕捉到图像的整体内容,快速获取信息。图像更直观、更形象、更通俗也更明白,读起来省时省力(刘波,2005)。此外,图像具有触动观者情感和感官的强大力量,会产生强烈的视觉冲击力,可以激发观者的情感和感官体验,引发深刻的视觉震撼。感性化的图像相对于理性化的文字,更能吻合大众的接受水平(杨向荣,2015),因此,图像信息更能吸引人们的注意(Godfrey,2012)。

图像能够以其独特的直观性和强烈的视觉冲击力快速激发人们的感官体验和情感共鸣。然而,这种视觉表达形式在传递信息时也存在一定局限。图像主要展现事物表面特征，往往无法像文字那样深入地传达背景信息、上下文语境或提供详尽的解释。这种信息的表层性和依赖视觉感知的特点，在缺乏适当辅助说明的情况下，容易导致读者产生误解。

此外，由于个体视角的差异和主观性影响，不同读者对同一图像可能产生截然不同的解读。这种主观性不仅源自个人经验、文化背景和价值观，也可能与观者的情绪状态和心理预期有关。因此，图像的多义性和开放性在一定程度上增加了信息传递的不确定性。

更为复杂的是，在表达抽象概念、复杂思想或深层意义时，图像往往难以达到文字所具有的精确性和明确性。抽象的概念和深层次的思想通常需要通过逻辑推理、概念界定和系统阐述来传达，而这些恰恰是图像难以充分实现的。图像虽然能够提供直观的联想和象征性的暗示，但在缺乏文字辅助的情况下，其传递的信息可能显得模糊不清，难以被读者准确捕捉和理解。为提高信息的准确性和有效性，图像应与适当的文字说明相结合。

语言作为一种重要的符号系统，具有高度的抽象性和灵活性，能够通过词汇、语法和结构来传递复杂的概念或进行详细的描述和解释。语言的表达方式往往是线性的，信息的传递和接收遵循一定的顺序，读者通常可以按照作者的意图和思路来逐步理解文本内容。

然而，语言同样存在局限性。首先，语言的理解和解读要求读者具备相应的词汇量和语法知识，这是准确把握文本意义的基础。其次，语言本身可能存在歧义或模糊不清之处，这就需要读者通过推断和解释来捕捉作者的真正意图。此外，语言在表达那些需要感性理解或直观体验的概念时,可能会显得力不从心,也不如图像那样能够直观地呈现事物的外观细节。

在描绘事物外观方面,图像传递的信息更丰富全面,是对事物整体性的复刻,而语言描述,不管如何完备,也不可能描述出事物外观每个方面的信息。当我们观看一幅图时,能够快速感知到事物的整体形态和结构。图像能直观地呈现出事物的颜色、纹理、大小、形状等细节,使读者能够全方位地感知和理解事物的外观特征,为其提供一种立体、具体、直观的感知体验。但就事物的功能、内在特质,或是深刻的思想内涵方面而言,图像就难以清楚呈现,需要依赖语言文字方可完成。这是因为语言文字具有抽象性和联想性,可以唤起读者更加丰富的联想和多义性的体验,在解析现象的深刻内涵和思想的深度方面,有着独特的表意功能(周宪,2005)。

图像和语言在传递信息方面各自的优势和局限也决定了语言和图像只有互为补充,才能共同传递更丰富的信息。图像可以为语言提供丰富的信息,对语言起着补充和扩展的作用,能让读者更直观地理解文本内容。图像有时也起到辅助说明的作用,激发人们的联想,使得语言描述的对象有了直接的参照物。这些形象化的表达不仅能够帮助读者更快速地理解抽象的概念,还有助于读者更深入地理解和记忆信息。因此,根据所传递信息的特点,将图像与语言描述合理结合,是一种更有效的信息传递方式。

第一节 多模态语篇中的图文关系

图像和语言作为两种最基本也最常用的符号系统,两者的结合使用极大地丰富了信息的表现形式和传递效率。在这种背景下,探讨图文如何相互作用以及如何共同构建意义,成为学术界关注的焦点。图文关系直接影响语篇意义的生成与理解(刘成科,2014),因此图文关系一直是多模态研究中的热点问题。特别是20世纪70年代以来,很多学者分别从各自的研究领域分析了多模态语篇中的图文关系(Barthes,1977;Kress & van Leeuwen,1996/2006;Schriver,1997;Lemke,1998;O'Halloran,1999;Carney & Levin,2002;Marsh & White,2003;Martinec & Salway,2005;Matthiessen,2007等)。

Barthes(1977)从符号学角度,基于不同符号体系之间的逻辑关系,提出了三种基本的图文关系:说明(illustration),锚定(anchorage)和接递(relay)。

"说明"指文本在信息传递中占据主导地位,而图像则起到解释、阐明或支持文本意义的附属作用。"锚定"指文本对图像的引导和固定作用。图像传达的意义不确定,如同一条所指构成的漂浮链,存在不同的解读。而文本可以帮助观众识别图像中的各个元素,消除歧义和误解,并将观众的注意力引导到特定的方面(Barthes,1977:39)。文本的锚定作用有助于明确图像的主题或目的,并在信息传达中提供方向性。"接递"指文本和图像之间的互补关系(Barthes,1977:41),两者地位平等。在这种情况下,文本和图像共同传达信息,但各自又提供不同的视角或维度。文本和图像之间的关系不是简单的解释或补充,而是一种互动。信息的统一性在较高层次上实现(同上)。通过这种互动,观众可以更深入地理解信息。

　　Carney 和 Levin(2002)从功能视角指出多模态语境中的图像具有五种功能:装饰功能(decorational)、再现功能(representational)、组织功能(organizational)、阐释功能(interpretational)和转换功能(transformational)。装饰功能是对装饰型图像而言,这种图像主要用于美化文本或页面,与文本内容相关性较低。再现功能表现为图像反映部分或全部文本内容。这类图像是最常见的插图类型之一,能精确呈现文本中描述的场景。组织功能指图像通过呈现文本的结构信息,创造出一个易于理解的框架以帮助读者更好地理解文本的组织结构。阐释型功能指图像用于解释或澄清难以理解的文本内容,尤其是那些涉及抽象过程的部分。图像提供的额外解释和说明可以帮助读者理解文本。

　　Martinec 和 Salway(2005)基于 Barthes(1977)和 Halliday(1994)的思想,从逻辑语义视角来描述图文之间的相互关系,关注多模态语篇中的图文互动,认为图像与文本之间存在地位关系和逻辑语义关系。地位关系描述了图像和文本相对地位上的不同,分为平等关系和不平等关系。在平等关系中,两种模态相互独立或者相互补充。而在不平等关系中,一种模态处于支配地位,另一种模态处于从属地位。逻辑语义关系包括投射和扩展两种主要类型。"投射"表示一种模态重复了另一种模态所展现的内容,分为话语和思想。"扩展"指一种模态在内容上拓展了另一种模态。"扩展"可以分三种类型:详述、延伸和增强。"详述"主要指一种模态为另一种模态提供了更加详细的描述,并不一定提供了新信息。"详述"又分为阐述和例证。阐述指当两种模态(如图像与文本)展示同一信息,但以不同的形式或方法进行呈现,两种模态同样概括并且相互复述。例证则是通过提供更加具体的例子进一步扩展信息。"延伸"指一种模态延伸了另一种模态的信息。延伸模式增加了全新的元素,给出了例外的情况,或提供了其他的选择。这种延伸的信息是新增加的信息,然而,两种模态中的信息必须是相关的。增强指一种模态通过一些情景信息(地点、时间、目的或原因)来增强另一种模态。(刘成科,2014)

Schriver(1997)从信息学角度提出了五种图文关系模式,即冗余、互补、增补、并置和布景。"冗余"指通过图像与语言两种不同的再现方式来表达同样的信息。"互补"指图像和语言表达不同的内容,但两者共同帮助读者理解文本主要信息。"增补"指图像和文本表达不同的信息,图像是对文本内容的扩充和进一步阐释。"并置",指图像和语言表面毫无关系,但两者能够形成一种张力,达到特别的效果。"布景"则是指图像为语言内容提供语境框架。(刘成科,2014)

以上各学者提出的图文关系并不冲突,只是视角不同。在多模态文本的创作过程中,文本创作者在构建图文关系时需要从多个角度进行考量。除了文本内容本身的性质和特点,创作者还必须深入理解目标读者群体的认知能力和阅读倾向,以确保图文的结合能够最大程度地促进读者对整个文本的理解。而在进行多模态翻译时,译者同样需要进行这样的考量,在译文语境中构建合适的图文关系。

第二节　中国典籍译文图文关系重构的必要性

如前所述,图文结合能使读者更全面、更深入地理解和感知文本内容,从而形成更为准确和丰富的认知。在多模态文本中,图像与文字相互作用,共同传递信息,使各自优势得以充分发挥,同时弥补彼此的局限。根据文本生成方式,或者文本生成的目的,以及信息本身的特点,图像和语言可能存在不同的互补关系。而文本经过翻译进入译文语境,原文的图文关系很可能会发生变化。原因在于,在译文生成过程中,译者往往会综合考虑各种因素对文本进行调整。这些调整不仅涉及对原文语言内容的转换,还可能包括对图像的解释和呈现。因此,翻译过程中的语言转换,无论是针对文字还是图像,都可能对译文的图文关系产生影响(Borodo,2015),也就是说,译者在翻译多模态文本的过程中,会自觉或不自觉地重构译文的图文关系。

重构图文关系,会更有助于弥补由于语言和文化差异而产生的信息缺失,增强目标读者对译本的理解和感知,同时减轻读者的认知负担。例如,对于原文图像中呈现的事物意象原文读者非常熟悉,原文文本中便可以不必重复描述，而是提供其他拓展信息，图文构成互补或增强关系。但文本一旦经过翻译进入不同的文化语境，原文读者熟悉的事物意象对目标语读者而言就很可能变得十分陌生，这时语言的描述就极为必要，也就是语言需要描述和图像同样的信息，重新构建图文冗余关系，保证目标读者对信息实现充分理解。如2015年清华大学出版社出版的围绕各种上古神灵异兽改编的图文版《山海经》便通过插图和文字的结合，充分利用各种图文关系，为读者呈现了非常丰满的信息。葛浩文翻译这本图文结合的《山海经》时，考虑到西方读者缺少中国文化背景，对《山海经》文本信息和图像的理解可能不同于中国读者，通过对译文语言文本的精心设计，在译文中重新构建了更适合西方读者理解的图文关系。其中最典型的就是增加了很多对异兽外形特征的语言描述，使得译文中图文冗余关系明显。对不了解这些异兽的西方读者而言，图文冗余信息越多，理解越容易。同时，语言和图像重复的信息越多，也能够引起读者对这些信息的特别关注，增强对异兽这些特征的记忆。

每种文化都有一些特有的事物现象，在另一文化中很难找到对等语进行表述。如中国的传统乐器，特有的动植物、器皿工具、建筑服饰等等，在多模态文本中，这些具体可感的事物图像自然能充分刻画出来，因此这一点上，图文常常构成再现关系，即语言和文本指代同一对象。然而，一旦涉及翻译，目标语言中若是无法找到对等语，译者便只能用其他表达指涉该事物，进行解释性翻译或使用类似事物的词，如将"麒麟"译为unicorn，或是直接音译，或者使用上义范畴词。仅仅就语言翻译而言，这几种翻译都有一些缺陷，很难让读者对其所指对象产生正确完整的认知。但若是在多模态文本中,借助图像便可以在很大程度上克服这一缺陷。为了读者更好地记忆,译者可以使用目标语读者熟悉的表达,或者用音译,或者用上义范畴词,而直接呈现该事物的图像则能够对这些原本并非准确指涉这一事物的词语,或是目标文化中没有的音译词的意义进行锚定,在语言表达和概念之间建立起原本没有的联系,帮助读者实现对文本意义的正确理解。如此将原文的图文再现关系重构为锚定关系,便成为传达原文特有事物概念的一种有效手段。

总而言之,由于翻译涉及两种文化间的各种差异,原文的图文关系很可能不适合译文读者解读图文共同构建的意义。考虑到图文关系在传达整体信息和增强理解方面的重要作用,译者便很可能需要在译文中构建新的图文关系。在译文中重构图文关系可以通过两种方式实现:一是改变图像,一是调整文字。在大多数情况下,考虑创作的成本,图像在译文中都是保持不变的。那么,要在译文中重构图文关系,最常见的便是灵活使用各种翻译策略,调整语言表达。

第三节　中国典籍译文图文关系重构策略

图文关系的重构策略在翻译和跨文化交流中是一个复杂的过程,涉及多种因素的综合考量。首先,目标受众的文化背景是影响图文重构的关键因素之一。译者需要深入了解目标文化的价值观、信仰、习俗和审美偏好,以及由此导致的对文本的理解倾向,以确保重构后的图文关系能够为目标受众所接受和理解。其次,传达信息的复杂性也对图文重构策略产生影响。对于那些包含丰富历史文化信息和深层象征意义以及文化内涵的原文本,译者可能需要采用更加细致和创造性的方法来重构图文关系,以便在不同文化间准确充分地传递信息。在实际翻译过程中,译者可以对原文进行详尽分析,理解图文之间的内在联系和相互作用。通过与目标受众所处的文化空间进行对比分析,找出可能的文化障碍和误解点,进而灵活设计译文语言表达,确保在目标语文化中,图文组合能够实现最佳的信息传递效果。译者在翻译,特别是典籍翻译过程中,往往可以根据原文文本和图像呈现的信息,在译本中重构冗余、互补和锚定关系。

一、冗余关系重构

"冗余",从信息学看,是指通过图像与语言两种不同的再现方式来表达同样的信息(Schriver,1997)。中国典籍是中华文化的瑰宝,蕴含着深厚的哲学智慧、历史事件和文化习俗等。这些元素往往以一种非常抽象和难以捉摸的方式呈现在文本之中。在将中国典籍介绍给全球读者时,翻译任务变得更加复杂和具有挑战性。

对于缺乏中国文化背景知识或者不熟悉中国文化的读者来说,直接阅读译本可能会遇到诸多难以理解的地方。这是因为中国典籍中所包含的事物意象根植于中国几千年的历史和独特的社会结构之中,和中国古代先民的生活密切相关,与西方社会存在巨大差异。例如,

第四章　中国典籍多模态翻译中的图文关系构建

中国读者熟悉的中国古代的建筑、服饰、生产生活工具,中国特有的动植物、人物形象,对外国读者来说可能显得陌生而难以把握。因此,在翻译这些典籍时,除了文字的转换,还需要通过图文冗余信息重构来帮助外国读者更好地理解中国文化意象。如中国神话中的神灵异兽形象对外国读者而言可能相当陌生,因为中西方神话体系截然不同,在彼此文化中很难找到形态地位对等的神灵或异兽。因此,通过图像的辅助和文字的详细解释,可以更有效地传达这些生物形象,增强读者对典籍内容的理解和感知。《山海经》原始文本通常采用较为概括的叙述手法描述神灵异兽,这些神灵异兽往往拥有多种动物的身体特征,如拥有某一种动物的身躯,另一种动物的头部或尾巴,或者具有不寻常的头部、腿部、眼睛和尾巴数量,以此突显其神秘之处。2015年图文版《山海经》的插图呈现了这些神灵异兽的整体形象,从头到尾,刻画得非常详细。图像成为语言的详述,即一种模态为另一种模态提供了更加详细的描述,并不一定提供了其他新信息(Martinec & Salway,2005)。葛浩文在对这部图文版《山海经》的翻译中,对几乎每个异兽都增加了具体的细节描述,即使在图像缺失的情况下,读者也可以通过文字构想这些异兽的头、躯干、眼睛、尾巴的模样。对于每一处细节,从生物的头部到尾部,再到身上的纹理,译者都进行了精心描绘,即译文的语言文本和图像之间出现了大量冗余信息。两种模态的冗余共现使得读者能够轻松地想象并清晰地辨识出这些生物的头部、面部、躯干、眼睛和尾巴等具体部位的特异之处。这种细致入微的描绘方式可以为读者提供一种直观的理解途径。

例如《山海经》中对趹踢的描述。对其外形,文言文原文仅仅提到

"有兽,左右有首",概述其外貌。而2015年图文版《山海经》的插图则对跂踵进行了非常细致入微的刻画,不仅画出了两个头,而且头型怎么样,两个头朝着什么方向,头上的角是什么样子,甚至蹄子的特别之处,都刻画得极为清晰。① 葛浩文对跂踵的英文描述根据插图增加了很多细节描写:

> 译文:A creature called the Chuti,with a body resembling a present-day yak,had two goatlike heads,one on the left,looking backward,and one on the right,looking forward,both with spiraling horns. Its hooves had cleatlike appendages that helped it safely navigate rocky ledges. (Goldblatt,2021:325)

英译文详细描述了跂踵的身子像现代牦牛的身子,长着两个山羊一样的头,一左一右,左边的头面朝后方,右边的头面朝前方,长着螺旋状的角,蹄子有像楔子一样的东西,使其可以安全行走于悬崖峭壁之上。如此,通过使用语言再现更多的图像信息,译者在译文中重新构建了图文冗余关系。

不同模态整合,其意义不仅能够互相补充,还能彼此限定、说明和阐释(Lemke,2006)。图像能够承载大量的视觉信息,人们在看图时,往往能迅速地对图像所描绘之物形成一种完型感知,但未必会关注图像的具体细节信息。例如跂踵的插图能让读者迅速捕捉到这一神兽长得像羊,有两个头,但不见得会注意到它的两个头朝着完全不同的

---

① 跂踵的插图详见陈丝雨、孙见坤:《山海经》,北京:清华大学出版社,2015,第325页或是Goldblatt,H. *Fantastic Creatures of the Mountains and Seas: A Chinese Classic*. New York:Arcade Publishing,2021:325.

方向,以及蹄子有"像楔子一样的附属物"(cleatlike appendages)。通过语言重复图像中的具体细节信息,能够顺利引导读者关注这些信息,增强对这些信息的印象,加深对这些信息的记忆和理解。可见图文冗余非常有助于强化文本的关键信息。

二、互补关系重构

在当今时代,由于新媒体技术的发展,图像文化模式已经取代语言文化模式成为把握和理解世界的主要模式,人们在读图时代更加热衷于图像化文本的阅读(杨向荣,2015)。图片、视频、动画等视觉元素传递的信息,能够迅速吸引人们的眼球,新媒体已经成为人们理解和把握世界的重要途径。相较于传统的语言传播模式,即通过文字来传递信息的方式,图像传播更加直观、生动和易于理解,极大地丰富了人们的认知方式,也带来了各种图文书籍的流行。

然而,对于许多图文结合的作品,一些学者担心图像可能影响阅读的深度,会使人们倾向于浅薄的阅读,只追求感官上的刺激,而忽视或不愿意去思考图像所承载的深层文化和思想内涵。如有学者指出,印刷媒介成就了阅读、写作和思想的深度,而电子媒介的兴起则降低了这种深度,图像挤走了文字,视觉弱化了思维,快阅读搁浅了思考(陈锦宣,2015)。这种图像媒介本身的局限性亦突显了语言层面的翻译技巧不容忽视(黄慧玉,2023)。但显然图像文化模式的盛行并不意味着语言文化模式的消亡。文字依然是人类文明的重要组成部分,它在逻辑性、深度和精确性方面具有不可替代的优势。在很多情况下,图像和文字的结合使用才能够达到最佳的传播效果。翻译思想性、知识性较强的中国典籍作品,更需要通过合适的文字翻译保证译本内容的深度(龙明慧,2020)。这就要求译者在翻译过程中充分认识图像和语言的互补性,合理利用两者的优势,更全面、深入地表达原作世界。

例如在《山海经》原文中,插图展示了神灵异兽的具体形象,而文字则主要描述了这些神灵异兽的简单外形、习性特征,以及它们所栖息的山川环境。除此之外,文字还记录了与这些神灵异兽相关的传说故事和背后蕴含的精神内涵。翻译成其他语言时,译者为了让读者更好地理解这些神灵异兽,常常会增加对图像的一些解释性信息。这些解释性信息便与插图中神灵异兽的直观形象形成了一种互补关系,从而帮助读者更深入地理解这些神灵异兽的形象甚至其象征意义和文化内涵。

如《山海经》中对耳鼠的介绍。原文中用简要的文字介绍了耳鼠的外形和特性:"其状如鼠,而菟首麋身,其音如獋犬。以其尾飞,名曰耳鼠。"(陈丝雨、孙见坤,2015:91)插图中的耳鼠呈飞翔状,脚下是云朵和一个球状物,身子有着鱼鳞状花纹,背上则是更为复杂的花纹,头和兔子的头非常相似,长长的耳朵向背后倾斜,最突出的是一根扁平的长尾巴,像大鸟的翅膀一般飘起。从图像来看,耳鼠的耳朵和尾巴相互配合,使其能在天上自由飞翔[①]。葛浩文的英译文结合插图提供的这些信息,解释了耳鼠能够凭借尾巴飞翔的原因:

译文:One of the strange creatures that lived on this mountain was

---

① 耳鼠的插图详见陈丝雨、孙见坤:《山海经》,北京:清华大学出版社,2015,第91页。或是 Goldblatt, H. *Fantastic Creatures of the Mountains and Seas: A Chinese Classic*. New York: Arcade Publishing, 2021:91.

the Ershu, an oversized rat with the head and ears of a hare, the fawnlike body of a Mi deer, and the bark of a hound. The extraordinary tail served as a wing, allowing the Ershu to soar through the air, its flight stabilized by a pair of long, pliant ears.

(Goldblatt,2021:90)

首先,译文指出耳鼠具有类似小麋鹿的身子,身体相对纤细;其次,特意提及耳鼠非同寻常的尾巴可以作为翅膀使用,使其得以飞翔;最后,一对柔韧的长耳朵能够稳定其飞行。通过这些语言解释,结合插图所呈现的信息,读者便能够理解为何耳鼠能够飞翔。耳鼠那又长又大的尾巴和耳朵也会给读者留下深刻的印象。

又如在漫画版《孙子说》(2013)"军事篇——以迂为直"中,原文是"如何化迂回曲折的原路为直线近路,比敌军先到战场",与之匹配的图像是:四周群山环绕,中间一条弯弯曲曲的大路,弯路上面又有一条又黑又粗的直直的箭头比喻"直线近路"。直线上一个身着古代士兵服饰的男子,骑着一匹马,手举军旗,展示了士兵急速赶路这一故事情节。从原文的图文关系来看,图像和语言几乎呈现了相同的信息,两者构成一种冗余关系。英译文使用了减译的方法,删去图像明显呈现的"迂回曲折的路"和"直线",使用了更简洁的译文"Turning a long road into a short one",在译文中构建出互补的图文关系,直接点明化迂回曲折的原路为直线近路的效果,减轻了读者语言阅读的负担。[①]

[①] 故事片段的中英文和图像具体图像详见蔡志忠:《孙子说》,北京:现代出版社,2013,第225页。或 Tsai,C.C. *The Art of War*. New York:Princeton University Press,2018:71,第2幅图。

除了静态多模态文本,对于视频动画这样的多模态文本,译者在翻译过程中利用视频画面动作和译文构成互补关系,能呈现更丰富的意义。如电影《长安三万里》便结合了视觉、听觉和语言文本等多种媒介来呈现诗歌的魅力,共同构建了一个沉浸式的诗歌体验环境,也成为诗歌多模态翻译的典型代表。译者贾佩琳(Jaivin)的字幕英文翻译在很多地方都充分利用了视频画面和英语字幕的协同互补,传递出丰富的意象和情感。如在《将进酒》这首诗中,有一句"斗酒十千恣欢谑",表达"花费重金购买美酒,与朋友尽情地欢乐和嬉戏"之意。这首诗出现的场景也正是李白和朋友畅饮美酒,纵情欢乐。画面中李白拉着高适的手,开心大笑着在天上自由飞翔。[1] 原诗和其出现的场景呈现同样的信息,构成冗余关系。但英译文省略了"恣欢谑"这一信息,仅仅保留了"斗酒十千",且将酒的名贵转换为"Wine flowed like water",表达喝酒如流水之意。从整段视频来看,李白和其友人的确喝了大量的酒,所以英译文虽然对原诗有所改动,却也十分契合当时的场景。对"恣欢谑"的省略丝毫不影响整首诗氛围的传达,因为视频中已经把李白和其友人的肆意欢愉体现得淋漓尽致。通过省略视频画面明显呈现的信息,译文与画面实现了有机互补,共同传达了原文的意义。

通过这种语言上的调整,译者要么增加对图像信息的解释,要么省去图像明显呈现的信息,使用更简洁的表达,或是根据图像场景从其他角度进行描述,如此通过图文互补,可以降低读者的认知负荷,也

---

[1] 这句诗出现的画面详见电影《长安三万里》01:55:28 处。http://www.xxtjdz.com/play/5Pj9999b-1-1.html。

可以为读者提供更全面、深入的理解体验。这种图文关系的重构,使得译文不仅仅传达了文字内容,也为读者呈现了更为丰富、更具深度的意义世界。因此,构建图文互补关系,在语言层面增加对图像的解释性信息也有助于保留整个多模态文本的深度,引发读者进行深层次的思考。

三、锚定关系重构

锚定是一个被广泛运用于各个学科领域的概念,其核心在于将某一事物固定或稳定在特定的状态或位置上。在不同学科和情境下,锚定的具体意义和应用方式也有所不同。在多模态翻译和传播学领域,锚定的概念通常指在处理多模态文本时通过一种模态明确另一种模态的具体意义所指,帮助目标读者实现对陌生事物的确切认知。

在中国典籍中,有大量中国特有事物,如中国特有的动物、植物、器皿、工具、饰品等。这些事物和中国古代人民的生活密切相关,因此通常会有非常详细的划分。如中国古代装东西的器皿名目就极为繁多,对其类型划分非常细致,如爵、觯、觥、尊、壶、卣、罍、罋、瓠、篚、甗、瓯等,不胜枚举。这些器皿都是中国特有的,在西方文化中很难找到对等物。对于这类器物的翻译,很多地方会采用音译,但若非多次强化识记,国外读者很难在汉语拼音和所指对象之间建立联系,从而影响对这些器皿的认知和记忆。此外,中国古代器物名目繁多,不乏同音异义词,使用音译还很可能造成所指混乱。

除了音译,还有两种常见的翻译方法,一种被称为文化替代(cultural substitution),即用译语文化中存在的某个事物的表达来替代源语文化中具有相同功能的陌生事物（Shuttleworth & Cowie, 2004:35；顾毅、孙千雅，2024）。如将"觚"（一种用于饮酒的容器）译为 cup, "瓯"译为 bowl。觚和 cup, 瓯和 bowl, 两者具有类似的功能，使用这种替代翻译，可以让目标读者快速了解该器皿的性质和功能。但觚和 cup, 瓯和 bowl 并非完全等同的器物，而是在外形上存在差异。这样翻译往往会导致目标读者对这两种器皿的认知出现偏误。因为西方读者在看到 cup 和 bowl 时，受其原型思维的影响，会将这两种器皿理解为他们文化中典型的 cup 和 bowl, 如此，觚、瓯这样的中国特有器皿便难以实现语义的准确传达，这些器皿的区别性特征难以在译文中体现。

除了文化替代法，还有一种翻译中国特有事物的常用方法便是前文提到的泛化翻译，即指在目标语中用比源语意义更宽泛的表达来翻译的情形（Shuttleworth & Cowie, 2004:67）。泛化翻译最常见的实现方式便是使用所指对象的上义范畴词来翻译，如将卣、斝、罍都翻译成 wine vessel。泛化翻译一定程度上虽然可以避免文化替代词所引起的误导（顾毅、孙千雅，2024），但和文化替代法一样，在单纯的语言文本中，泛化的表达也会在很大程度上影响目标读者对译文所描述对象的准确理解，因为上义范畴词通常缺乏对所指对象的细节信息，仅靠这些上义范畴词，读者将很难对其所指代的对象形成具体感知。因此，泛化翻译可以被接受的前提是目标语中没有其他合适选择，原文信息无关紧要或省略的细节能在上下文中得到补偿（Shuttleworth & Cowie, 2004:67；顾毅、孙千雅，2024）。而这里的补偿在很大程度上可以通过图像实现。因为视觉模态传递的信息能够将语言模态传递的信息具体化(Ketola,2016),同时图像提供的细节信息也能够避免目标读者对事物的理解产生偏误。通过生动直观的图像,读者能够在语言和概念之间建立直接联系,对于已经有意义所指的基本范畴词汇,如前面提到的 cup、bowl,图像可以赋予其新的特性。而对于意义所指宽泛的上义范畴词,图像可以在特定的文本语境下赋予其具体的所指。恰如 Barthes(1977)提出的语言对图像的锚定,当语言的意义过于宽泛,具体直观的图像也可以实现对语言所指对象的锚定作用。因此,在对中国典籍中的特有事物现象进行翻译时,如《茶经》中的各种茶具、茶器,《天工开物》这种科技文献中的各种农业和手工业工具器械,就可以充分借助图像的作用,在译语文本中构建锚定关系,帮助目标读者实现对事物的准确理解和认知。通过范畴转换使用上义范畴借助图像的锚定作用帮助读者认识该事物,也可以选择目标语文化中与之类似的事物名称,同样通过图像的锚定将该表达和新的事物概念建立联系,赋予其新的意义,帮助目标读者获得对这些器物的认识和理解。

总的来说,在进行多模态翻译时,在译文中重新构建图文关系是非常必要的。不过,需要注意的是,在译文中重构图文关系往往会受到诸多因素的影响。译者在选择构建何种图文关系时要充分考虑目标受众的文化背景和认知倾向、信息的复杂度以及翻译目的等因素,通过有效的图文关系重构,确保信息的准确传递,增强文本的可理解性和吸引力,同时尊重和保留原文的文化价值。

第五章 中国典籍多模态翻译的跨界合作模式

翻译从来就不是个人行为，译作的成功接受往往是多方合力的结果（吴赟、何敏，2019）。典籍翻译，不管是原文的理解还是译文的表达，相比现当代作品的翻译更为复杂，难度更大，更需要合作。

在原文理解方面，文言文词汇和语法结构都和现代文存在显著差异，许多词汇在古代和现代有不同的含义，甚至在古代不同时期，其具体所指也可能有所不同。文言文中涉及的古代名物、度量单位、官职、习俗、礼仪等与现代也有很大差异，与西方差距就更大。此外，典籍中蕴含着丰富的历史文化背景，如典故、历史事件，以及当时的一些俗语套话等，所有这些都会导致对文言文的理解困难。典籍翻译中出现的各种误译，也大多数都是源自对原文的理解错误。

因此，从事典籍翻译的译者，要克服以上困难，准确理解原文意义，必然需要典籍专家的帮助，若是外国译者，就更是如此。这也是为何几乎所有的典籍翻译都要依赖典籍专家的白话文注解。

从各种各样的典籍翻译批评可以看出,典籍翻译的问题一是对原文理解不准确导致的误译,还有就是译文表达不当,导致译文在译语环境中接受度不高,特别是中国译者的译文,遭受的批评大都是译文表达不够流畅自然,不符合目标读者的用语习惯,或是翻译策略的选择较为保守,不符合读者的阅读期待。而国外母语译者则更了解目标读者的接受能力和阅读期待,因此中外译者合作,借助国外译者的母语优势能够使译文更容易被目标读者理解和接受。正如有学者研究《论语》英译时提到的,合作模式优势在于保证语言形式上的可接受性与内容上的系统性、完整性和权威性,也有利于利用国外译者的优势,扩大译本的影响力(张小曼、卞珍香,2021)。

第五章 中国典籍多模态翻译的跨界合作模式

第一节 中国典籍翻译常见合作模式

综观我国翻译史,不难发现,一直以来,合作翻译都是一种主要的典籍翻译方式。对于中国典籍外译,马祖毅、任荣珍(1997)从译者以及译者的合作方式角度把汉籍外译中的合作翻译概括为三种情况:一是本国人员小规模的合作;二是本国人员大规模的合作,即集体讨论翻译,或集体分工翻译;三是跨国合作。新中国成立后由于受到特殊的政治、经济、文化、意识形态等因素的影响,政府在对外翻译中扮演了重要角色,形成了"政府译介模式"(乔令先,2015)。在这几种模式中,本国人员合作和"政府译介模式"的翻译效果都不太理想,正如中国原外文局副局长兼总编辑黄友义所发现的,"近年来,国际上知名度比较高的译本都是中外合作的结果",他认为"中译外绝对不能一个人译,一定要有中外合作"(鲍晓英,2014)。翻译中国典籍时,由于文化、身份等原因,中国专家对中国思想与文化完整性的把握更为具体充分,在典籍外译工作中可以起到有效的作用,而海外译者有着天然的语言优势(周新凯、许钧,2015),为了立体、全面、准确地传达"中国声音",实现译本的忠实性与可读性,需要所有类型译者的共同合力(同上)。中外合作翻译,又涉及哪方主导的问题,中国译者主导的合作和国外母语译者主导的合作,其翻译效果也会存在差异。

一、中国译者主导的典籍合作翻译模式

中国译者主导的典籍合作翻译一般可以分为两种模式：一种是译者个人行为，一种是政府或组织发起的行为。这两种模式一般都是中国译者独自或合作完成翻译，然后译语母语人士进行校对。母语校对一般关注的是译文语言是否符合译语规范，表达是否准确，逻辑是否合理，风格是否一致，术语是否统一，是否存在文化冲突的内容等方面，对于原文的解读、翻译内容和翻译策略方法的选择，都由中国译者决定。只要没有语言错误和不符合译语规范之处，母语校对一般不会对译文进行干预和修改。即使是像杨宪益、戴乃迭这种中外译者合作翻译的情况，在翻译《红楼梦》时，杨宪益是主导者，尽管戴乃迭英语是母语，但许多文字上的定夺取舍基本是以杨宪益为主(李美，2008：58)。这种翻译模式最大的优势在于对中国文化的相对准确理解，译者对母语文本的理解总是比对外语文本的理解更容易，特别是对于文本更深层次的引申联想意义的理解。同时，中国译者在翻译过程中也更倾向于对中国文化的坚守，正如有学者提出的，译介主体"对本土文化和文学都怀着保护和外推的意愿"(王颖冲、王克非，2014)。

中国译者主导的典籍翻译，对原文的忠实传达是其主要优势，其主要不足在于目标受众的理解和接受方面。一方面，中国译者对目标受众的阅读期待、理解能力和理解倾向把握不够，导致其译文通常"一味刻意保留中国特色语言，完全拿对内的话语，不加任何背景解释，直接翻译成外文，而不注意外国读者能否理解，就达不到交流的目的"(同上)。换言之，优秀的中国译者翻译的译文虽然正确标准，但有可

能不是译语读者惯常使用的语言表达。以我国著名茶文化典籍《茶经》翻译为例,《茶经》中有很多短小精炼的排比句式,如在《茶经》第一章中介绍茶的外形时,原文中的"其树如瓜芦,叶如栀子……"是非典型的排比结构,具有相同的谓语。对于这种句式,英语中完全可以用省略句型。国外译者卡朋特的译文为:"Its trunk is suggestive of the gourd and its leaves, of the gardenia."(Carpenter,1974:57)译文显然使用了省略句,而中国译者的译文,如《茶经》2023版译本,邱贵溪的译文是:"The shape of the tea plant is like that of Kuding(Latin: camellia sinensis), the leaf of the tea plant is like that of the gardenia..."(邱贵溪,2023:3-4)。译文用了非常完整的句式传达原文意义,虽然准确,但相对国外译者的译文啰唆不少。

除语言之外,中国译者的译文还更可能对有些本国读者熟知,但目标受众难以理解、无法产生共鸣的信息缺乏解释或转换,影响目标读者对译本的理解和接受。而对这些内容的翻译,只是审校语言是否通顺流畅的母语校对通常不会提出修改建议。再者,中国译者主导的合作翻译,译介主体与国外媒体和出版社之间的交流与合作相对较有限,推广也不如本土译者方便。所有这些因素都会影响译本在目的语文化中的接受程度。

二、外语母语译者主导的典籍合作翻译模式

外语母语译者主导的中国典籍合作翻译模式往往是译语母语译者和熟知所译内容主题的中方专业人士合作。母语译者负责译文的生成,中方专业人士负责原文本阐释。懂汉语,能够自己阅读汉语原

文的译者对中方人士的依赖较少，只有遇到自己认为理解困难的地方才会向汉语专业人士咨询。而不懂汉语，或是懂汉语，但无法完全独立阅读汉语原文的译者会更依赖中方的阐释，不过在这个过程中，母语译者也并非完全被动接受中方的阐释，而是会加入自己的理解和想象。译者自身的文化预设和想象很有可能使其在翻译过程中偏离原文现实，导致对译介内容的误读、误译。此外，外语译者，特别是西方译者往往会有一种文化优越感，或是有其特殊的翻译目的，在合作过程中会"省略或改写不符合英语语言文化习惯和英语读者阅读期待的内容"（乔令先，2015）。例如霍克斯的英译本《红楼梦》被认为是西方世界最具影响力的译本之一。然而，在翻译过程中，他对某些情节进行了删减或调整，以适应西方读者的阅读习惯和文化期待。比如刘姥姥为鼓动女婿去攀亲，说了句"谋事在人，成事在天"，译者直接用英语成语将之译为："Man proposes, God disposes."（Cao Xueqin 1973：152）。在刘姥姥讲到王夫人"越发怜贫恤老，最爱斋僧敬道、舍米舍钱"时，相应的译文简化为："She's grown even more charitable and given to good works than she was as a girl."（同上）。这里只有"乐善好施"的意味，见不到"佛道"的痕迹。在上述译文中，霍克斯以基督教的 God 来置换一个农村老太太心目之中的"天"；同时，将作为"乐善好施"表现的"斋僧敬道"一笔勾销，这是将小说的艺术世界引入西方的文化语境，偏离了原文意象。（蔡新乐，2015）

除了主观上会出现一些意识形态问题，西方译者在翻译中国典籍文本时，在客观上还会因为缺乏相关中国古典文字、文学、文化领域知识，在译介中与原著产生偏差（许多，2017）。由于对中国文化的陌生，又或者是基于其所抱持的翻译目的,有不少中国典籍的译介出现了严重的"西方化"色彩,曲解、误解中国文化的现象较为普遍,甚至有对中国文化肆意扭曲的情况发生(许多、许钧,2019)。而中方专家通常没有机会对译者的这些行为进行干预和修正,如此必然会妨碍对我们希望世界了解的深层次中国文化精髓的有效传达。

另一方面,由于母语译者对内容和表达方式的选择都更切合目标读者的期待,加之本土译者在宣传推广上的便利,母语译者主导的典籍译本更容易为目标读者接受。由此可见,由中国译者主导的中国典籍中外合作翻译和外语母语译者主导的合作翻译各有优劣。那么,在进行中国典籍的翻译过程中,若能取长补短,优化合作翻译模式,结合当前流行的多模态翻译形式,最小化对中国文化的误读和流失,同时突显原文的文化价值和内涵,应该能在很大程度上提升典籍外译效果。

第二节 中国典籍多模态翻译的合作模式

如前所述,中国典籍的多模态翻译是使用语言模态和非语言模态共同传递原文意义,因此译本比单一语言模态译本更生动直观,而图像等非语言模态能够引导辅助读者理解文本信息,减少国外读者因语言障碍或文化差异对原文所传递形象的误读。例如一直以来争议颇多的对"龙"的翻译,即使译为英文的dragon,但配上中国龙的插图,西方读者无论如何也不会将其视为自己本国文化的dragon,反而会给dragon一词引入新的所指。因此,采用多模态形式,有望在很大程度上避免国外读者对语言文本中的中国文化形象的误解,即使文本传递的信息偏离原文形象,图像的存在也会有一种修正效应(correction effect),将读者的错误认知牵引回正确的轨道。当然,要达到这个效果,图像的设计选择就显得尤其重要。可以说,在译本生成的整个过程中,负责非语言符号设计、典籍文本的阐释和译文构建的各个主体都将发挥重要作用。如现代出版社出版的"蔡志忠漫画中国传统文化经典·中英文对照版",整套典籍便是由漫画家对一系列中国文化典籍进行的漫画式改编,漫画中的图像生动形象,人物的外形、服饰、装饰、故事发生的场景不仅体现出了浓浓的中国风情,也传达了丰富的意义,如服饰表示人物地位,各种文化符号,如酒壶表示主人公不拘世俗、逍遥自在的生活态度。同时,漫画作者蔡志忠也根据漫画体裁的特点,对原文语言文本进行改编和白话文阐释。而英文译者布雅则根据漫画图像和语言共同呈现的信息将原文语言文本译成英文。整套典籍系列主要都由布雅参与翻译,由此可见漫画创作者和英译者在整个翻译过程中很可能有着比较密切的交流,两人的密切合作使得这套典籍漫画得以在西方世界流行。

一、符际翻译和语内翻译阶段的合作

如前所述,典籍多模态翻译,涉及语内翻译、语际翻译和符际翻译三个过程,这三个过程的顺序并非固定,也并非截然分开。比如前面

第五章 中国典籍多模态翻译的跨界合作模式

提到的"蔡志忠漫画中国传统文化经典·中英文对照版"系列,应该是先根据典籍原文的内容构思故事的基本框架,包括主题、情节、角色和背景等,然后根据故事构思,编写具体的剧本和对话文本,主要是确定故事的叙述和角色的对话,为后续的图画创作提供详细的脚本。然后在脚本的基础上再设计角色的外观、服装、表情等,以及故事发生的场景和背景,绘制漫画并分镜,确定每一页漫画的布局和每一格漫画的内容,将文本和图画结合,进行整体润饰,形成漫画页面。这里的图像创作和文本编选应该都是漫画家独立完成。跨界艺术家权迎升创制的大型藏族史诗《格萨尔王》也是如此。尽管没有直接的证据表明这些漫画家在创作过程中有其他典籍专家参与,但作品所展现的深度和对所传递的作品思想的精准把握表明,他们在创作过程中必然进行了大量研究和准备,在这个过程中自然会参考相关专家的研究。这也说明在典籍多模态翻译中典籍专家及其成果的重要作用。

除漫画以外,其他类型的多模态典籍文本,如葛浩文《山海经》英译本的图像和原文文本,是插画家和典籍专家合作的成果。这一版《山海经》由自由插画家陈丝雨首先绘制插画,随后自幼研读《山海经》的孙见坤为其配文注解。陈丝雨的插画带来了图像的奇异美感,然而普通读者也许只能感受到这些图像的视觉魅力,未必能够完全领会图像背后所蕴含的深层含义。对于普通读者来说,他们能从一幅图画中感受到的只是物体、人物、场景等。换句话说,普通读者所能获得的并不是抽象的审美价值或深刻的寓意,而是图片所展示的具体形象。因此,孙见坤的配文和注解就起到了明确阐释图像内容的作用,使对图像的深度解读成为可能。孙见坤从《山海经》原文中选取直接描述这些神灵异兽的文言文作为文本正文，然后以白话文进行解释，补充这些异兽的具体外形特征、所在方位和相关传说故事及其背后的文化内涵。作为中国国学研究者，孙见坤在保证文化准确性和深度方面扮演了关键角色，对于文本内涵的详细注解确保了文化元素的充分传达。通过他的贡献，《山海经》在图文结合、中国神话文化解读与传承方面取得了巨大成功，也为外语译者的翻译奠定了重要基础，避免其在解读和传达中国文化方面的遗漏偏失。

以上几种情况的图像都具有主要的意义构建功能。图像和文字占据同等重要的地位，或在整个文本中占了比较大的比例，漫画中图像甚至比文字占据更主要的地位。也有的典籍多模态文本，不是每条信息都配有图像，只是在阐释某些信息时会配上图像作为辅助。这种情况一般都是对典籍原文的全译，不涉及对典籍原文大幅度的改动。而且，有的译本有白话文解释，有的译本中并不出现典籍原文和白话文解释。图像的创作可能发生在语际翻译之后，也可能在翻译过程中同步进行。例如《茶经》的美国译者卡朋特在1974年的译本中，就是在完成语际翻译之后，邀请了希茨来绘制插图。在这个版本中，正文共使用了34幅插图，其中包括21幅茶器茶具的插图，这些插图参考了《续茶经》中的图像；而其他的插图则是希茨根据自己对文本的理解和创意所绘制，如5幅展现茶艺和饮茶场景的插图。这些插图中，有的描绘了水沸腾的状态，有的展现了在山林中煮茶的宁静场景，还有的描绘了不同社会阶层人士煮茶饮茶的情景。此外，还有2幅插图描绘了茶饼的形状，通过与具体事物的相似性来表现茶饼的形态；1幅关于择水的插图，展现了在山间选择水源的情景，强调了不同水源的

第五章　中国典籍多模态翻译的跨界合作模式

特点。

　　希茨从小就对东方艺术和哲学有着浓厚兴趣,这种兴趣也激发了她创作关于中国新年等东方主题的儿童书籍,但在她为《茶经》所绘制的插图中,中国特色的表现并不显著。从场景和人物服饰中可以辨识出东方元素,但并不像"蔡志忠漫画中国传统文化经典·中英文对照版"中的漫画或陈丝雨的插画那样,中国元素表现得如此明显。这可能与插画家的个人文化身份有关,也可能是因为在中国典籍的插图创作过程中缺乏中国典籍专家的参与。因此,虽然希茨的插图为《茶经》增添了视觉艺术的维度,但在展现中国传统文化方面,仍有提升和深化的空间。若是有中国茶文化专家在图像创作中积极参与,典籍中的插图应该更有助于辅助传递中国茶文化信息。

　　除了以上内容比较厚重的多模态典籍纸质译本或是电子译本,近年来,随着新媒体技术的不断进步,视频动画,因其丰富的视觉和听觉元素,成为一种新兴且有效的信息传播方式。特别是在网络平台如哔哩哔哩上,众多创作者制作了中英对照的中国传统文化视频动画,其中以中国诗词的英译动画小视频尤为流行。

　　这些视频动画往往选取知名的翻译版本,例如许渊冲的译文,并结合视频画面、中国古典音乐以及音频诵读,为观众提供了一种全新的诗词阅读体验。然而,仔细观察这些视频内容可以发现,它们往往强调一种整体而朦胧的意象,或是从影视中剪辑一些片段,而对于诗词中的具体意象和细节的展现则不够充分,甚至有些场景和诗歌意象是相悖的。比如有一个《将进酒》的视频,诗歌开头"黄河之水天上来",与之匹配的视频画面却是山上白色的溪水倾泻而下,下面是一湾碧绿的潭水，像一幅婉约的江南美景，完全没有黄河之水天上来的恢宏大气。另一首《春题湖上》，整个视频画面就是一幅动态的烟波弥漫、群山环绕的水墨山水图，诗中的圆月、碧毯线头抽早稻、青罗裙带这些意象完全没有体现。若是按照这样的标准，这样的视频动画似乎可以适用于多首不同的诗词，因为视频内容与诗词原文的契合度并不高。

尽管这种多模态的诗词译本在吸引观众兴趣和适应现代阅读习惯方面具有一定优势，但在帮助西方读者全面、深入理解诗词的真实意义和文化内涵方面，其效果有限。视频的创作者多为视频制作爱好者或诗词爱好者，他们在制作过程中可能缺乏与中国诗词专业人士的深入交流和咨询，这可能是导致视频内容与诗词原文契合度不高的原因之一。

因此，为了提高这类视频动画在传播中国传统文化，尤其是帮助西方读者准确理解中国诗歌的效果，图像、视频创作者在制作过程中非常有必要与专业领域人士进行合作与交流，确保视频内容的准确性和深度。同时，也应考虑如何在保持视频趣味性的同时，更好地传达诗歌的丰富内涵和独特韵味。通过这样的努力，典籍的多模态译本才能在吸引受众的同时，成为传播中国传统文化的有力工具。

二、语际翻译阶段的合作

典籍多模态翻译过程中，语际转换无疑是最重要的部分，因为唯有语言的充分准确翻译，才能保证典籍思想的深度和广度得以在译本中传达。进行典籍语际翻译的译者主要分为以下几类人群：（1）中国专业译者,如翻译中国诗词的许渊冲,英译漫画《格萨尔王》的王国振;(2)母语国家专业译者,如翻译大量中国文学作品以及图文版《山海经》的葛浩文,"蔡志忠漫画中国传统文化经典·中英文对照版"系列的译者布雅等;(3)母语国家典籍研究者,如翻译《山海经》的比勒尔,翻译《茶经》的卡朋特。其中中国专业译者所具备的典籍专业知识会存在差异。但即使他们具有的典籍知识不够,在翻译过程中也会向相关领域专家咨询或是详细查阅各类典籍注解文献。可以说,中国译者的译本是译者和典籍专家密切合作的成果,因此在对原文意义的理解和传递上是最准确的。然而,如前所述,中国译者的译本,在翻译过程中母语专家的参与度并不高,译文语言表达大多不如母语译者自然,在对中国特有文化信息的解释和转换上不如母语译者那么契合目标读者的需求及其认知能力和理解倾向。简言之,中国译者的典籍翻译,与典籍专家的合作紧密,而与母语人士的合作不足。

与中国译者相反,母语译者有天然的母语优势,尤其是在语言的流畅性和目标语言文化的适应性方面。由于熟悉目标语言和历史文化背景,他们能够创作出自然、易于目标读者理解的译文。然而,对于中国典籍这类具有深厚文化背景和历史意义的文本,母语译者在理解和翻译时可能会遇到一些挑战。母语译者的译文一般不会有中国译者进行审校,导致母语译者的译文常常会传递出一些错误的信息,这些错误不仅可能导致信息的失真,还可能误导西方读者,影响其对中国历史文化的理解和认识,甚至可能导致负面印象的形成。

例如,中国典籍中常常包含大量的社会历史文化信息和哲学思想，这些都是深深植根于中国特有的社会环境和历史脉络之中的。对于一个非中文背景的母语译者来说，可能难以完全领会这些信息背后的深层含义和文化价值。对典籍中有些信息的理解，即使是专门研究该领域的专家，也很可能出现理解失误的地方。如比勒尔（Birrell）翻译的《山海经》全英译本（*The Classic of Mountains and Seas*，1999）卷八《海外北经》中，介绍夸父追日的故事：

> 文言文：夸父与日逐走，入日；渴，欲得饮，饮于河、渭；河、渭不足，北饮大泽。未至，道渴而死。弃其杖，化为邓林。（王宏、赵峥，2010）
>
> 译文：Boast Father raced with the sun and ran with the setting sun. He became so parched that he longed to drink, and he drank from the Great River and the River Rapids. But the Great River and the River Rapids were not enough, so Boast Father went north to drink from Big Marsh. Before he reached it, he fell parched on the way and he died. He abandoned his stick there and it changed into Climbton Forest. （Birrell，1999）

> 白话文：夸父国在聂耳东，其为人大，右手操青蛇，左手操黄蛇。邓林在其东，二树木。一曰博父。（王宏、赵峥，2010）
>
> 译文：Broadfather Country lies east of Graspear. The people of Broadfather are big. In their right hand, they hold a green snake, and in their left hand they hold a yellow snake. Climbton Forest lies to its east. The country of Twotrees—one author says that Twotrees is in fact Broadfather country. （Birrell，1999）

夸父追日的故事里提到的"河""渭""邓林"，比勒尔明显都出现了误译,可能是未能对其所指进行详细考证。这里的"河""渭"分别指的是现在的黄河和渭河。在古代汉语中,"河"常常被用来特指黄河,"渭"指渭河,而"邓林"则指桃林。比勒尔翻译《山海经》秉持意译的原则,但将"河"译为 Great River,"渭"译为 River Rapids,"邓林"译为 Climbton Forest,显然和原文所指的意义相去甚远。另外对"夸父国"的介绍也不太准确。夸父国也称博父国,而有些《山海经》版本是:"博父国在聂耳东,其为人大,右手操青蛇,左手操黄蛇。邓林在其东,二树木。一曰博父。"袁珂的评注是:"博父国当即夸父国,此处博父亦当做夸父。下文既有'一曰博父',则此处不当复作博父亦已明矣,否则下文当做'一曰夸父',二者必居其一也。"(袁珂,2022)因此,"大中华文库"的《山海经》采用的版本开始直接用了"夸父国",结尾处提到的"一曰博父"是比较合适的。显然比勒尔就是根据不当版本进行了翻译,却未对"博父"的准确所指进行考证,将其译为 Broadfather Country,这样会让读者觉得这是另一个国家,和夸父并无关系。此外她可能又意识到"博父国……一曰博父"之间的问题,因此将结尾的"博父"理解为"二树木"的别称,同时也将"二树木"理解为了一个国家。而原文中"邓林在其东,二树木"指的是"邓林二树而成林,言其大也"(同上)。

比勒尔的译文出现了所指错误,同时也导致夸父追日这个故事中文化意义的流失,特别是对"邓林"的翻译。在这个故事中,夸父的手杖化作桃林,不仅象征着生命的延续和转化,还隐喻着夸父对人类的贡献和牺牲精神。在中国文化中,桃林有着非常丰富的文化内涵,如桃子常常被视为长寿和健康的象征,又由于桃花的盛开预示着春天的到来,桃林也象征着春天的生机勃勃和新生的希望。在这个故事中,夸父手杖化作桃林,意味着夸父虽然身死,但给后代带来了新的希望和生机。而将"邓林"译为 Climbton 这一自创的词,读者几乎不会联想到桃林,如此也影响了对这个故事丰富寓意的理解。

对于这种理解错误,或是缺乏深入理解导致的误译,若是有《山海经》专家的积极参与与指导,必然能够在很大程度上避免。"大中华文库"的《山海经》的翻译就准确很多。

葛浩文的译本由于有孙见坤的白话文注释,相对而言对原文意义的传达也更准确,但在传递中国特有文化方面还是存在一些问题。如翻译九尾狐的功能时,原文是"食者不蛊",孙见坤的白话文注解是"吃了它可以攘除各种妖邪之气"。在中国文化中,"妖邪之气"通常和巫蛊之术有关,这方面西方人很难理解,因此葛浩文按自己的理解译为:

> When the tables were turned and the eater became the eaten, the meat was prized for medicinal properties that inhibited the effects of toxic insect bites, and, it was believed, prevented evil spirits from possessing the eater's body. (Goldblatt, 2021: 14)

这里的 inhibited the effects of toxic insect bites 显然不是吃九尾狐能够达到的效果。

此外,葛浩文译述其他异兽的奇特外形和神奇功效时,还会增添额外信息,如在多处隐射中国古代先民无节制狩猎这些异兽的信息,而这些信息很可能会导致西方读者对中国人产生一些负面影响。如介绍鹿蜀的功用时增加了"Said to have the melodic voice of a balladeer, it was hunted nearly to extinction, for wearing a piece of its pelt guaranteed a legacy of many sons and grandsons."(Goldblatt,2021：4)。介绍文鳐鱼时增加了"These qualities limited the proliferation of this harmless creature."(Goldblatt,2021:52)。增加的信息一方面给这些异兽的存在增加了一丝真实性,另一方面却传达出中国古代先民与这些异兽的冲突,对这些异兽的无节制狩捕,这无疑有违《山海经》原文人和自然中其他物种和谐共处的思想。

此外,葛浩文翻译《山海经》时还在多处地方进行了删减,有些删减的自然是冗余、非必要的信息,但有些突出体现中国人精神的描述也多有删减,如精卫填海这个故事中就删减了对精卫精神的进一步阐述,仅仅将精卫的行为解释为"either as an act of ultimately futile vengeance against the sea or to prevent others from meeting the same end as she"(Goldblatt,2021:118),弱化了精卫体现的自强不息的精神。

由以上案例可以看出,葛浩文所增删的信息可能源自其对中国文化中神灵异兽的个人解读。这也反映出即使译者对中国文化有所了解,但受其西方文化身份和对中国传统神话及神兽知识缺乏深入理解的限制,其对这些异兽的本质理解很可能会存在偏误。因这些内在特性无法通过图像呈现,西方读者对上述描述的解读很可能偏离原文意图,进而对中国文化产生负面认知。在翻译过程中,若是有中国译者的积极参与,应该能够在很大程度上避免这样的情况。中国译者对本土文化有更深的理解和感知,能够提供更为准确的文化背景信息和解释,帮助母语译者更好地把握原文的文化内涵和事物的象征意义。因此，中西合作的翻译模式可以在保持原文文化内涵的同时，使译文更加贴近原文的意图，从而促进更为顺畅和有效的跨文化交流，帮助西方读者更准确深入地理解中国文化。

第三节　中国典籍多模态翻译合作模式修订

从当前的典籍合作翻译实践可以看出，中国译者和母语译者主导的翻译各有其优势，也各有其局限，最根本的原因是翻译过程中各主体的合作不够紧密。

中国译者主导翻译生成的译本相对而言会对目标读者的阅读期待缺乏考虑，而外国译者主导的翻译则由于其自身文化身份，在翻译过程中难以做到中国文化本位，同时也会存在对原文的误读或是主观想象。虽然图像的引入在一定程度上有助于缓解上述问题，但图像并非万能，无法完全消除文化误解和翻译失误。因此，在这种情况下，译后校对的作用变得至关重要。换言之，在翻译过程中，译后校对者不应仅被视为语言校正的助手，而应成为翻译过程中的关键参与者。译后校对是确保翻译品质的关键环节，不仅可以发现和纠正潜在的问题，也可以优化译文，提高文本的准确性、流畅性和适应性，从而确保译文能够更好地传达原文的意义和表达意图。然而，当前的典籍合作翻译，译后校对没有充分发挥其作用，在整个翻译过程中参与度不够。

第五章 中国典籍多模态翻译的跨界合作模式

译后校对人员及其工作重点的确定应依据具体的翻译项目而定。对于中国译者主导的翻译作品,最理想的译后校对人员是具有目标语言文化背景的翻译专家或学者。但他们的工作不应仅限于文本语言的审校,而应深入核查译文是否符合目标读者的需要和期望,哪些对目标读者而言是不必要的冗余信息?是否需要删减?哪些内容会给读者带来理解困难,是否需要进行调整?增加的图像哪些地方会使目标读者产生疑惑或误解,是否需要额外解释?诸如此类的问题。然而,在校对过程中,担任审校的校对人员往往在真空状态下工作:他们与译者几乎没有任何联系(Mossop,2011)。在这个过程中,要保证校对的效果,校对者需要和译者乃至图像绘制者进行反复沟通协调,最后达成统一意见。

在外国译者主导的中国典籍翻译项目中,校对工作应由具备外语能力、翻译专业知识及对中国典籍有深入了解的中国专家承担。中方校对的工作也不仅仅是语言校对,而是重点核对译文是否有对原文信息的误读误译,或是出于意识形态立场对中国文化的歪曲变形。若是涉及多模态信息的传达,校对者还需检查译者是否准确理解了图像内容,特别是那些富有文化特定意义的符号和信息。可以说,在外方主导的翻译中,中国专家可以作为把关人,保证中国文化的正确传达。若国内专注于典籍翻译批评的学者能够参与到国外译者译本的校对过程中,将能显著提升我们典籍翻译的质量和文化传播的准确性。不过遗憾的是,似乎我们的翻译专家学者很少作为这样的校对参与国外译者的翻译活动。在国外发起且由国外译者主导的翻译项目中,经常会就文本主题知识咨询中国专家,但目前很少有证据表明中国专家会被邀请参与校对工作。要解决这个问题,最好的做法便是由中方发起

131

翻译,组建包括译本编辑、插图绘制者、典籍文本语内编译者,外语本土译者、中国典籍翻译专家的翻译团队。在该团队中,每个成员都应主动且承担关键的角色,而不是仅作为配角或辅助人员。在团队中,成员间的分工不仅要求个体完成指定任务,更重要的是通过持续的沟通与交流,对有疑问之处共同协商,达成一致,如此生成的译本便有望既符合目标语读者的接受习惯,又能保证中国文化不至于流失变形。如今网络的发达为这种合作提供了极大便利,仅仅一个交流群便可以实现各个翻译主体的密切沟通和交流。在当前数字化时代,一个更理想的中国典籍编译合作模式可以如图5-1所示:

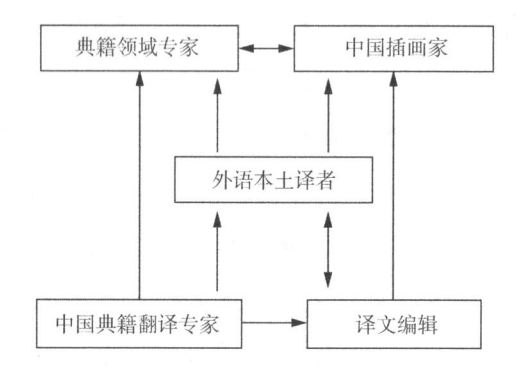

图5-1 中国典籍多模态翻译合作模式

对于大多数典籍多模态翻译,为了获得更好的传播效果,参与翻译的各个主体,即中国典籍领域专家、中国插画家、外语本土译者、中国典籍翻译专家需要共同发挥主导作用。首先,典籍领域专家应从推动中国文化对外传播的角度出发,负责语内编译,即挑选适当的文本内容并提供必要的注释来确保文化的充分呈现。中国插画家负责插

第五章　中国典籍多模态翻译的跨界合作模式

图绘制,为译本增添视觉美感和吸引力,增加读者的阅读兴趣,同时辅助读者理解文本内容,突显中国文化元素。随后,外语本土译者负责语言转换,确保译文流畅自然,并根据目标读者的需求和认知习惯,适当调整文本内容,引导读者对图像信息进行全面正确的理解。接着,中国典籍翻译专家从文化翻译的角度负责对译文进行全面校对,确保译本在语义和文化层面上与原文一致,避免误译。最后,出版社译本编辑担当最后的审核角色,负责文本终稿的编辑工作,确保无论是纸质还是电子版形式的图文排版都能满足读者阅读需求,适应其阅读习惯。

　　在这个过程中,各翻译主体的相互沟通尤为必要。首先,典籍领域专家和插画家应互相沟通(图中双箭头表示互相沟通),确保文本和图像能够优势互补,以最优的形式呈现典籍内容。其次,外语本土译者在进行语际转换时,积极与典籍领域专家、插画家沟通,确保准确呈现原文图文共同传递的信息和文化内涵(单箭头表示主要一方向另一方咨询)。同时也要和译文编辑沟通,保证译文设计符合出版要求。中国典籍翻译专家在审校译文时,需要和译者沟通,了解其翻译思路和意图,对译文进行客观评判。对译文意义有疑惑之处向典籍专家咨询确认,在判定译文存在不当之处需要修改时,和译文编辑沟通,确定修改译文以符合译语环境下的出版要求。最后,译文编辑还需要和外语本土译者、中国插画家保持沟通,确保进行图文编辑时不会损坏译本中图文意义的呈现。通过这种合理分工和主导作用的发挥,以及各主体之间的密切交流沟通,典籍的多模态译本便可以在保持准确传达原文文化内涵的同时,为目标读者提供更好的阅读体验,提升典籍国际传播效果。

第六章 漫画版《庄子说》多模态翻译个案分析

《庄子》是中国古代道家哲学的重要经典之一,由庄周(约前369年—前286年)撰写,以其深邃的哲学思想、丰富的想象力和独特的文学风格而著称。自1881年英国汉学家巴尔福(Frederic Henry Balfour)首次将《庄子》全译为英文出版,迄今已有30余种英文全译本和节译本《庄子》面世(于雪棠,2015)。比较具有代表性的有里雅各(Legge,1891)的译本 The Writings of Kwang Tsze,收录于牛津大学教授马克斯·缪勒(Max Müller)编辑的《东方圣书》(The Sacred Books of the East)之中,后由牛津大学出版社出版。他的译本以忠实原文和具有学术性著称,但语言较为古老和正式,对现代读者来说可能不太容易理解。1968年,美国翻译家、汉学家巴顿·华兹生(Burton Waston)完成的全译本《庄子全集》(The Complete Works of Chuang Tzu)由哥伦比亚大学出版社出版。华兹生翻译的《庄子全集》兼顾译文的思想性与文学性,入选《诺顿世界名著选集》(The

Norton Anthology of World Literature)与"联合国教科文组织各国代表作品丛书著作选集：中国系列丛书"(UNESCO Collection of Representative Works: Chinese Series)。1996年,英国学者彭马田(Martin Palmer)的全译本《庄子之书》(*The Book of Chuang Tzu*)由伦敦企鹅图书公司出版。该译本每章都配以一幅黑白插图,共34幅,以此传递与文本内容相关又自成一体的文化信息(于雪棠,2015)。1999年,中国学者汪榕培与任秀桦合译的《庄子:汉英对照卷》由湖南人民出版社出版,入选"大中华文库"。

在《庄子》众多英译本中,漫画版《庄子说》[①]的英译本是十分特别的一个译本。不同于彭马田的插图译本,这一译本通过漫画形式向读者介绍中国古代哲学家庄子的思想和故事,更突出视觉叙事。该版本以其独特的艺术风格和深入浅出的叙述方式,将道家复杂的哲学思想转化为易于理解和引人入胜的视觉故事,使这些古代智慧对现代读者,尤其是年轻一代,显得更加有趣,也更易于接近。

漫画是一种将语言和图像相结合的艺术形式(强晓,2014)。相比纯文字,图像是一种直观的符号,能将语篇中的视觉信息成分一目了然地呈现给读者。漫画所具有的图像性质决定了漫画更能吸引读者(陈静、刘云虹,2021)。在跨文化传播中,相较其他纯语言译本,《庄子》漫画形式的英译本明显比其他译本更受读者欢迎。《庄子说》的漫画版英译本最早于1992年由普林斯顿大学出版社主动引进美国,不到5个月销量

[①] 漫画版《庄子说》英译本是由漫画家蔡志忠根据《庄子》改编创作而成,由美国译者布莱恩·布雅(Brain Bruya)译为英文,本章对这一译本进行个案分析,所有案例皆选自蔡志忠《庄子说》(中英文对照版),北京:现代出版社,2013。为了避免重复,本章后续所有案例皆只注明页码。

第六章 漫画版《庄子说》多模态翻译个案分析

已高达1.5万册。不久兰登书屋旗下安克尔图书公司也推出平装本以满足读者需求(木易,1994)。2013年,现代出版社出版了《庄子说》汉英对照本。2019年,普林斯顿大学出版社再版了英文版《庄子说》,同时推出平装版和kindle版。相比《庄子》其他英译本,这一典籍漫画译本俘获了更多国外普通读者(Amarantidou,2019)。这些读者既有成人也有儿童,他们对中国古代哲学思想大多缺乏相应了解,有些因喜欢哲学而阅读,有些仅因喜欢漫画而阅读,但都在阅读中收获了惊喜。这一漫画译本不仅在市场上受欢迎,而且还被引入中小学校和高校,美国学生惊讶地发现,原来深奥的中国哲学思想也能用浅显幽默的漫画表达(Amarantidou,2019;Lent,2015;Wei,2001)。对此,学者们认为英译漫画将中国典籍和西方漫画融合并受到读者欢迎,完成了一个不可能的任务(Wei,2001),赋予了原著"新的活力"(renaissance)(Ku,2000),也让异域普通读者在"轻愉阅读"(a quick and enjoyable read)中走近庄子思想。(Amarantidou,2019;韩子满、黄广哲,2023)

漫画版《庄子说》英译本以图像和语言结合的形式呈现庄子的思想,是典型的多模态翻译。在该译本中,漫画图像和语言文本共同构建意义,因此其翻译策略也不同于其他版本的翻译。本章将以漫画《庄子说》中英文对照本为例,从多个层面详细分析该译本的多模态翻译过程和翻译策略。

第一节 漫画版《庄子说》多模态翻译过程

如前所述,多模态翻译的实质是语内、语际、符际翻译的整合,这种整合的翻译模式有利于呈现具体形象的文本语境,以生动直观的方式展示中国独特的人、物、意象及思想。由于多模态翻译涉及语言和图像共同传递原典籍的意义,在翻译过程、翻译策略上都与传统单一语言模态的翻译有所不同。首先,就翻译过程而言,任何典籍的多模态翻译必然要经历语内、语际和符际翻译三个阶段。漫画版《庄子说》(2013)英译亦是如此。

一、《庄子说》的语内翻译

典籍语内翻译的关键在于深入解读典籍原文,准确理解其意义和思想,并以当代读者易于理解的语言进行表达。这种表达不一定和典籍原文内容一一对应,还有可能是有目的地进行编译。漫画版《庄子说》就是一种编译。创作者通过一系列独立的漫画故事传达典籍深刻的哲学和文化思想,同时将典籍文言文改编为漫画中的白话文文字解说、人物对白、独白或旁白,实现对典籍原文的语内翻译,也就是将典籍原文内容改编成漫画故事的文字脚本。

不同于单一语言文本,漫画中的文字表述更具挑战性,对于整本

第六章 漫画版《庄子说》多模态翻译个案分析

漫画是否成功至关重要,就像有学者提到的:"现代漫画以讲述故事为目的,叙事语言比画面表现更重要,也更复杂,它是决定漫画是否具有可看性的最主要因素。"(罗琛,2014)漫画创作过程中的文字脚本往往对作画有着更加直接的指导作用,通常表现为直观简略且具有针对性……由于故事漫画是一种图文结合的叙事,在画面中缀以过多的文字会有损画面的整体美感,但文字的匮乏也同样不利于漫画叙事的顺利进行。(宋奇论,2018)

在故事漫画中,画面中的文字内容主要有四种,即人物对白、独白、说明性旁白和表示动态的拟声词,均被填在画面中提前预留好的话框内或空白处,常用不同式样的话框或有无话框来区分(刘华,2012)。可见,漫画的文字脚本中并无多少描写性的文字(宋奇论,2018)。很多信息需要靠图像呈现,而文字作为图像的重要辅助,尤其要注意和图像信息协调互补。

既然是讲故事,漫画故事的文字脚本在语言上就需要通俗易懂。此外,由于是分镜头讲述故事,漫画的文字脚本还需要与每一分格中的图像内容对应,文本的分割和表述既要考虑内容的相对完整性,也要考虑连续每个分格之间的衔接连贯,考虑到整个故事剧情起、承、转、结的发展。如《庄子说》外篇"达生"中"酒醉驾车的人"这个故事(77),此故事的典籍原文是:

> 夫醉者之坠车,虽疾不死。骨节与人同而犯害与人异,其神全也,乘亦不知也,坠亦不知也,死生惊惧不入乎其胸中,是故遻物而不慴。彼得全于酒而犹若是,而况得全于天乎?(231)

故事使用了五格漫画,原文内容也进行了相应切分,部分内容被译为白话文作为漫画文字脚本。第一格选择了原文第一句:"夫醉者之坠车,虽疾不死",其白话文"喝醉酒的人,从车上坠下来,虽然摔得很重,但也不会死"作为故事的开端。所匹配的画面是一个人从一辆飞奔的马车上摔下来,趴在地上,但手指上还勾着酒囊的绳子。为了展示醉酒者不会受伤的情境,创作者用了两个小格的漫画来表达。这两个小格的画面一个格子显示醉酒之人整个身子伏在地上,虽然被摔得晕头转向,但两眼依旧盯着面前的酒囊。另一个格子中这个醉酒之人上半身立起,打了个嗝,伸出一只手去拿酒囊。① 这两格漫画虽然没有文字脚本,但画面信息完全可以传达出醉酒者摔下马车后没有身亡的情况。

第二句"骨节与人同而犯害与人异,其神全也"是对第一句的评价,不适合在画面中呈现,因此漫画中将其省略,直接翻译了第三句"乘亦不知也,坠亦不知也"。在翻译这一句时,为了和第一句承接,白话文增加了表示因果关系的词,将这句译为"因为他那时候,已不知道自己是在坐车,也不知道自己正在从车上摔下来",和第一句发生的事件无缝衔接,然后下一句"死生惊惧不入乎其胸中,是故遻物而不慴"翻译为"生死惊惧,不能进入他的心中,所以他不会摔死",作为进一步解释,也作为故事的结尾,如此整个故事完整而自然。

原文最后一句是对这个故事所体现思想的总结,并没有完全按照文言文解释为"那个人从醉酒中获得忘却外物的心态尚且能够如此,

---

① 具体图像详见蔡志忠:《庄子说》(中英文对照版),北京:现代出版社,2013,第77页"酒醉驾车的人"故事插图。

第六章 漫画版《庄子说》多模态翻译个案分析

何况从自然之道中忘却外物而保全完整的心态呢？"而是用了更通俗易懂的解释，"喝醉酒的人就像忘我的人一样，忘我的人，能得自然保护"。

现代故事漫画是"以画面为主文字对白为辅来展开故事情节的漫画类型，即用连续画面的形式来讲述一个完整的故事，专指一页多格的用漫画手法描绘的故事性连环画"（唐方文，2014）。因此，读者阅读漫画，其注意焦点很大程度上也是放在图像上，即"关注图片多于文字"（汤仲雯，2021b），而语言则是理解图像的辅助。正如 Royce (2007) 提到的，在漫画中，图像相较于气泡中的对话，是更为显性的存在。

图像虽然能够提供更生动直观的信息，在传递事物外观方面具有优势，但在传递深层次的文化思想内涵上便明显不如语言。就如周宪（2005）曾经批评的：

> 图文书把书籍"通俗化"和"大众化"了，因而扩大读者范围。但从另一方面来看，图与文之间的紧张有可能影响人们对文字的理解，尤其一些漫画书，将一些经典"连环画化"或"漫画化"。本来，这些经典著作多以思想深刻见长，特定的古汉语不但是其独特的表述手段，同时也是读者进入这些经典深刻思想的必要条件和路径。然而，在"读图时代"，此类读物被大量的"通俗化"，改造成"图画本"，独特的语言表述被转换为"平面化"甚至"庸俗化"的图解。……假如读者对古代智慧和思想的了解只限于这些漫画式的理解和解释，留在他们心中的只有这些平面化的漫画图像，这是否会导致古代经典中的深义的变形以致丧失呢？

鉴于漫画的这种局限,漫画中的语言叙述便显得尤为重要。《庄子说》的漫画文字脚本采用了通俗的语言讲述典籍故事,但每则故事都加了一个标题以明确故事主旨,同时在每则故事后面还增加了一段原文没有的概括评论性语言与标题呼应。如此便将典籍原文体现的思想内涵明示出来。这样的安排其实更适合大众读者理解典籍的思想。当然,这样的归纳评述是基于作者本人的理解,有可能和原文有所出入,或者未必能将原文深刻思想全部揭示出来。但对于一般读者而言,这样的阐释已经足够。毕竟,没有多少普通读者能够做到对古代经典完整而精确的解读。此外,这样的注释也为典籍译者跨语言翻译提供了理解基础,避免译者因缺乏中国思想文化背景对典籍理解浅表化或产生误解。就如同上面提到的"酒醉驾车的人",若是不加最后一句评论,普通读者读到这个故事,未必会明白这个故事说明了什么道理。《庄子说》中有的故事浅显易懂,甚至家喻户晓,比如螳螂捕蝉、邯郸学步、井底之蛙等,其背后的道理也不难理解,但有的故事虽然简单,其内涵却极为丰富,若非潜心研究者,未必能理解故事背后的深意。如《庄子·大宗师》第六中"相忘于江湖"的故事:

　　文言文:泉涸,鱼相与处于陆,相呴以湿,相濡以沫,不如相忘于江湖。与其誉尧而非桀也,不如两忘而化其道。(240)

关于此故事,一般的白话文解释是:

　　泉水干涸了,鱼儿困在陆地上相互依偎,互相大口出气来取得一点湿气,以唾沫相互润湿,不如在江湖里彼此相忘而自在。与其赞誉唐尧的圣明而非议夏桀的暴虐,不如把他们都忘掉而融化混同

第六章 漫画版《庄子说》多模态翻译个案分析

于"道"。①

对于这样的解释,普通读者未必能完全理解其中的道理。首先这里的"忘"若是仅仅解释为"忘掉",显然会让人迷惑。前面所提鱼的互助和后面在江湖里彼此相忘有何关系呢?为什么忘掉唐尧的圣明和夏桀的暴虐才会融化混同于"道"呢?为了方便读者理解,"相忘于江湖"在这里被解释为:"这倒不如江湖水满的时候,大家悠游自在,不相照顾的好"(240),并对此进行了更通俗易懂的评价和总结:

> 人为的仁爱毕竟是有限的,当人需要用仁爱来互相救助时,这世界便已不好了。大自然的爱是无量的,所以人应相忘于自然如同鱼相忘于江湖。(同上)

虽然最后一句的解释仍然用了"忘"字,但结合前面对"相忘于江湖"的解释,读者便能理解这里的"忘"应该不是"忘掉"之意,而是不再互相牵绊之意。同时,"人为的仁爱毕竟是有限的,当人需要用仁爱来互相救助时,这世界便已不好了",这样的解释也和《道德经》"大道废,有仁义"这一思想呼应。

这个故事中对"忘"的翻译也与图像相一致。在前三幅图中,因泉水干涸,被困在陆上的鱼儿虽然相互濡湿,但表情悲戚,而第四幅图中湖水重新充盈,鱼儿面露微笑,各自遨游,图像中心两条鱼相遇,彼此微笑招呼,但仍然保持一定距离,充分展示出互不干扰的悠然生活。② 最后的评价总结"需要仁爱时,这世界便已不好"恰如其分地对

---

① 参见:https://wenda.so.com/q/1414791758727149
② 具体图像详见蔡志忠:《庄子说》(中英文对照版),北京:现代出版社,2013,第 145 页"相忘于江湖"故事插图。

143

应了图像中相濡以沫的悲戚和互不干扰的自在快乐。

二、《庄子说》的符际翻译

如前所述，进入21世纪数字化时代，随着数字技术的普及和网络新媒体技术的发展，不管在中国还是西方，信息传播方式都发生了巨大变化，读者的阅读习惯也随之出现转变，呈现碎片化、网络化、视觉化倾向(龙明慧，2020)。翻译与传播成功与否很大程度上取决于读者是否接受，而读者对文化产品的接受受其阅读习惯的影响。既如此，中国典籍作品要真正走入西方读者的视野，就不得不考虑译文读者的阅读习惯。而传统的文化典籍翻译，一味追求经典诠释的高雅性、殿堂化，力求维护经典的厚重感、典雅性和权威性，往往忽视了目标语境下的大众需求心理(李志凌，2023)，使得中国典籍很难在普通大众读者当中实现广泛传播。在此背景下，我们必须重视经典作品在异域环境下获得时代生机的通俗化意义。在保持作品文化价值得以传播的前提下，改造作品的呈现形式，超越对语言文字单一信息模态的依赖，丰富文本内外的语境信息，进行多模态的创造改写，是提高作品可接受度的有效方式(同上)。漫画版《庄子说》无疑是这种多模态创造改写的典范。《庄子说》将典籍原本深奥难懂的思想以通俗易懂、生动形象的漫画形式呈现，对典籍原文进行了卓有成效的符际翻译，将典籍的文字叙事改为图像叙事。在这种叙事模式中，图画配以语言的辅助，在图像符号能指和所指的张力中重现文学或哲性情境，并带领读者进入形象化的感知世界，使其在语图互文中以一种轻松的方式接受文学经典的熏陶(杨向荣、黄培，2014)。而在漫画的跨文化传播中，漫画本身具有的极强表意功能,尤其是其图像具有的自主叙事能力,也对帮助读者理解译文起着画龙点睛的作用(王治国、张若楠,2023)。

(一)符际翻译的构图特征

国学典籍漫画的符际翻译主要采用分镜头形式,即运用有机组合的分格与构图将典籍文字转化为流畅的画面组成故事,按照故事的起、承、转、结进行格的组合,分格的大小表达剧情的主次关系(王丽莹,2016),再运用简练的笔法将角色、主要场景、对白在分格中进行构图设计。图像居于中间位置,介绍性文字置于图像的上方或下方。人物对白则以气泡形式出现。

漫画是一个叙事空间,在这个空间里,图片元素也传达意义,其重要性丝毫不亚于文字信息,且通常占据主导地位(王治国、张若楠,2023)。漫画是一种传达信息的视觉艺术。漫画的信息传递依靠其点、线、面的设计和整合实现,因此可以说图画的点、线、面是图画的造型语言。线条是最直观的语言,在漫画中,线条运用灵活生动,且很有美感和装饰性。著名英国画家、艺术理论家荷加斯(Hogarth)说,一切直线只是在长短上的不同,很少有装饰性,复杂的曲线最有装饰性,特别是波状线。蛇形线灵活生动,朝不同方向旋绕,能使眼睛得到满足,引导眼睛追逐其无限的多样性。典籍漫画作品中大量的曲线使用轻松随意、流畅自如,令人流连忘返(王伟,2013)。

此外,在漫画中,每个角色都特色鲜明,神态和表情丰富,极具内涵和深度。在《庄子说》漫画中,每个角色都有明确的定位,这种定位体现于角色的姿态、表情、着装、动作行为等方面。这些角色不仅具有美感而且符合人物性格特征。如漫画中的庄子，动态设计丰富优美，细微的表情设计到位，活灵活现地展现出了庄子空灵洒脱的性格，表现出强有力的文化底蕴。（王伟，2013）

（二）符际翻译中的意义呈现

"符际翻译涉及两种不同媒介之间的翻译，如语言媒介翻译为图像媒介，因此'插图'可以视为文本的翻译形式。"（陈风华、董成见，2017）插图对文本的翻译，不可能将原文文字表述的所有信息都呈现出来，只能选择部分信息传达，图像无法传达的信息则留给语言传递。图像能够直接展示事物的外观和状态，使信息传递更加直观、易于理解，也能够传达情感和氛围，通过色彩、构图和人物表情等元素激发受众的情感反应。图像还可以展示复杂的场景和细节，为读者提供丰富的视觉信息。因此，一般文学文本中对人物、背景、心理的描写在故事漫画中都要依靠图像呈现（宋奇论，2018），人物的心理状态、人物所处的关系气氛等信息往往也需要图像中人物之间的表情、肢体互动，以及与背景互动来突显。比如《庄子说》中，极具中国山水画风格的漫画便很好地传递了事物外观、人物外貌、表情、动作、生活场景以及人物与背景的互动等信息，和语言一起，共同讲述一个个富含深刻哲理的小故事。如在"孔子看到龙"这个故事中，孔子对其弟子说："我看到龙啦，龙顺着阴阳变化无穷。我张着嘴巴，话都说不出来，哪里还谈得上教导他呢？"（60）

在这幅漫画作品中，译者巧妙地将中国传统文化中的龙与阴阳哲学相结合，创造出了一幅富有深意的图像。龙的形象被设计得独具象

第六章　漫画版《庄子说》多模态翻译个案分析

征意义。龙的身躯蜿蜒曲折,巧妙地构成了阴阳太极图的轮廓,一半黑色,一半白色,部分身体构成一道S形线条,象征着阴阳的分界和互动。龙的头部和尾部在图中分别指向两个方向,暗示着阴阳的循环往复和生生不息。① 这种设计不仅展示了龙的强大和威严,也表达了阴阳哲学中动静相宜、刚柔并济的理念。

整体而言,这幅漫画不仅展现了中国传统文化中龙的形象,更是将阴阳哲学的精髓融入其中,使得这幅作品成为一种视觉和哲学的双重享受。通过这样的艺术表现,读者能够更加直观地理解和感受到中国古典哲学的深刻内涵。

又如"越人纹身"这个故事:"但是,越人的风俗是:剪断了头发,赤裸着身子,身上刺画着文彩,全不穿戴衣帽。"(16)

这个故事若只看文字叙述,越人身上刺画着文彩,不穿衣服是什么意思?读者会非常迷惑,很难理解在中国古代会因为纹身就不用穿衣服。而这里的图像则给了我们很好的解释。画面中,一个头发粗短之人,肩膀上扛着一把斧头,浑身上下涂满了密密麻麻的花纹,看着就像穿着一件花衣服一样。② 如此,结合图像,读者自然能够理解越人为何会因为纹身就不用穿衣服。

对人物外观的刻画是漫画《庄子说》的一大特色。除了上述生动入微的越人纹身外,作者还精心设计了人物的服装配饰以展现人物的

---

① 具体图像详见蔡志忠:《庄子说》(中英文对照版),北京:现代出版社,2013,第60页"孔子看到龙"故事第3幅图。
② 具体图像详见蔡志忠:《庄子说》(中英文对照版),北京:现代出版社,2013,第16页"越人文身"故事第3幅图。

身份地位。文人雅士、民夫走卒、官员贵族都有明显不同的穿着风格，从服饰中可以清晰地看出穷人与富人的区别。比如在故事"子桑唱贫穷之歌"中，故事开头描述"子舆、子桑是好朋友"(47)，对这一情节的图像刻画则是：两名男子面对面站着，皆面露微笑，一人穿着白色无瑕长衫、戴着头冠，一看就是出身富裕家庭的公子；而另一人穿着破烂、打着补丁的衣服，只简单用头巾束发，不需任何语言便知其家境贫困。① 从服饰上看，一贫一富，差距明显。而文字表述说明两人是好朋友，通过生动的图像和简洁的文字，读者便能从中感受出朋友之交，不在贫富这一中国美德。

"子贡衣服雪白"(101)这个故事中，主要人物原宪的贫寒家境从其漫画中的穿戴便可明显看出来。不仅是服饰，场景的刻画也十分生动形象。绘者用简单的线条画出墙上一个破洞，大风刮得纸片飞舞，而原宪穿着打满补丁的衣服，目不斜视，专心坐在桌案前写着文章。② 这样的设计无疑比单一的语言文字更能打动读者，引发读者对故事主人公不受环境所困专心求学的敬佩之情。

除了服饰，漫画中对人和动物的神情刻画也十分细腻，直接展现其情感和态度。不论是傲慢、得意，还是愤怒、惊讶、悲伤、快乐，都刻画得细致入微，使读者在阅读这些哲理小故事时能够不知不觉地沉浸其中，感受故事中人和动物的喜怒哀乐、情感变化和态度转变。

---

① 具体图像详见蔡志忠：《庄子说》(中英文对照版)，北京：现代出版社，2013，第 47 页"子桑唱贫穷之歌"故事第 1 幅图。
② 具体图像详见蔡志忠：《庄子说》(中英文对照版)，北京：现代出版社，2013，第 101 页"子贡衣服雪白"故事第 3 幅图。

第六章 漫画版《庄子说》多模态翻译个案分析

如在"朝三暮四"(28)这个故事中,养猴子的人拿橡子喂猴子时说:"早上给你们吃三升,晚上吃四升,好不好?"图像显示猴子全都满面怒容,不需文字赘言,也可以得知猴子是不同意的。下一幅此人换了说法:"那么,早上吃四升橡子,晚上吃三升好了",图像中猴子马上满脸笑容,说明它们同意这种分法。

而在有些图画中,人物或动物的表情甚至能帮助读者更准确地理解文本意义。如在"西施是美女吗"(23)这个故事的结尾处,文字陈述是:"人认为西施是美女,鱼呢?鱼看了西施,可能就沉到水底去了。"如果只看文字,就可能存在这么一个理解上的不确定性,即"鱼认为西施是美女还是不是美女呢?"古文原文是:"毛嫱丽姬,人之所美也;鱼见之深入,鸟见之高飞。"中国自古以来就有用"沉鱼落雁,闭月羞花"来形容美女的说法。受此影响,读者可能将"鱼沉入水底"理解为鱼也被西施美到了。然而,漫画中鱼缸中的鱼好像翻着白眼,嘴角朝一边翘起,表情很是不屑一顾,①据此读者便知鱼认为西施是不美的,从而传达出美的标准是相对的,不同的生物或人对美的感受和认识存在差异这样的思想。

此外,漫画《庄子说》还有一个典型特点是,充分运用对比体现所描绘对象的身份、地位的差异和变化。在这种对比中,不仅让读者感受图像所呈现个体的外部特征,有些对比更传递出深刻的相对论思想。这些对比除了前文所提到的服饰的对比,更多是大小的对比。例如在"寒蝉和灵龟"(6)这个故事中,故事开头讲的是世人说彭祖活了

---

① 具体图像详见蔡志忠:《庄子说》(中英文对照版),北京:现代出版社,2013,第 23 页"西施是美女吗"故事第 5 幅图。

149

八百多岁,所以彭祖的形象便画得特别高大,即使是坐着,也是数倍于普通人。而后又讲到灵龟,五百年对它只是一个春季,所以和人相比,灵龟也显得特别庞大。最后是椿树,八千年对于它只是一个春季,所以椿树是最大的。漫画最后几幅图将这三个形象放到了一起,当彭祖、灵龟、椿树放到一起时,原本高大无比的彭祖变得非常之小,灵龟也明显变小,但又比彭祖大,椿树则是最大的。① 如此故事讲述对象相对大小的变化便可以向读者生动地展示道家相对论的思想。

又如"凡国不曾灭亡"(86)这个故事中,故事开头是凡侯和楚王聊天,画面中楚王和凡侯坐在榻上,两人中间放着一个小几,小几上放着一个茶壶。楚王戴着王冠,穿着华丽的衣服,显得特别粗壮高大,而坐在其对面的凡侯极为细小,不到楚王四分之一。② 从漫画可以看出,楚王和凡侯个子大小呈现明显差异。在正常生活中,成人之间的差距不会如此之大,这里显然是用了夸张的笔法通过两人外形大小来体现两人地位之间的差异。这种情况在《庄子说》漫画中非常明显,如漫画中王侯的个子总是明显大于其臣民,孔子和其弟子一起时,也是个子更高大,但不如王侯和平民军士差别那么大,而老子和庄子的个子却几乎和普通人无甚差别,显示出道家的平等思想。

此外,故事中主要人物或事物所占画面的位置大小也传达出了丰富的信息。《庄子》中很多地方描述了一些神话中的动物形象,如在

---

① 具体图像详见蔡志忠:《庄子说》(中英文对照版),北京:现代出版社,2013,第 6 页,"寒蝉和灵龟"故事插图。
② 具体图像详见蔡志忠:《庄子说》(中英文对照版),北京:现代出版社,2013,第 86 页"凡国不曾灭亡"故事第 1 幅图。

"巨大的怪鸟"(129)这个故事中出现的鲲和鹏。这个故事主要突出鲲和鹏的体型庞大,但大小实际上是相对又模糊的概念。因此,漫画利用了鲲和鹏占据画面的位置大小来体现其巨大。在漫画中,鲲占据了整个横格的长度,而鹏出现在近景时,格子的高度甚至无法完全容纳其身躯;当鹏飞出天际时,展开的双翼甚至比天上的某些星球还要宽大。[①] 通过如此精确的比例安排,读者能够直观地感受到鲲鹏的庞大身躯。

(三) 符际翻译中的衔接与连贯

使用漫画对典籍进行符际翻译,本质上就是用图像叙事代替文字叙事。要实现图像叙事,必须把其重新纳入时间的进程之中,即图像叙事首先必须使空间时间化——这正是图像叙事的本质(龙迪勇,2007)。漫画通常采用系列图像叙事模式,依靠多幅图像重建时间流(陈静、刘云虹,2021)。各分格图像之间也需要自然紧密的逻辑联系,换言之,这就如同文字叙事要求语篇的衔接连贯一样,图像叙事也需要图像之间的衔接和连贯。图像叙事的连贯性是指图像之间能够流畅地连接,形成一个清晰且有逻辑的故事线。这种连贯性不仅依赖于单个图像的内容,还取决于它们如何相互关联和过渡,以及信息如何进行流动,如何实现"起、承、转、结的叙事关系"(王丽莹,2016)。在《庄子说》的符际翻译中,图像叙事的连贯主要通过以下几种形式体现。

---

① 具体图像详见蔡志忠:《庄子说》(中英文对照版),北京:现代出版社,2013,第129页"巨大的怪鸟"故事插图。

(1) 分镜头。漫画的分镜头布局是构建连贯性的基础。合理设置每个画面的大小、形状和位置,可以引导读者的视线流动,营造出故事的节奏和动态。故事漫画发展至今已有纸上电影的美誉。在对故事讲述、角色塑造、画面构图、镜头组接、台词特效等方面,都有着比肩电影的高要求。动画片必须有分镜头脚本作为整个创作流程的依据。和影视与动画有着密切关系的故事漫画同样需要分镜头脚本对整体创作进行把控。运用专门的系列化分格与构图组接编排故事剧情起、承、转、结的发展(王丽莹,2016)。在漫画版《庄子说》中,每个故事都分成了多个格子进行讲述,格子有大有小,视情节和内容的复杂性而定,前后格子的图像之间有着密切关联。

(2) 连续动作。漫画是静态的,而故事中离不开人物的动作,因此漫画常常通过在连续的画面中展示一系列动作来创建动态效果。这种"动作链"通过展示动作的不同阶段,使读者能够在心中重建完整的动作过程。例如《庄子说》"庄子梦见骷髅"(73)这个故事中有一系列图。第一幅图中庄子背着包袱在路上走着,看到前面有个骷髅头。第二幅图庄子蹲下身子,拿着一根棍子边敲击骷髅头,边问问题。第三幅图,可能是拿棍敲骷髅头敲累了,庄子的动作改为兜着双手,离骷髅头更近了两步,继续发问。第四幅图庄子又换了个动作,以骷髅头作为枕头躺了下去,闭上眼睛睡着了。第五幅图保留着第四幅图庄子睡着的状态,另外用一个圆圈显示庄子头下仍旧枕着骷髅头,但面前又出现了一个一模一样的骷髅头,显示庄子是在做梦梦见了骷髅头。第六幅图躺着的庄子立起上半身惊讶地看着骷髅头。第七幅图庄子整个人起来蹲下,和骷髅头说话。① 在这个故事中,庄子"走—蹲—趟—起身—蹲"一系列动作变化在漫画中显得非常自然。

(3) 表情和肢体语言。漫画中角色的表情和肢体动作是传达情感和故事发展的重要工具。通过表情和肢体语言的变化可以展示人或动物情感态度的变化,构成故事剧情的发展。如《庄子说》"养虎的人"(43)这个故事中,老虎由生气、野性大发到乖顺都是通过其表情行为的变化体现出来。② "邯郸学步"(69)故事伊始,燕国的小孩带着满脸的笑容踏上前往赵国的旅程,他的眼神中闪烁着对未来的无限憧憬。然而,随着他开始模仿赵国人的走路方式,小孩的面容逐渐被困惑所取代。然后又从困惑迷茫逐渐转变为惊恐,最终崩溃大哭。③ 这一连串的表情变化,生动地展示了他学步过程中所遭遇的越来越严重的挫折和失败。

(4) 场景切换。漫画中不同场景之间平稳过渡和切换,可以体现故事情节的自然发展,实现图像之间的衔接和连贯。而场景的切换可以通过同一人物角色在画框中的位置变化体现。如人物角色从画面的一侧走向另一侧,或者从画面的前景移动到背景中,这种视觉上的移动感可以有效地引导读者的注意力,从而实现场景的平滑过渡。也可以通过改变视角,在不改变画框中元素位置的情况下,创造出场景

---

① 具体图像详见蔡志忠:《庄子说》(中英文对照版),北京:现代出版社,2013,第 73 页"庄子梦见骷髅"故事插图。
② 具体图像详见蔡志忠:《庄子说》(中英文对照版),北京:现代出版社,2013,第 43 页"养虎的人"故事插图。
③ 具体图像详见蔡志忠:《庄子说》(中英文对照版),北京:现代出版社,2013,第 69 页"邯郸学步"故事插图。

切换的效果,例如,从高角度视角切换到低角度视角,或者从全景切换到特写。如《庄子说》中,"孔子游黑森林"(115)中第一幅画面中间是孔子坐在大石头上弹琴,石头边上几个弟子有的看书,有的听孔子弹琴,孔子是最突显的人物,而在孔子背后的小河里,也即画框边上,有一个人划着船。人很小,看不清模样,表示出划船之人是在离主要人物较远的位置,这里划船之人作为背景出现,为后续故事的展开做了铺垫。第二幅图中划船的人出现在了画面中间,原来是一位老翁。图中老翁成为突显的主要人物。第三幅图老翁退到了画框边缘,但仍然处于近景,因为人物形象非常清晰。图中出现了孔子的两名学生,表示场景又出现了变化。在第四幅图中,老翁和其中一名学生成了特写,另一名学生退场。第五幅图中老翁仍然位于图中前景的位置,孔子另一名学生又出现了,并且远处出现了孔子作为背景,表明他们正在谈论孔子。① 通过这样的场景变化,漫画图像之间实现了紧密衔接,保证了故事自然展开。

(5) 角色变化。在漫画故事中,角色的外观、性格和行为的发展和变化应该是渐进的,并且有合理的解释。如"宋人的秘方"(11)这个故事中,进献秘方的客人刚出现时身上穿着平民穿的短衫,进献秘方时装扮没有变化,到了最后,战争结束,吴人打了胜仗,他被封了一大块地,变得富有了,这时他穿的衣服也发生了变化。② 又如"养虎的人"

---

① 具体图像详见蔡志忠:《庄子说》(中英文对照版),北京:现代出版社,2013,第115页"孔子游黑森林"故事插图。
② 具体图像详见蔡志忠:《庄子说》(中英文对照版),北京:现代出版社,2013,第11页"宋人的秘方"故事插图。

(43)这个故事中,老虎由开始的凶猛暴躁到安静,再到像猫一样柔顺,这一逐渐变化的过程也通过图像显示出来①。

(6) 符号和隐喻的使用。通过图像中的符号和隐喻来传达故事的深层含义,可以增强叙事的连贯性。这些视觉元素在整个叙事中应该是一致的,并且与故事的主题紧密相关。比如在很多时候庄子都会背着的一个酒葫芦代表他的逍遥,补丁代表贫穷,短衫代表平民,有花纹的衣服代表富裕,还有人物头上的头冠和头巾,都能够帮助读者更好地理解故事内容。

总的说来,漫画版《庄子说》通过融合中国山水画的意境和现代漫画的表现形式,图像和文字相互补充,共同讲述故事和传达信息。文字提供了对故事的叙述和解释,图像则通过视觉元素增强了故事的情感和氛围,使得内容更加生动和直观。图像能够激发读者的情感反应,文字则能提供情感的背景和深度,图文结合的《庄子说》使得国学的智慧和道德观念更加深入人心。

视觉元素与文字内容相互呼应,比单一语言文本更能加深读者对典籍内容的理解。同样,在漫画外译本中,图像信息与语言文字相结合,也有助于目标读者获取更为全面的信息(张钰、曾景婷,2023),促进对译文内容的全面理解。

三、《庄子说》的语际翻译

漫画版《庄子说》的英译者布雅,目前为美国东密歇根大学历史与

---

① 具体图像详见蔡志忠:《庄子说》(中英文对照版),北京:现代出版社,2013,第 43 页"养虎的人"故事插图。

哲学系教授,专注于中国哲学研究领域,同时也是一位资深译者。在翻译过程中,他主要参考漫画中的白话译文,与原文进行对照,确保翻译准确。如果发现白话文的解释较为自由,他会尽量平衡原文和译文。在语言表达方式上,尽量用自然、易懂的英语表达。如果发现原文的某个段落读起来有点儿别扭,就用自己的语言解释(谭晓丽、Bruya,2021)。由此可见,布雅的翻译是非常严谨的,他在采访中介绍翻译过程:

> 我将翻译分为五个步骤,第一步就是迅速将他的白话文汉语翻译成英语,为的是传递基本意义。那一阶段,我基本上每天工作14个小时,完成了整套丛书的翻译初稿。第二步花的时间就要长得多。我得阅读古汉语,调查书中引用的许多相关的历史人物、地点和事件,例如树和动物的种类等。要准确无误地理解每一个来自古汉语的词,都需要做大量的研究,而且当时还没有互联网。我把第二步叫作"完善中文"。第三步叫作"完善英译文",意思是选择合适的译文措辞,让它听上去像是英语母语者所写,而不像是被翻译过的东西。第四步是一边阅读英译文,一边对照中文漫画书,检查它们是否对应。我想要的效果是让漫画译本读起来不像是翻译过来的文本。……最后一步是回过头来弥补前四个步骤中出现的一些不足,这一步叫作相互妥协。(谭晓丽、Bruya,2021)

从布雅自述的翻译过程可以看出,他对典籍漫画的翻译充分考虑了和白话文译文、典籍原文以及和漫画图像的多重对应,同时考虑了大众读者的阅读需求,保证译文的流畅性、可读性。

和大多数典籍译者一样,布雅大多数情况下都是将白话文译文直

第六章 漫画版《庄子说》多模态翻译个案分析

接译成英文。由于其依照的原文本身就是对典籍进行了通俗化的、适合用于描述漫画的白话文改写,很多时候,只要选词上稍加斟酌,简单直译就可以传递出典籍的意思,且和图像契合。如翻译"至人之境"(181)这个故事:

> 原文:至德的人神妙极了!山林焚烧,都不能使他感到热!江河冰冻,都不能使他感觉到冷;震破了山的大雷和撼动了海的大风,都不能使他惊惧。
>
> 译文:A person of perfect virtue is quite remarkable! When a forest goes up in flames, he doesn't feel hot; When the rivers freeze over, he doesn't feel cold; When lightening shatters a mountain top or wind roils the sea, he isn't the least bit of afraid.

译者将"至德之人"译为 a person of perfect virtue,用 perfect 传递汉语"至"的最高级之意,选词巧妙,表意明确。而其他地方几乎是对原文的直译,但不妨碍原文意义的传达。

白话文译文,正如译者自己所言,在翻译时虽然一般是按照白话文译文进行翻译,但若是发现白话文解释有过于自由或不合理之处,译者还是会核对文言文原文,进行订正。如"甘泉先竭"(80)这个故事在故事开头提到:"孔子周游列国,被困于陈蔡之间,七十天没有炊饭。"显然,这里白话文存在误译,原文是"孔子围于陈蔡之间,七日不火食"。布雅翻译这句时,应是发现常人不可能七十天不煮饭吃还能活下来,因此经过核实,将其按照文言文原文译为:

> Confucius was touring the land advising leaders of the state,

when he and his disciples were suddenly surrounded by the Cai and Chen people. In the ensuring days, Confucius and his disciples ran out of food and didn't eat for a total of seven days. (80)

在这里,译者根据古文原文,将白话文中"七十天没有炊饭"改为孔子和其弟子七日不食,并解释了其原因是 ran out of food。

又如"黄帝遗失玄珠"(159)这个故事,典籍原文是:

> 文言文:黄帝游乎赤水之北,登乎昆仑之丘而难忘,还归遗其玄珠。使知索之而不得,使离朱索之而不得,使吃诟索之而不得也。乃使象罔,象罔得之。(242)

在这个故事中,玄珠象征着"大道",因此白话文翻译直接将玄珠改为大道:

> 白话文:黄帝来到赤水之北,登上昆仑山区游玩。返回时,遗失了大道……他令智慧去寻,却找不着。让离朱用眼睛去找,也找不到……又叫声闻去找,也找不到……最后叫无象去找,才找到。(159)

在白话文译文中,除了将"玄珠"改为"大道",提到离朱时还特意补充"用眼睛去找",传递出离朱的特别之处,相传离珠之目异于常人,"能视于百步之外,见秋毫之末""察针末于百步之外"。普通读者未必知道离朱是什么人,补充"用眼睛去找"这个信息,加上图像显示离朱眼睛异于常人,读者自然就能明白离朱大概是什么样的人。① 此外,白

---

① 具体图像详见蔡志忠:《庄子说》(中英文对照版),北京:现代出版社,2013,第159页"黄帝遗失玄珠"故事插图。

第六章　漫画版《庄子说》多模态翻译个案分析

话文还将"吃诟"改为"声闻"。"声闻"是指闻佛之声教而悟解得道,而"吃诟"一指大力士,一指能言善辩者,"吃诟"和"声闻"所指并不相同。另外"象罔"指无形迹之人,白话文用了更容易理解的"无象"代替,倒是可行的。

对于白话文译文的改动,有些布雅是认同的,但将"玄珠"改为"大道","吃诟"改为"声闻",他应该是觉得不妥。首先"玄珠"改为"大道",失却了典籍的隐喻之意;另外这个故事题目是"黄帝遗失玄珠",这样的改动和主题不符。此外,在故事最后,从图像来看,找到的是一颗闪闪发光的珠子,而不是无形的大道,因此将"玄珠"改为"大道"也和图像不符。"吃诟"和"声闻"也是不同的人,因此布雅在将这部分译为英语时,核实了典籍原文,保留了"玄珠"和"吃诟",补充了"吃诟"的特征,并对"智慧"和"无象"采用了意译,其部分译文如下:

> One day, the Yellow Emperor traveled north of the Chi river and ascended a slope of the Kunlun mountain. On his way back, he lost his <u>mysterious pearl</u>... He ordered <u>Knowledge</u> to go look for it, but he couldn't find it. Then he sent Li Zhu to look for it with <u>his keen eyes</u>, but he couldn't find it. <u>Chigou, the great debater</u>, searched, but he couldn't find it either... Finally, it was Formless who found the mysterious pearl. (159-160)

在大多数情况下,直译和简单意译可以传递原文的意思,但在有些情况下,由于英汉语言文化的差异,考虑到尽可能减少读者的理解负担,译者在构建译文时,还是进行了一些灵活处理,主要体现为概念意义的具体化,中国文化概念的泛化,文化意义的归化,表达方式的通俗化,逻辑隐含信息的明晰化、复杂信息的简略化和陌生信息的语境顺应化。

(一)概念意义具体化

中国典籍中的哲学术语和文化术语一直是翻译中的难点。对这些术语的翻译通常采用音译加解释的方法。解释可以分为文内注释和脚注、尾注,属于深度翻译的范畴。由于翻译的对象是漫画书,受到空间的限制,译文中不可能添加冗长的注释。布雅也认为,为漫画书的翻译添加注释并不是他的任务,而是漫画家需要考虑的问题,因此,他仅仅用读得懂的英语来传译典籍白话文的内容。一个简单的办法就是使用已有的标准译名,有时候,也可以加进去一点他自己的东西。(谭晓丽、Bruya,2021)对于《庄子说》中出现的哲学术语和文化术语,除了一些术语使用标准译名外,有些他觉得标准译名不合适的,便会重新翻译,将一些抽象的概念具体化,便于普通大众读者理解。

如在"孔子游黑森林"(115)这个故事中,抽象的"感化百姓"一般可以译为 influence the people 或者 transform the people's hearts,在他的译文中被具体化为 convert the masses to goodness。这里的 convert 指的是将人们的不良品行转变为善良的行为和品质,goodness 指代了良善、善行等具体的品德。将"感化"转化为 convert,并使用 goodness 来表示感化的具体结果,使读者更容易理解孔子的行动目标,即希望通过自己的言行影响他人,使人们变得更善良。

又如"无为而治"(162)这个故事中,"天子的用心"原本可以译为the emperor's intentions 或 the emperor's purposes,但不管是intentions 还是 purposes 意义都不是那么明确具体,不能展示天子的用心到底是什么。在这部漫画中,"天子的用心"被具体化为 attend to the world。attend to 指的是关注、照料、关心等具体的行为,the world 指代整个世界,包括人类社会和自然界。通过这样的转换,英译文将舜对尧关于治理世界的询问变得更加具体化,表达了舜对尧治理天下的关注和期待。

从以上例子可以看出典籍翻译中具体化策略的使用情况。通过使用更具体的表达,将抽象的概念转化为具体的行为或描述,可以使庄子的思想更易被普通大众理解,并且与漫画中的图像内容相互呼应,增强译文的信息传递效果。

(二) 概念范畴泛化

《庄子说》中有很多中国传统文化概念在英语中没有直接对应语。某些情况下,范畴泛化便成为译者的选择之一。例如,对于类似书名的小故事标题"大地的箫声",译者将其翻译为"The Music of the Earth",而不是直接译成"The Xiao Sound of the Earth"。这里的"箫"是一种中国特有的乐器,没有直接对应的英文表达。如果采用音译方式,可能会让读者感到困惑,不知道"箫"是什么乐器,也无法理解为何将自然界的声音比喻为"箫声"而非其他乐器的声音。

译者选择将"箫声"的具体概念范畴泛化为 music。虽然这种替换并不能完全传达原文的信息,但它符合故事所呈现的视觉形象。这个故事中大部分图像都展示了自然发出的声音,如风吹过洞穴和树木的声音,只有一幅图中出现了箫。① 这表明此故事着重展示的是自然的音乐和韵律。因此,采用 music 替换"箫声"有助于读者更好地理解故事主题,避免造成困惑,同时也与故事图像呈现的意象保持一致。

范畴转换可以使译文更加易于理解,同时不会偏离原文意义和故事主题。这种翻译策略在跨文化交流中扮演了重要角色,既能有效传达中国传统文化的独特之处,也照顾到了英语读者的理解和接受水平。

如"风和蛇"(62)故事中,"夔是一种独角兽"译为"The kuei is a one-footed creature",将"动物"的下义词"兽"转化为更广义的范畴 creature。译者做此转化应是考虑到从图像来看,"夔"的形象和英语中凶猛的 beast 相去甚远,为了不和西方读者所认知的"兽"的形象相悖,将其译为 creature 是个可行的选择。② 另外,这个故事中的"蚿是一种百足虫"译为"The centipede has one hundred feet","蚿"转换成意义更广泛的 centipede。此外,"庄周贷粟"故事中,中国古代的侯爵监河侯泛化成 nobleman,"粟"泛化成 grain。

又如"林回弃璧"(82)这个故事,"林回抛弃了家藏的连城璧,带着小孩逃亡了",这里的"连城璧"又指赵国的和氏璧,乃是价值连城的宝玉。看到连城璧,中国读者往往会想到"怀璧其罪""完璧归赵"这样的

---

① 具体图像详见蔡志忠:《庄子说》(中英文对照版),北京:现代出版社,2013,第 17 页"大地的箫声"故事插图。
② 具体图像详见蔡志忠:《庄子说》(中英文对照版),北京:现代出版社,2013,第 62 页"风和蛇"故事插图。

故事。西方读者则没有这样的文化背景,不会产生这些文化联想,因此译者将其泛化为 fortune,传达原文的主要意义。

又如"得鱼忘筌"(99)这个故事中提到"筌是用来捕鱼的,捕兽器是用来捉兔子的"。这里的"筌"被泛化为 disposable traps。traps 是所指范围更广的工具,而"筌"特指竹子制成的一种捕鱼器。译者之所以进行这样的泛化是考虑到西方读者不熟悉中国的这种捕鱼器,这个故事中,工具本身不是重点,重要的是对工具的抛弃。因此译者进行泛化并不影响主旨意义的传达。当然,此处使用 disposable 不太恰当,"筌"并非一次性工具。此外,"兔子"在英文中被泛化为 wild animals。译者这里进行泛化应该是为了传达捕兽器并不是只针对兔子。在中国古代,野兔数量很多,是人们狩捕的主要对象,因此有很多关于狩捕兔子的成语流传至今。而在西方国家,兔子并非人们狩捕的主要对象,据此,译者没有突出捕兽器主要用于兔子,而是将其泛化为 wild animals,这样对西方读者来说更为自然。当然,wild animals 也包括野兔,在描述"捉到兔子后,捕兽器便可以舍弃了"的一幅图中,兔子译为 rabbit,这里是具体捕到的猎物,使用具体表达并无不妥[①]。

又如一些儒家术语,如在"大盗的大道理"中"孝悌"被泛化为 morality,"至仁"中的金玉被泛化为 valuables,"百里奚养牛"中"五羖大夫"被泛化为 noble title,"爵禄"被泛化为 prestigious status,"卑贱、高贵"用了 status 传达。

以上对于中国文化概念的范畴泛化能够传达原文主旨,同时不会

[①] 具体图像详见蔡志忠:《庄子说》(中英文对照版),北京:现代出版社,2013,第 99 页"得鱼忘筌"故事第 6 幅图。

给读者带来理解上的困惑。当然,范畴泛化并不适用于所有的中国文化概念翻译。如在"不可想象的怪人"(41)这个故事中提到支离疏五脏不正。"五脏"是中医的说法,西方并没有这样的概念,在这里译者进行了范畴转换,将其译为 vital organs,使用了上义范畴词 organs 指代"五脏"。人体器官有很多,哪些是最重要的器官,哪些不是,不同读者可能会有不同的看法。这里简单用 vital organ 指代五脏会给读者带来困惑,若是有对应的图像,借助图像的锚定作用,倒是可以避免所指不清的问题,但在这则漫画中,"五脏"并没有在图像中描绘出来,因此这样的译法不是很合适。

(三)文化意义归化

一般而言,读者阅读漫画时都希望能够在轻松愉快的状态下理解漫画内容,因此漫画内容应尽量切合读者的阅读期待和认知语境。为了使读者更好地理解漫画内容,对于目标读者陌生的文化信息,不管是物质的还是精神层面的,在不和图像相悖的情况下,归化是很好的选择。《庄子说》英译文中很多地方都使用了归化译法。

对度量单位的翻译,《庄子说》中的中国度量单位全都替换成了英文的度量单位。例如,在"颜回不做官"(220)中,"亩"归化为 acre,原文的五十亩地译为 eighteen acres,十亩地译为 half an acres,并没有进行等量替换。可能是译者认为这里的精确数量不是特别重要,更重要的是这个数字所代表的数量范围。50 亩在中国古代是个还算多的数量,18 英亩在国外也不少,数字的精确对传递原文意图影响不大。又如在"惠施的大葫芦"这个故事中,惠施称自己的葫芦极大,可以装五石的容量,译文为"One of them alone could hold five gallons"。当然,这里译者并没有进行等量替换,原因可能在于葫芦五石的容量本来就带有夸张的意味,从图像来看,葫芦也并没有大到有五石容量的程度。英文中五加仑的容量也很大,因此译文没有必要进行等量替换,只需让读者了解葫芦很大即可。又如在"无牵挂的人"中,曾子说:"我第一次做官时,俸禄只有三釜米,但心中很快乐,因那时双亲还健在。现在俸禄虽有三千钟米,但我双亲已经不在了,所以我心里很难过。"(216)

这里涉及的度量单位"釜"和"钟"是春秋战国时期齐国的度量单位,一钟等于10釜。曾子的俸禄由三釜增加到三千钟,增加到一万倍,显然是为了突出曾子前后俸禄的巨大差距。但西方读者不了解中国古代复杂的计量单位,若是音译,势必要加注释,但漫画翻译空间有限,额外注释应尽量避免,因此译者在此处使用了归化策略,采用美国计量单位进行换算,将三釜译为 five peck,三千钟译为 fifteen thousand bushels。尽管此处换算量并不相等,但恰好能让读者轻松地感受到曾子前后俸禄的巨大差距,成功传达了原文意图。

又如对中国古代一些常用工具的翻译。在"无用的樗树"中提到"它的小枝,也都凹凸扭曲,完全不合乎绳墨规矩"(13)。这里的"绳墨规矩"是中国木匠常见的工具,英文中并没有对应的表达,译者在这里将其归化为 plump line。英文中的 plump line 是指铅垂线,和木工的绳墨有所不同,用途和外形却有相似之处,所配图像展示了这个工具的具体外形,①这样的归化处理有助于读者快速了解这个工具。"规矩"在图像中并未出现,译者便将其省略,以免给读者增加不必要的理解负担。

对于典籍中的一些社会文化术语,译者也经常运用归化手段进行处理。如对"礼教"的翻译。在汉语中,"礼教"常常指中国的传统礼仪和道德准则。但在英语中,直接译为 rituals and rules 不太直观,因为目标读者可能对其具体含义并不熟知。将"礼教"翻译为 rules of the society,直接表达了社会中的行为准则和规范。这种归化的处理方式可以帮助读者更好地理解庄子文本中的概念,同时与目标读者的文化背景更加贴近,增强译本的可读性和可接受性。

(四)表达方式通俗化

在汉英翻译中,对于一些中国文化特色表达,译文中没有直接对应的语言表达时,为了读者更容易理解,译者通常会采用通俗化的表达。如《庄子说》"寒蝉和灵龟"(6)这个故事中提到彭祖,旁边一群人正在谈论他,称之为"人瑞"。"人瑞"是中国特有表达,指 100 岁以上、德高望重受人敬重的人。这个中文故事中"人瑞"一词是为了说明彭祖活得久,因此译者将其译为英语中通俗易懂的说法"he is old"。

又如在"宋人的秘方"(11)这个故事中"吴越是世仇"一句,对于"世仇"一词,译者用了更通俗简单的表达 bitter enemy。"世仇"这个词指代代相传的深仇大恨,通常源于历史上的恩怨纠葛。在英文中,

---

① 具体图像详见蔡志忠:《庄子说》(中英文对照版),北京:现代出版社,2013,第 13 页"无用的栲树"故事第 4 幅图。

第六章　漫画版《庄子说》多模态翻译个案分析

要找到一个能够准确传达这种情感深度和历史累积的词语并不容易。译者选择了 bitter enemy 这个表达,该表达在英语中常用来形容长期的、深刻的敌意和对立,虽然无法涵盖"世仇"所蕴含的历史和文化意蕴,却是一个相对通俗且容易理解的表达,能够让英语读者迅速把握故事中两国之间紧张关系的严重性。

"宋人的秘方"这个故事中的"列土封侯"是中国古代封建制度中的一个概念,指的是通过封赏土地来确立诸侯的地位。这种表达在古代中国社会中具有重要的政治和文化意义,但在现代社会中,由于这样的制度已经不复存在,难以找到其直接对应的英文表达。译者将其译为 living a life of luxury,突出了被封侯者享有的奢侈生活,而非其政治地位。这样的翻译选择虽然没有完全传达原文中的文化和政治背景,但更能让英语读者理解这种生活方式。通过这样的翻译策略,译者不仅使原文的故事和哲学思想在跨文化传播中得以保留,也使英语读者能够更加轻松地进入故事情境,理解故事寓意。这种翻译方法体现了译者在忠实原文和适应目标语言读者之间寻求平衡而做的努力,既考虑了文化差异,也注重了读者的阅读体验。

如在"庄子梦见骷髅"(73)这个故事中有两个片段,片段一中骷髅对庄子说:"天地的春秋便是我的春秋,这种快乐就算南面王也不能相比的。"片段二中庄子回答道:"我不相信死后有那么舒服,我叫司命之神让你复活。"这两个片段中有几个中国文化特色表达:"春秋""南面王""司命之神"。"春秋"常用于描述人和事物的变化、国家的兴衰、时代的更替。"南面王"源自中国古代的朝廷制度。在古代,朝廷中的官员按照朝廷的规定，根据地位的高低坐在殿堂中不同的位置。南方被视为尊贵的方位，因为南方有阳光，象征着权威和高贵。坐在殿堂中南方位置的官员被称为南面王，他们享有很高的地位和权威。"司命之神"是中国神话中掌管人生死的神，如《楚辞》中就提到过大司命、少司命。这些富含中国文化的表达对西方读者是陌生的。对此译者进行了通俗化处理，将"天地的春秋便是我的春秋"译为"What the world is, I am"，"南面王"译为 almighty king，"司命之神"译为 a witch doctor。不过对"南面王"，译者理解出现了失误，将其意义局限为"王"了。实际上，南面王是指各个领域最杰出的人，并非真正的王。

在《庄子说》中，还有一些体现儒道思想的表达。这些表达在英文中没有直接对应的词或是短语。即使有类似表达，也无法完全传达其真正的含义。因此译者在翻译时也进行了通俗化改写。如在"大地的箫声"(17)这个故事中，讲到"南郭子綦有一天斜靠着矮桌，仰头向天，悠然地进入了忘我的境界"。道家修炼经常需要进入一种忘我状态，但若是直译成 forget oneself，会让西方读者感到很奇怪，因此译者在这里将其译为 dreamlike state，如此目标读者可以快速理解故事中人物的状态，不过遗憾的是失去了道家的意味。

又如在"盗亦有道"(52)这个故事中有如下白话文：

善人得不到圣人之道，便不能称其为善人。坏人得不到圣人之道，也不能称其为坏人。但天下毕竟善人少，而坏人多，那么圣人之"道"对于天下，也就害多利少了。道德，往往也会被坏人拿去做护身符，坏人如果不借用圣人的道德，可能还成不了大坏蛋啊。

这个故事讲的是大盗将圣人,主要是儒家先贤推崇的"圣、勇、义、智、仁"借用到自己的强盗行为中,其实是对所谓"圣人之道"的一种批评,原文想要表达的是这些道德往往会被坏人挪用。"圣人之道"有着深厚的中国哲学传统和内涵,译者也许是考虑到西方读者缺乏对中国圣人提出的道德的先有知识,便将其进行了通俗化处理:

> If a good person doesn't act according to the principles of goodness, then he can't really be considered to be a good person. And if a bad person doesn't act according to the principles of evil, then he can't really be considered to be a bad person. And if looked at this way, since there will always be more bad people than good, principles do more harm than good. Principles can always be used toward evil ends, so maybe if these principles never existed, the bad person wouldn't be able to do so much harm. (52)

在这里,译者将贯穿整个原文的"圣人之道"在前两句中分别译为 the principles of goodness 和 the principles of evil,后两句中则用了更宽泛的 principles 指称。如此,西方读者便会将这个故事理解为善人和恶人不同的处事原则,最后所总结批评的也是泛泛的原则。不过这样处理的缺陷是无法让读者体会到庄子对儒家道德的批评,而庄子对儒家思想的批评也是其思想的一个主要方面。

又如"黄帝问道广成子"(54)的故事:"黄帝在位十九年,教化大行于天下。这时候,他听说广成子已得大道,便亲自上山向广成子问道。"黄帝对广成子说:"我想用天地的精气调和阴阳二气,帮助五谷成熟,我想帮助百姓调养性情。"广成子回答道:"用人的智力去改变人间事,只是揠苗助长而已。"这里的"教化大行于天下,调养性情"具有浓厚的儒家思想,是西方普通读者不熟悉的,因此译者为了减轻读者理解的负担,也将其进行了通俗化处理:

> When the emperor had been reigning for nineteen years and had brought peace and prosperity to the land, he heard about an enlightened master named Guang Chengzi.
>
> I want to use the vitality of nature to harmonize the Yin and Yang, this will bring unprecedented harvest. I want to stabilize the lives of my people.
>
> ... to use our intellect to change things only makes matter worse. (54)

"教化大行于天下,调养性情"体现了儒家对民心的操纵和影响,西方读者对此会有一定的理解难度,在译文中被通俗化为"brought peace and prosperity to the land"和"stabilize the lives of my people",将中国古代帝王对百姓内心的影响转化为外在物质的影响,更符合西方读者对帝王功绩的认知,但也造成儒家文化信息传播中的流失。

(五)逻辑隐含信息明晰化

明晰化(explicitation)这一术语在西方最早由 Vinay 和 Darbelnet (1958/1995)提出(Shuttleworth & Cowie,2004:55)。明晰化作为一种翻译技巧,指将原作的信息在译作中以更为明确的方式表述出来,这种方法与增词法技巧密切相关,还包括增加额外的解释、直接表达出原作暗含的意思、添加连接词等等。明晰化的译作由于添加了原作不曾有的冗余信息,因而常常比原作篇幅更长,逻辑关系更清楚,更容易理解。Séguinot(1988:108)认为,明晰化不仅指某些内容在原作中没有、而在译作中却表述了出来,而且还应该包括原作暗含(implicit)而译作明示(explicit),以及某些信息在译作中通过聚焦、强调、选择不同词汇等方式而得到突出等情况(Baker,1998:82;贺显斌,2003)。翻译漫画版《庄子说》中,译者不可能额外增加太多的信息,因此其明晰化策略的使用主要体现在直接表达出原作暗含的意思、添加连接词明示图像语句之间的逻辑关系,通过聚焦、强调、选择不同词汇等方式突出某些文化信息。

在"宋人的秘方"(11)这个故事中,"宋国有一族人善于制造一种药,这种药,冬天的时候搽在皮肤上,可使皮肤不会干裂。所以这一族人,世世代代便做漂白布絮的生意"。原文将这部分内容分为了三个镜头进行描述,三幅图分别对应的制药、将药搽在皮肤上,漂白布。① 漫画中图像和文本是对应的,但宋人善于制药和世世代代便做漂白布絮的生意并不形成因果关系,读者读到这里反而会迷惑不解。为了前后文本的信息更连贯,译者增加了解释性信息,"Keeping this medicine to themselves, generation after generation of the Song family did a business in cloth bleaching."。通过添加"keeping this medicine to themselves"将宋人有秘药却世代做漂白布絮的生意之间的逻辑关系明示出来。

---

① 具体图像详见蔡志忠:《庄子说》(中英文对照版),北京:现代出版社,2013,第11页"宋人的秘方"故事插图。

又如"赵国的美酒"(53)这个故事,原文提到赵国的酒吏不愿意送酒给楚国的酒吏,楚国的酒吏为了报复,便将赵国和鲁国进献给楚王的酒换了,引起楚王大怒,随后出兵攻打赵国。楚国酒吏换酒是基于赵国的酒比鲁国的酒好这一背景知识。西方读者未必了解这一信息。这里的白话文只是提到"楚国的酒吏生气了!就把赵国和鲁国献上的酒对调",而文言文原文在一开始就点明"鲁酒薄而赵酒厚"。若是读者不知道赵国酒和鲁国酒的优劣,对换酒一事将很难理解。因此译者将鲁国酒不如赵国酒这一信息明示出来,译为"switched the Zhao wine with the inferior Lu wine",避免读者产生疑惑。

在"颜回心斋"(138)这个故事中,孔子让颜回回去斋戒几天。颜回说:"我从来就不喝酒,不吃荤,何必再回去斋戒呢?"在孔子的弟子当中,颜回家境贫寒,对于颜回说自己不喝酒不吃荤,中国读者并不难理解。但西方读者可能很难理解,因此译者对于读者可能会有疑问之处在译文中进行了明示,补充颜回因家贫而久未食荤腥:"But because I come from a poor family, it has already been several months since I've had any alcohol or meat"。

汉译英中,译者通常会采用上述例子所用的方法,通过添加一些信息将原文隐含的逻辑关系明示出来。又如"庄周梦见蝴蝶"(27)这个故事的开头,"有一天黄昏,庄周梦见自己变成了蝴蝶"。在这里黄昏和梦见之间差了一个信息,即人是要睡觉才会做梦,而黄昏一般还不到睡觉的时候,为了让这两者的逻辑更清楚,译者便补充了小睡这一信息,将这一句译为:"One day at about sunset, Zhuangzi dozed off and dreamed that he turned into a butterfly."。而图像显示,庄子也

第六章　漫画版《庄子说》多模态翻译个案分析

的确躺在地上睡着了,通过几个睡觉的符号"z"引出一只大蝴蝶。因此,译者增加 doze off 这个动作也和图像交相呼应。①

又如在"小麻雀的得意"(8)这个故事中,几只小麻雀看到大鹏飞得很高,很是不以为然,觉得大鹏没有必要花费那么大力气飞那么高,反观自己的生活又轻松又自在。这里的白话文对于该故事背后所体现的哲理思想进行了总结,即"我们不必嘲笑小麻雀,也不必羡慕大鹏鸟"。这样的总结实际上比较简单,很可能给读者留下疑惑,我们嘲笑小麻雀的什么,又羡慕大鹏鸟的什么呢?而英译文则将这些信息明示出来:"We shouldn't laugh at the little sparrow <u>in its small, self-contained world</u>; nor should be envy the great peng bird <u>in its grandeur</u>."。

又如在"笼中的野鸡"(33)这个故事最后一句总结中,白话文是:"懂得养生的人,不会因为追求物欲的享受,而付出自由的代价。但在现实的社会里有几个人'头上便是青天'呢?"这里"头上便是青天"在中国文化中具有无拘无束、自由自在之意,但西方读者未必能理解这样的影射,因此译者将其影射的意思直接表达出来,译为:"Yet in today's society, how many truly carefree people do you see?" 用 carefree 一词直接传达出"头上便是青天"影射的自由自在之意。

"梓庆做钟架"(188)这个故事中提到"梓庆做了一个钟架,完全没有斧凿的痕迹"。在中国古代,大钟和钟架是人们生活中常见的物品,如何评价钟架的好坏,人们是非常熟悉的。考虑到中国的钟架是西方

---

① 具体图像详见蔡志忠:《庄子说》(中英文对照版),北京:现代出版社,2013,第 27 页"庄周梦见蝴蝶"故事插图。

173

读者不熟悉的物件，人们也不一定了解钟架没有斧凿的痕迹代表什么，因此译者进行了明晰化处理，直接用"没有斧凿的痕迹"背后代表的木匠技艺高超传递原文意义，将其译为 supernatural workmanship。而在梓庆解释自己做钟架的过程时提到"再斋戒五天，不敢有巧拙的念头"，"巧拙"意为精巧和笨拙，在这里是指梓庆不再在意自己技艺的好坏，不过这一意思可能会给读者带来疑惑，为什么一个工匠会不在乎自己技艺的好坏呢？因此，译者也进行了明晰化处理，将其译为"I have no fears of ruining my reputation due to poor craftsmanship"，点出梓庆这里是不害怕做工不好影响自己名声，不在意的是自己的名声。

又如在"鹓鸟吃腐鼠"(70)这个故事中，提到鹓鸰非梧桐不栖。在中国古代文化中，梧桐被誉为高贵的神树，象征高洁美好的品格。而原文提到鹓鸰非梧桐不栖也是为了说明鹓鸰超凡脱俗的选择。但在西方文化中，梧桐树并没有这样的寓意。梧桐的寓意是理解此句深意的关键，考虑到西方读者缺少中国文化中对梧桐的认知，译者将梧桐的特性明示出来，译为 luxurious firmiana tree，虽然和中国文化中的梧桐寓意有所差异，但至少能够让读者理解梧桐树的不凡之处。

在"操舟如神"(184)这个故事中，孔子提到"用瓦片做赌注，射箭的人，心无牵挂就射得很巧妙。用带钩做赌注，射箭的人心中就会恐惧，技巧就差了"。在这里是用了瓦片和带钩做比较。瓦片不管是西方读者还是中国读者都比较熟悉，但对于古人常用作配饰的带钩，哪怕是现代的中国读者也未必了解，更不用说西方读者了。因此，读者读到这里，可能会疑惑孔子为何用两者来做比较，两者有何区别，为什么用瓦片做赌注,射箭的人就心无牵挂,用带钩做赌注,射箭的人就会恐惧。为了避免读者产生不必要的迷惑,增加理解负担,译者在翻译时增加了解释,明确点名两者的差别,在瓦片前增加了形容词 inexpensive,而在带钩前增加了 precious,两者的区别一目了然,使读者能很轻松地理解这两句话的意思。

中文讲求意合,逻辑关系经常隐含在文本意义中,若不仔细分析,便难以理清句子间的逻辑关系。而英文讲求形合,会借助逻辑关系词将句子间的关系明示出来。对于中国思想文化典籍,理清句子间逻辑关系是理解其思想的重要方面,为了减轻读者理解负担,也为了切合英文表达习惯,译者在很多地方进行了逻辑关系的明晰化。如"自然的生灭"(147)这个故事的总结部分,白话原文是"自然的生生灭灭,实则不生不灭,不增不减",为什么自然的生生灭灭是不生不灭的呢?英译文将"不增不减"作为其原因,译为"Nature's creation and destruction are not really creation and destruction, because there is net increase or decrease"通过增加逻辑关系词 because,再加上 net 一词,读者理解这句玄奥的话便容易很多。

(六) 信息简略化

为了译文读者更好地理解文本信息,也为了译文的简洁,译者进行汉英翻译时,在不损害主要意义的情况下,通常会简化原文表达。如"庖丁解牛"(30)中,庖丁说:"我的刀用了十九年,还像是刚从磨刀石上磨出来的一样锋利,因为我不割更不砍。"刀像是刚从磨刀石上磨出来的一样锋利,到底有多锋利呢?西方读者未必有用磨刀石磨刀的经验，也不确定磨刀石磨出的刀有多锋利，因此译者用了更简单易懂的表达将原文信息简略化为"it's still like new"。对于西方读者而言，new足以传达刀的锋利程度了。

前面多次提到，《庄子说》含有丰富的历史文化信息，如果这些信息在故事中价值不大，而西方读者又需要花费额外的精力方能理解清楚时，译者往往会进行权衡，将这些文化信息进行简略化处理。如"井底之蛙(68)"这个故事中，"禹的时代，十年中有九年是水灾……汤的时代，八年中有七年是旱灾"。原文中"禹的时代""汤的时代"主要是说明很久以前的情况，禹和汤本身在这里的信息价值不大，因此译者翻译时省略了禹和汤的信息，将其译为"There was a time long ago... And another time..."。

翻译是为了进行文化传播，但在翻译过程中，并不是所有文化信息都需要忠实准确地在译文中呈现出来。对于信息价值不大的文化信息适当省略，能减轻读者的理解负担，提升信息传播效率。如在"养神贵精"(165)故事中，原文中有"精神如同干将莫邪宝剑，藏在柜里不可轻易动用"。干将莫邪是中国人耳熟能详的宝剑，但西方读者未必熟悉，而原文使用"干将莫邪"也只是为了指称宝剑而已，本身信息价值不大，因此英译本进行了简略化，省略了"干将莫邪"，直接译为"The spirit is like a precious sword"。

在"任公子钓大鱼"(214)这个故事中有一句："任公子把鱼钩上，切成鱼片，从浙江以东到苍梧以北的人都吃饱了。"前面提到，任公子是在会稽山上钓鱼，而中国读者大都知道会稽山在浙江中东部，所以他钓到的鱼自然就分给附近的百姓，也就是浙江以东的地区。而西方

第六章 漫画版《庄子说》多模态翻译个案分析

读者缺乏这样的中国地理知识,若是直译,读者无法对会稽山和浙江以东苍梧以北产生联系,会产生疑惑。考虑到这里的地理位置并非核心信息,为避免读者产生疑惑,译者将这一信息进行了简略化处理,译为"It was enough to feed all people for miles around"。

在"颜回不做官"(220)这个故事中,颜回解释自己为什么不愿意做官:

> 白话文:我城里有五十亩薄田,可以有些收成,平日里煮稀饭吃也就够了;我城外还有十亩地,种些桑林,做衣服鞋子也就得穿了。
>
> 译文:I have eighteen acres of poor fields outside the city wall, and the meager harvest is enough rice gruel for me to live on. Inside the wall, I have half an acre and that's enough to provide me with clothes and shoes.

这里的田和地其实是有区别的,田应该是指可以种植主要粮食的土地,而地一般指不能种植农作物的地方。颜回对此进行了解释:城里的五十亩薄田是种粮食,城外的种桑树。种桑树,可以养蚕,应该是可以卖钱来买衣服鞋子。这涉及很多中国古代农业文化的知识。对于这些知识,西方读者是不熟悉的,要让其理解,必然需要额外的注解。考虑到这个故事的主旨并非介绍中国古代农业文化,译者便对其进行了简略化处理,除了将度量单位归化为英文的英亩并改变具体数字,将十亩地种桑林这一信息省略,只提到这十亩地可以用来供衣服鞋子。如此翻译可以在有限的空间里传达出最必要的信息,即让读者了解颜回目前所有刚好够满足最基本的物质生活需求。

177

（七）语境顺应化

如前所述,《庄子说》英译者在翻译时会特别考虑目标读者的理解,因此对于汉语原文中按照西方读者的认知难以理解的信息,除了前面提到的几个策略,还会进行改写,采用对西方读者而言更自然、更合理的表达,以顺应目标文化语境。

如在"无为而治"(162)这个故事中,尧称自己"劝勉孺子而同情妇女"。到了尧舜时期,中国妇女的地位已经变低,所以尧称自己同情妇女,对于中国读者而言不难理解。但西方相对而言,即使妇女地位相对男性而言也比较低,但鲜少以弱小需要人同情庇护的形象出现。考虑到西方读者对尧同情妇女这一点可能会产生疑惑,译者将这里的"妇女"改为 widow,如此便可以打消读者的疑虑。

又如"庄子在荆棘中"(191)这个故事的总结部分:"命有穷通,处乱世应当安守贫穷,若不安守困苦,就要遭杀身之祸。"然而,安守贫困显然与西方人崇尚奋斗、改变命运的价值观不符。因此,考虑到目标读者的接受,译者对这句话进行了改写:

> If you live in a violently chaotic world, it may be best to quietly accept poverty, because if you don't, you may end up like Bi Gan, who tried to realize his ideas under a brutal despot and had his heart cut out for it.

此处译者使用了一个具体的例子说明在动荡时期不安于贫困会带来灾难,同时加入了"tried to realize his ideas under a brutal despot"这一信息,以引起目标读者的共鸣。但这样的改写可能会引发读者对

第六章　漫画版《庄子说》多模态翻译个案分析

庄子思想的质疑。因为从整个故事来看,庄子建议在动荡时期安于贫困,而不是像比干那样行动。译者增加的信息是指比干为了实现理想而失去了生命。这可能会让读者认为庄子是否也否定了在动荡时期坚持自己理想的做法,这一点可能不太符合大多数人的认知。因此,在翻译时,译者需要谨慎对待任何增添改写,考虑增加的信息会引起读者什么样的联想和反应,最大限度保持故事的原意。

总的来说,《庄子说》英译者通过灵活使用各种翻译策略,构建了通俗易懂的译文,加上和图像的结合,读者可以在"悦读"漫画的过程中感受庄子思想的魅力。但在追求通俗的译文过程中,免不了导致一些中国文化的流失变形,甚至还存在一些误译。

如在"子桑唱贫穷之歌"(47)这个故事中,子桑悲叹:"是谁使我这般穷困?是父母吗?是天地吗?父母对我没有私心,天地对我更没有私心,那么我的贫困,必然是命吧。"理解这句的核心点是"私心"。原文"父母对我没有私心"意思是父母对子女是无私付出的,"天地对我更没有私心"刚好应和老子《道德经》中的"天地不仁"思想,即天地对世间万物都是一视同仁的。但译者可能没有考虑到中国父母和子女的关系和道家"天地不仁"的思想,将这句话译为"My parents never took great care of me, and God certainly never has",明显和原文意思相左。由此可见,即使有白话文解释,缺乏中国文化背景的西方汉学家还是会出现望文生义的理解错误。

又如"海中凿河"(48)这个故事中,"他说:君要用自己制定的法度仪轨去治理天下,人民才会归顺感化"。这里的意思是君主用自己制定的法度仪轨去治理天下，但译者从西方政治管理思想出发，则将其译为"He said only people who are regulated according to the legal and moral codes of man will submit and be civil"，将君主的法度改为人民的法度，无疑偏离了原文的意义。

尽管有这些失误，但瑕不掩瑜，总的来说，英译者在翻译漫画版《庄子说》这部作品时，充分考虑西方读者的认知背景和文化差异，通过增加详尽的中国文化信息解释，包括历史背景、传统习俗等，使得西方读者能够更好地理解作品所涉及的文化内涵和背景。此外，译者还替换了一些具有地域特色或使用范围较窄的表达，采用更通用、更易理解的短语，使译文更贴近西方读者的语言习惯和思维方式。在删除冗余信息和生僻的文化专属词方面，译者精心筛选，保留了关键信息和核心内容，同时删去了那些对理解作品并非必要的细枝末节，使作品更加精炼和流畅。这种处理方式有助于突显漫画作者想要表达的重点内容，让读者集中注意力，更深入地理解作品所传达的主题和情感。总体而言，译者的翻译手法不仅考虑到了语言层面的差异，还充分考虑到了文化背景和读者的认知水平，使得这版《庄子说》英译本在跨文化传播中更具有影响力和可接受性。

第六章　漫画版《庄子说》多模态翻译个案分析

第二节　漫画版《庄子说》多模态翻译策略

图像可以传递丰富的意义,而读者在阅读漫画作品时,也可以通过图像中人物的表情、动作形态等视觉信息来更深入地理解故事情节。因此,译者在对漫画中的语言文字进行翻译时,需要根据整体的信息内容选择合适的翻译策略。译者不仅要注意语言文字的翻译,还需考虑其他模态对意义表达的影响(孙钰、曾景婷,2023)。

不同于单一语言文本的翻译,漫画翻译是一种多模态翻译。多模态翻译并不简单地强调原文本与译本在语言层面的转换,而是把原文本与译本在模态层面的转换作为中心任务(吴赟、牟宜武,2022)。也就是说,进行多模态翻译,译者在翻译过程中"必须兼顾非语言信息的加工和转换,包括信息的增补、删减、转换等"(王建华、张茜,2020:15)。Nord(1991)在其文本分析模式中提出了翻译过程中要考虑视觉信息。在多模态文本翻译中,很多时候不仅要用目标语言准确再现原文语言所传递的信息,同时还需对原文中的非语言符号所承载的信息进行强调、解释或转换拓展,有时甚至需要删减那些可能使读者感到困惑的信息,或那些与图像内容相悖的信息,以确保在目标语境下译文中的图像与文字能够实现有机整合。在多模态文本中,特别是在漫画这样的文本中,语言的作用不仅限于传递信息,还包括对非语言符号的阐释，引导读者以正确的方式看待图像，并深化对图像内容的理解和认识。

漫画是一种典型的多模态文本，漫画中语言和非语言符号对传达信息都具有非常重要的作用。作为漫画对外传播重要一环的漫画翻译，仅通过分析语言转换，而不关注图像和排版等非语言因素是不够的（王治国、张若楠，2023）。也就是说，在翻译漫画时，除了关注原文语言文本信息，译者还要抓住视觉符号和语言的一致性，注意每一个视觉符号，发现其对全局意义的贡献。因为漫画翻译不只是文字转换和插图移植，而是关涉可读和可见两种模态之间的一种真正的互补关系。（同上）将《庄子说》译为英语时，译者根据漫画图像和排版的需要进行了灵活处理，使译文图文之间更为连贯，这些翻译策略也为典籍多模态翻译提供了很好的借鉴。

一、《庄子说》语际翻译中语言表达的"具象化"

"具象化"是一种重要的视觉翻译法，就是将原作中凝练而深刻的概念词转化成具体可感的图像描绘（杨艳、肖辉，2022）。所谓具象化传播，指通过能够看得到、体验到的符号、物品、人物、事件等元素以及通过具体形象载体直接表达传播意图和传播主旨的传播行为。具象化传播方式具有形象具体、可感可知、易于吸引和影响受众等特点。具象化传播是一种跨越符号表征与物质传递边界的传播方式，是一种基于具身认知的传播方式，也是一种注重文化和情境的传播方式（都晓，2024）。

将这种具象化传播的概念应用于漫画，我们可以看到漫画艺术

第六章 漫画版《庄子说》多模态翻译个案分析

如何将图像与语言相结合,从而产生一种互补的效应,共同构成复合信息。正如罗兰·巴特(Roland Barthes)所说:"图像的意义,有时受到相应文字的'点题',使得读者对图像的解读不致漫无目的;有时,文字则是对图像意义的一种'转播',即文字只就图像本身做描述或说明。"(Barthes,1977;都晓,2024)漫画翻译不仅仅是文字信息的转换,还包括对图像的理解和再现,使得视觉元素与文本之间产生密切的互动关系,这种互动是理解漫画并实现其具象化传播的关键。

"不可想象的怪人"(41)这个故事中提到中国古代政府对受灾害民众的救济行动。由于中国古代自然灾害频繁发生,政府往往会采取一系列措施来帮助受灾的民众,其中最为直接和具体的做法就是免费分发粮食。这种救济方式对于当代西方读者来说可能较为陌生,但通过译者的翻译,将"救济灾民"这一概念具体化为 gave out free grain,即免费分发粮食,使得西方读者能够清晰地理解在饥荒时期中国古代政府如何采取行动来保障民众的基本生存需求。与之匹配的图像也提供了同样具体的信息。画面中出现了四个人:两名排队的百姓,一名士兵,士兵背后是一名戴着官帽的官员。官员背后似乎是粮仓,堆满了一袋袋的粮食。士兵正将一袋大米倒入排在第一的百姓手中的袋子里,百姓面带感激的笑容,后面一名穿着补丁衣裳的老人也拿个袋子排着队。[①] 这一画面生动地展示了官府救济贫民的具体场景。这样的视觉呈现使官府的救济行为变成一幅幅具体可感的画面。通过

---

① 具体图像详见蔡志忠:《庄子说》(中英文对照版),北京:现代出版社,2013,第41页"不可想象的怪人"故事第5幅图。

183

文字和图像的结合，目标读者便能够更加直观地了解中国古代政府面对自然灾害时的应对策略。

又如"养虎的人"(43)这个故事中，老虎的"野性"是一个核心概念，主要体现为捕猎和食用活物的本能，这是其生存的基本需求和自然行为，与之匹配的插图进一步强化了这一概念。图中老虎嘴里叼着一只兔子，脸上流露出凶猛的表情，后面养虎之人惊恐地看着老虎。而前一幅图像则是老虎张着大嘴正在追逐两只惊慌逃窜的兔子。① 通过这两幅连续的画面，读者可以清晰地推断出，老虎嘴里的兔子正是它捕获的猎物。这种视觉叙述不仅生动地展现了老虎的野性，也使读者能够直观地感受到老虎作为捕食者的力量和威严。英译文将"野性"译为 its killing instincts，精准地捕捉了老虎野性的本质，即其杀戮的本能。这样的翻译不仅与插图中的画面相匹配，也使读者能够更加具体地理解老虎的野性。通过文字和图像的结合，老虎的野性从抽象的概念转化为具体的行为，使读者能够更加直观地感受到老虎的自然本性，同时也加深了对故事主题的理解。

又如"燕子结巢梁上"(83)这个故事提到燕子"结巢在人间"，这句话的信息对西方读者而言很不具体。在中国传统文化中，燕子被视为吉祥和幸福的象征，而燕子在屋檐下结巢的场景常常被用来描绘人与自然和谐共处的美好画面。对于西方读者来说，这样的描述可能缺乏具体的视觉效果，他们可能并不熟悉燕子在屋檐下筑巢的情景。这里

---

① 具体图像详见蔡志忠：《庄子说》（中英文对照版），北京：现代出版社，2013，第43页"养虎的人"故事第2幅图。

第六章 漫画版《庄子说》多模态翻译个案分析

与之匹配的图像生动地展现了这一画面:在屋檐下面,有两个燕子窝,里面各有一只小燕子伸出了身子,一个窝上还站着两只燕子。一只燕子正朝屋檐上飞去。下面一群人面带笑容地看着燕子说着话。① 画面中明确展示了燕子与人类和谐共处的场景,也传达了一种宁静详和的氛围。英译文将燕子"结巢在人间"译为"But still, it dares to build its nests in the eaves of people's house",和图像呼应,将"人间"译为 in the eaves of people's house,对燕子筑巢行为进行了更具体直观的描绘。通过这样的图文结合,西方读者能够更加直观地理解燕子"结巢在人间"的含义,感受燕子与人类之间的亲密关系,理解并欣赏这一独特的文化现象。

运用多模态呈现典籍文本内容本身就是对典籍思想内涵的视觉图像化。漫画版《庄子说》中庄子深奥的哲学思想被转化为直观易懂的视觉图像,使得典籍中的内容更加生动和具体。英译者在进行语言转换时,多处进行了语言的"具象化",将原文抽象的概念转化为具体清晰的描述,与图画相得益彰。这种双重"具象化"的处理方式可以极大降低读者理解典籍内容的难度,从而快速理解一些核心概念和现象,并通过视觉图像加深记忆。通过这样的翻译和插图结合,庄子的思想不再遥远而抽象,而是变得贴近生活、易于感知,如此也有助于提升典籍的对外传播效果。

---

① 具体图像详见蔡志忠:《庄子说》(中英文对照版),北京:现代出版社,2013,第 83 页"燕子结巢梁上"故事第 3 幅图。

二、《庄子说》语际翻译中的"图文连贯化"

读者阅读漫画时,大部分注意力会放在图像上,语言则是理解图像的辅助。在原文和译文中漫画中的语言都是对图像的描述。图像往往能传递更丰富的人物、事物和环境等细节信息,这些信息很可能超出文本所述的范围。漫画创作涉及从语言到图像的符际翻译。漫画中的图像要素包括人物、事物和场景等,哪怕是以简约的风格呈现,仍然富含诸如人物肢体、表情、场景背景等细节信息。在跨语言的翻译实践中,这种图文结合的复杂性进一步增加。

如前所述,翻译漫画时,译者不仅要考虑原文语言文本的信息,也要考虑图像传递的信息;不仅要关注图像和语言重合的信息,也要关注图像和语言之间的信息差。同时译者要考虑译文读者看漫画时可能会关注哪些信息,会产生哪些疑惑,从而确定是否要在译文中进行解释。此外,漫画是多个图像连续讲述一个故事,因此,译者翻译时还需要考虑如何通过语言加强图像之间的意义关联,减轻读者阅读负担。从《庄子说》英译来看,译者充分考虑到了图文共同构建的信息,灵活使用增译、减译、解释变译策略,更好地实现了每个分镜头的语言和图像之间的双重连贯。

(一)增译

增译是典籍翻译中用得最多的一种策略。考虑到中西语言文化的差异,以及原文作者与译文读者之间的时空距离和知识背景,汉英翻译过程中很多时候译者都需要增加一些原文文本没有表述的

第六章　漫画版《庄子说》多模态翻译个案分析

信息,帮助读者理解文本内容。像漫画这样的多模态翻译,需要增译的不仅仅是原文语言描述的内容,还包括漫画图像呈现的内容。针对原文语言文本的增译前面我们已经有所讨论,这里重点探讨涉及图像内容的增译。在《庄子说》中,译者主要增加了图像呈现的细节信息、相关的解说,以及前后图像的衔接信息。如在开篇对庄子的介绍:

> 白话文:庄子名周,战国时代宋国人。那是一个强凌弱、众暴寡,离乱、痛苦的年代,现实世界的痛苦,是一个无底的陷阱,丘垄黄土下的贤者,是伟大? 还是渺小? (3)

这句是对庄子身份、时代背景的介绍,突出时代的动乱。与这段话对应的图像近景是军队混战、百姓惨遭屠戮的场景,庄子站在远方,看着这一切,面露悲戚。在第1个图像和第2个图像之间,庄子成为前景特写。他侧身站立着,脸上是浓浓的哀伤,眼角流下一滴泪水。面对眼前的乱世,庄子的泪水清晰地表达了他的悲伤与无奈,这也为接下来的叙述奠定了基础。①漫画接下来的一个内容是:"庄子的视线,从此自人世移开,他所综观的乃是无穷的时空。"为了使两幅图叙述的内容关联更紧密,也为了突显庄子面对乱世的反应,译者在翻译对这两幅画面的描述时都做了增译:

> The name of our hero is Zhuang Zhou, and like all Chinese name, the surname comes first, followed by the given name. To show respect for his vast wisdom, we add the word *zi* to his surname, just like

---

① 具体图像详见蔡志忠:《庄子说》(中英文对照版),北京:现代出版社,2013,第3页。

Kongzi(Confucius), Mengzi(Mencius) and Laozi. Zhuangzi lived during the fourth century B. C., a time known as the Warring States period in China. This was a period of disunity in which <u>rival nations battled constantly for more land and greater power</u>. As a result, it was also <u>a time of widespread death and destruction. Zhuangzi saw this and was deeply saddened by it</u>. (3)

  这是整本书的第一句,由于中国读者对古代先贤名字由来已经非常熟悉,因此白话文只是简单介绍了庄子名周,但西方普通读者未必了解中国古代圣贤的命名方式,因此英译文重点增加了对庄子名字的解释,也借此显示庄子作为圣人先贤的地位。对于庄子生活的战国时代背景,由于中国读者对这段历史较为熟悉,所以白话文只对当时的普遍社会状况做了简略描述,而英译文则增加了对造成这种混乱的缘由的解释"rival nations battled constantly for more land and greater power"。原文提到的"强凌弱、众暴寡"是中国一直以来所谴责痛恨的现象,但在信奉强者为尊、丛林法则的西方读者的认知中,这似乎是可以理解的。"离乱"期间"背井离乡"所引起的痛苦,对于故乡观念薄弱的西方读者来说,也难以产生共鸣,因此英译文将这部分改写为更宽泛的 a time of widespread death and destruction。"死亡和毁灭"也是漫画呈现的最显眼、最具体的信息。在这一段最后一句,原文有一段感叹:"现实世界的痛苦,是一个无底的陷阱,丘垄黄土下的贤者,是伟大?还是渺小?"故事情节感不强,英译文将其省略,同时增加了对图像显示的庄子悲伤情绪的描述:"Zhuangzi saw this and was deeply saddened by it"。如此,图像与文本之间的联系更加紧密,增

第六章 漫画版《庄子说》多模态翻译个案分析

强了叙述的情节感。而紧接着第二幅图的译文也增加了承接上一镜头的信息:

> 白话文:庄子的视线,从此自人世移开,他所综观的乃是无穷的时空。
>
> 译文:As a way out, Zhuangzi shifted his line of sight from the earthly world to the limitlessness of time and space. (3)

原文这里的文字介绍并没有明显突出和第一幅图的联系。但英译文中增加的 As a way out 将庄子前后两个动作 deeply saddened 和 shifted his line of sight 紧密联系起来。这个短语不仅对庄子的内心转变提供了解释,而且揭示了他从对尘世混沌的深切悲悯到对时空无际境界的沉思,从而增强了文本的前后连贯性。

又如在"甘泉先竭"(80)这个故事中,原文提到"孔子周游列国,被困于陈蔡之间,七十天没有炊饭"。这里漫画图像显示:孔子与一群弟子围坐在一块空地上,旁边停着一辆两匹骏马拉着的马车,大家脸上都露出忧虑之色。而远处旌旗猎猎,依稀可以看出一群士兵正严阵以待,他们手持利刃与长矛,将道路封锁得水泄不通。①

从图像来看,孔子并非独自旅行,而是与弟子们同行。原文中对"被困"情境的描述较为简略,未详细阐释孔子和弟子为何以及如何受困。因此译者在翻译时便做了增译,给出了更多的细节信息:"Confucius was touring the land advising leaders of the states, when

---

① 具体图像详见蔡志忠:《庄子说》(中英文对照版),北京:现代出版社,2013,第 80 页"甘泉先竭"故事第 1 幅图。

189

he and his disciples were suddenly surrounded by the Cai and Chen people",指出孔子周游列国给各国国君提建议时,他和他的弟子们突然被陈蔡两国百姓围住。这样的增补赋予原文更为具体和完整的信息,丰富了叙事细节。不过这里增补的信息有一点与图像和事实都不太符合,即围困孔子及其弟子的不是陈蔡百姓,而是陈蔡两国的士兵。孔子先后向陈蔡两国国君提出了许多有利于国家强盛的建议,两国国君都没有采纳,孔子失望之余打算离开。楚王听说大名鼎鼎的孔子在陈、蔡的领地,就派大使去聘请孔子到楚国。这时,陈、蔡两国的士大夫听闻此事,认为孔子到楚国会帮助楚国发展得更强大,今后可能会对陈、蔡等一些小国不利。于是,他们派兵将孔子一行围在野外,目的是让其饿死。图中围困孔子一行人的是远景,不是很清晰,但应该可以看出他们手上的兵器,头上的盔甲都是士兵所用,所以这里增译的 Cai and Chen people 不太妥当。这也说明,在处理图文结合的多模态文本时,增加的信息既要与事实相符,也要和图像一致。

"燕子结巢梁上"(83)这个故事中提到燕子"衔着的果实掉在地上,便弃去飞走了""它本来是怕人的,却结巢在人间"。这里对应的是两幅图。一幅是两只燕子衔着一颗果实在天上飞着,一只燕子嘴里的果实掉了下来,而一个书生模样的男子蹲在那里看着这颗掉下的果实。对此文本的描述是燕子"弃去飞走了"。燕子为何因果实落地便弃之而飞,下一幅图的文本"它本来是怕人的"暗示了原因。紧接着的

第六章 漫画版《庄子说》多模态翻译个案分析

图像则是燕子在屋檐筑巢,旁边有几人围观,燕子并未飞走的场景①。两幅图形成了明显对比,与这幅图像的文本描述"它本来是怕人的,却结巢在人间"也同时形成了对比效果。而译者翻译时,将"它本来是怕人的"译为"because it is afraid of people"补充了 because 这一逻辑连接词,明确解释了燕子放弃果实的原因,又为其结巢于人间提供了转折的铺垫,从而在译文中增强了文本的内在逻辑和连贯性。此外,如前所述,燕子"结巢在人间",这句话的信息对西方读者而言很不具体,中国人自然知道燕子是如何结巢的,但西方读者对此并不熟悉。从这里的图像来看,燕子是在有人居住的屋檐下筑的巢,且面对人们的围观也没有离开,因此译者将燕子"结巢在人间"译为"But still, it dares to build its nests in the eaves of people's house",增加了"the eaves of people's house"信息,完全与图像匹配,如此增译也能强化西方读者对燕子结巢的认知,体会到中国人与动物的和谐相处。

又如"庚桑楚逃名"(89)这个故事讲到老子的弟子"庚桑楚住在畏垒山上,使畏垒地方的百姓大获丰收。于是当地的人开始感激崇拜他"。从对应的图像来看,高山悬崖边上的一间茅屋前面,庚桑楚正坐在悬崖边上,面对着悬崖下方沉思,下方是百姓们兴高采烈地收获着庄稼,仰着头看着庚桑楚的方向。② 图中庚桑楚和百姓的位置关系给人的感觉就好像他如神灵一般俯瞰众生,护佑下方百姓。这样的图像

---

① 具体图像详见蔡志忠:《庄子说》(中英文对照版),北京:现代出版社,2013,第83页"燕子结巢梁上"故事第2幅图和第3幅图。
② 具体图像详见蔡志忠:《庄子说》(中英文对照版),北京:现代出版社,2013,第89页"庚桑楚逃名"故事第2幅图。

设计更能解释百姓为何会崇拜庚桑楚。译者为了读者更好地理解句子间的逻辑关系,翻译时便把图像的这一信息明示出来:

> While he was living <u>on a cliff overlooking the village of Wei Lei</u>, harvest time came around and the villagers had a bumper crop. They attributed their good fortune to Geng Sangchu <u>overseeing them</u> and so began to worship and give thanks to him. (89)

英语译文使用了 overlooking 和 overseeing 这两个词,突出了庚桑楚高于普通百姓的地位,加之其颇得老子之道的身份,百姓崇拜感激他也就不难理解了。由此可见,在跨文化翻译过程中,译者构建译文时为了减轻目标读者的理解负担,在语言文本中往往会尽可能地补充一些有助于读者理解的信息,这些信息和图像重合,更能促进读者理解。又如,就在这个故事中庚桑楚解释自然的变化"春天的时候百草丛生",原文只提到了百草丛生,而对应的图像则提供了更多的信息,除了繁茂的草,还有盛开的花、飞舞的蝴蝶。[①] 英译文也相应增加了部分细节信息"In the Springtime, leaves begin to grow and <u>flowers blossom</u>",更能显示春天的繁荣景象。

(二)减译

Borodo(2015)指出,进行多模态翻译,在图文意义一致时可进行略译,图文意义不一致时可进行解释或变译,以形成新的"连贯的跨模

---

① 具体图像详见蔡志忠:《庄子说》(中英文对照版),北京:现代出版社,2013,第 89 页"庚桑楚逃名"故事第 3 幅图。

第六章 漫画版《庄子说》多模态翻译个案分析

态整体"。此外,中文译成英文,文字长度通常会增加,而且多数情况下图像意义比气泡对话中的文字意义更为明显。翻译典籍漫画,在图文意义一致时进行略译,可以节省版面,充分发挥图像的表意作用(汤仲雯,2021a)。漫画版《庄子说》的英译文就有很多基于图像考虑的删减。

如在"子贡衣服雪白"(101)这个故事中提到原宪和子贡是孔子的学生。原宪很穷,而"子贡很会说话,做了大官,往来很神气。有一天子贡去看原宪"。这句的英译文是"Zi Gong was a wealthy governmental official, and one day he paid a visit to Yuan Xian",省略了"子贡很会说话,往来很神气"。原文的逻辑是子贡是因为口才突出,才做了大官。这在子贡那个年代非常正常。当时很多人就是凭借口才坐上高位。但在西方没有这样的传统,读者可能无法理解很会说话和做大官的逻辑关系,因此译者省去不译。而子贡"往来很神气"也省略了,因为这个信息图像表现得特别明显,图中子贡坐在配着伞盖的马车上,双手拢在袖子里,嘴角上翘,一副志得意满的样子。[①] 这里对于图文一致的信息,译者省略不译,既可以节省篇幅,也不妨碍读者理解文本主要意义。

又如在"无牵挂的人"(216)中,曾子称:

> 白话文:我第一次做官时,俸禄只有三釜米,但心中很快乐,因那时双亲还健在。现在俸禄虽有三千钟米,但我双亲已经不在了,所以我心里很难过。

---

① 具体图像详见蔡志忠:《庄子说》(中英文对照版),北京:现代出版社,2013,第 101 页"子贡衣服雪白"故事第 4 幅图。

193

译文：Before when I was an official my salary was only five pecks of grain, and yet I was very happy—because my parents were alive then. Now my salary is fifteen thousand bushels and I feel just terrible.

白话文原文清晰地表达了曾子的薪禄虽大幅增长，但由于父母不在，其快乐并不如从前，旨在强调曾子的孝心。然而，在英文翻译中，曾子解释自己悲痛原因的部分被省略。第二句译文"Now my salary is fifteen thousand bushels and I feel just terrible"只译出了"俸禄三千钟，心里很难过"，而且用了 feel terrible 这一比较模糊的表达说明曾子的心境。从对应的图像来看，曾子是在掉眼泪。掉眼泪这个动作刚好给理解 feel terrible 提供了解读其具体意义的语境，结合上一句文本结尾"… yet I was happy because my parents were alive"，再加上这个故事末尾的总结"Zengzi may not have been attached to his salary, but he had certainly been attached to his parents, and this is why he felt sad"，读者稍加推理，便能够理解曾子的心境变化是由于父母。因此，可以结合图像和上下文推理的信息，在译文文本中也是可以省略的。

（三）解释和变译

在漫画书中，有时图像会比文字呈现更多的细节信息，但有时语言文字又可能提供更细微的信息。译者在构建译文时，会视情况进行选择。若是原文语言文字提供的细节信息目标读者理解存在困难，译者便可以选择更贴近图像信息的语言表达，减轻读者的理解负担。

第六章 漫画版《庄子说》多模态翻译个案分析

如在"庖丁解牛"(30)这个故事中,庖丁称:"我解剖的牛多了,眼睛看见的便不再是一头牛,而是牛身上的筋骨脉络的结构。"与这句话对应的图像中是一头牛的骷髅骨架,也就是说原文更为细节的"筋骨脉络",图像中只呈现出了骨头,"筋、脉络"这样的说法在西方文化中很少使用,因此译者在这里进行了变译,将"筋骨脉络"改为 skeletal structure,这种修改反而和图像更为对应。此外,译者还将"一头牛"增译为 the whole cow,和 skeletal structure 形成明显对照。

图文信息不一致时,译者也往往需要改写。如"不可想象的怪人"(41)这个故事中提到支离疏"发髻朝天"。其中"发髻"是中国古代特有的头饰方式,富含文化特色。然而图像创作者在这里可能为了强调支离疏这一角色的怪异特质,选择了不遵循传统的发髻形象,描绘了一头未束的、四散狂乱的头发。[①] 这种视觉上的呈现与原文描述存在显著差异。因此译者在翻译时采取了灵活的改写策略,将"发髻朝天"的描述转换为 hair stuck out in all directions。这种改写不仅仔细考量了图像所展示的视觉信息,而且深入理解了原文所要传达的角色形象特质,弥合了文本与图像之间的差异,使得译文既忠实于原文的意义,又紧密贴合了图像的视觉表达。

翻译的对象是多模态文本时,原文的语言文本和图像都是译者需要考虑的因素,这也是多模态翻译不同于单一语言模态翻译之处。《庄子说》英译者在进行翻译时,具有较强的多模态翻译意识,没有完

---

① 具体图像详见蔡志忠:《庄子说》(中英文对照版),北京:现代出版社,2013,第 41 页"不可想象的怪人"故事第 1 幅图。

全依据原文语言表达进行译文转述,而是灵活运用增删改译等翻译技巧,保证了译文和图像的连贯一致。不仅如此,译者还对有些原文语言与图像匹配错位之处做了订正。

如在"黄帝问道广成子"(54)故事中,第一幅图有两个画面。上面的画面显示黄帝在龙的护卫下庄严地坐在王座上的高大形象,而下面的画面则展示黄帝躬身向广成子询问大道的场景。[①] 与此同时,配于上半部分的文本是"这时候,他听说广成子已得大道,便亲自上山向广成子问道",这实际上描述的是下半部分的画面。相对地,配于下半部分的文本"黄帝在位十九年,教化大行于天下"则与上半部分的图像内容更为契合。因此译者在译为英语时做了调整,将"黄帝在位十九年,教化大行于天下"的英译文放到了上面的图像旁边,而将"亲自上山向广成子问道"的译文调整到下面的图像旁。同时为了两个文本间衔接更自然,加了过渡性的话语 out of curiosity。通过这样的调整,译文和图像实现了高度一致。

又如"杨朱学道"(100)这个故事:

> 白话文:杨朱想向老子学道(老师!跟我一起住旅舍,教我"道")……杨朱初到旅舍的时候,大家都很怕他,客人也不敢和他同座。但是,杨朱要离开旅舍的时候,众人的态度大为改变,大家都和他很亲热,甚至抢他的位子。
>
> 译文:One day, the brutish Yang Zhu and Laozi crossed paths. (Master Laozi, I want to learn about the Dao)... When Yang Zhu

---

[①] 具体图像详见蔡志忠:《庄子说》(中英文对照版),北京:现代出版社,2013,第 54 页"黄帝问道广成子"故事第 1 幅图。

第六章 漫画版《庄子说》多模态翻译个案分析

first entered the inn, <u>he was coarse and demanding</u>. Everyone was afraid of him and kept their distance. By the end of his stay, though, Yang Zhu <u>had made a complete turnaround</u>. He was polite and <u>courteous</u>, and <u>nobody was afraid of him</u>. Some people even dared to <u>push him around</u>.

  翻译这个故事时,译者在很多地方都进行了改动。为了体现杨朱学道的变化,也为了减少读者的迷惑,一开始译文就对杨朱是什么样的人进行了解释,说他是一个暴虐之人(brutish)。故事开头的第一幅图杨朱和牵着牛的老子在路上相遇,杨朱一脸凶样,对老子粗鲁地吼着,周围人都是面带惊恐之色,纷纷退避。画面中杨朱的外形表情、周围人物的恐惧与退避动作都显示出杨朱是个暴虐之人。① 因此,英译文对杨朱性格的阐释与图像中的表现协调一致,恰如其分地反映了其个性。同理,对于杨朱在旅舍中人们态度变化的描述,也根据图像做了相应的阐释。杨朱在旅舍的表现,原文只是提到"杨朱初到旅舍的时候,大家都很怕他,客人也不敢和他同座",而相应的图像中,杨朱满脸凶狠地拍打着桌子,周围之人都是满脸惊恐之色,避之唯恐不及,因此图像呈现的杨朱的粗鲁暴躁是对旅舍众人怕杨朱的解释。英译文重述了这一信息"he was coarse and demanding",但到要离开时,原文只提到"杨朱要离开旅舍的时候,众人的态度大为改变,大家都和他很亲热,甚至抢他的位子"。相应的图像是杨朱坐在一张桌子前,龇着牙,一脸尴尬的样子,额头一串汗水滴下来,旁边两人则一副凶巴巴的

---

① 具体图像详见蔡志忠:《庄子说》(中英文对照版),北京:现代出版社,2013,第100页"杨朱学道"故事第1幅图。

197

样子对他说着什么,其中一人甚至动手推他。尽管图像上杨朱龇着牙,但其表情更多的是惊讶和忍让,而不是之前的凶暴。因此,英译文"Yang Zhu had made a complete turnaround. He was polite and courteous"也是重述了图像的信息,明确解释了"众人的态度大为改变"的原因,减少了读者的迷惑。此外,原文提到大家都和他很亲热,甚至抢他的位子,但插图仅显示了一个人推搡他的场景,并没有直观地反映出任何亲密之情。因此译者将这部分改译为"nobody was afraid of him. Some people even dared to push him around",这样的改写使译文和图像更为一致。

  除了根据图像增加解释性信息,和汉语原文相比,英译文还切合图像改变了叙述方式,使语言描述更有画面情节感。如在故事开头第一幅画面,杨朱和老子路上相遇,杨朱开口叫嚷,汉语原文是"杨朱想向老子学道"。杨朱的这一想法通过人物旁边的对话气泡得到强化:"老师!跟我一起住旅舍,教我'道'。"可见原文正文描述和气泡对话意义是重合的,不同之处是增加了杨朱邀请老子去旅舍教他"道"。第二幅图和第三幅图都是以对话气泡形式传达意义,第二幅图是老子批评杨朱,杨朱听得头冒冷汗,第三幅是老子问杨朱想修什么道,而杨朱拜倒在地,表示愿听老子教诲。第四幅图和第五幅图则是呈现杨朱在旅舍前后行为的变化,也暗含他跟着老子学道后的变化。① 从中文来看,原文和图像呈现一种互补关系,杨朱学道前的暴虐,除了老子对他的批评中提到,其他几幅图都是通过图像体现。若是不看图,只看文

---

① 具体图像详见蔡志忠:《庄子说》(中英文对照版),北京:现代出版社,2013,第100页"杨朱学道"故事第1—3幅图。

第六章 漫画版《庄子说》多模态翻译个案分析

字,内容是不连贯的,读者会疑惑人们对杨朱的态度为什么会变化。但图文结合理解,读者便可以清楚文本传达的意思。而英译文则更像是描述图画,故事开头是"One day, the brutish Yang Zhu and Laozi crossed path",对话气泡中杨朱说的话译为"Master Laozi, I want to learn about the Dao!",把杨朱想向老子学道这一意思通过气泡对话体现出来。随着情节的继续深入,第二幅图中老子的批评被呈现为直接对话:"I think you're already beyond hope. Look how you barge around with no concern for others."在第三幅画中,尽管老子对杨朱提出了批评,却没有拒绝他的请求,英文翻译概述为:"O. K., we'll see what we can do."这一表述暗示老子愿意指导杨朱。据此,杨朱的回应相应调整为:"Perhaps we can put up in the same inn tonight and you can teach me."将原先第一幅图的对话内容移至此处,同时将此句作为第四幅图的铺垫。① 紧接着第四幅图就提到了旅舍,如此前后文本衔接更紧密,意义更连贯。

在"徐无鬼相狗相马"(207)这个故事中,徐无鬼称:"如果一匹马,无论齿、背、头、眼都合乎绳墨规矩,它的进退周旋也完全中规中矩,那就叫国马。"这里出现了一个很有中国特色的词"绳墨规矩",原指木匠做木工的工具,后来广泛用来指应当遵守的标准、法则。原文的意思是马的齿、背、头、眼都长得很符合标准,因此图像中没有出现"绳墨规矩"这样的木工工具。这句话对应的图像是一批身姿矫健的骏马,配着马勒和缰绳,表面看来似乎图像和文本不太一致,因此译者便结合

---

① 这个故事的中英文和具体图像详见蔡志忠:《庄子说》(中英文对照版),北京:现代出版社,2013,第100页"杨朱学道"故事第1—5幅图。

图像,将"合乎绳墨规矩"译为 obeys bridle and reigns,使文本信息和图像更一致。然而,这样改译却有些偏离了原文的意义,因为英文中的 obeys bridle and reigns 是指马儿听话,显然不同于原文的意思。这也说明,在翻译多模态文本时,面对表面上图文不一致的情况,还需要考虑语言的所指,是其字面意义还是引申意义,若是引申意义,便不用纠结与图像是否一致。

当然,在不妨碍原文意义传达的情况下,译者可以对原文语言进行改写,使文本信息和图像更一致,或者更能突显某方面的信息。如在"任公子钓大鱼"(214)这个故事中,开头的原文和译文:

> 原文:任公子做大钩和大索,用五十条阉过的牛做饵,蹲在会稽山上投竿东海钓大鱼。
>
> 译文:A prince of Ren once made a huge hook and a giant pole, used fifty steers as bait, crouched down on Kuaiji Mountain, tossed his line into the Eastern Sea, and fished for a big fish.

对比原文和译文,不难发现,译者将原文对绳子的描述改为对鱼竿的描述。绳子的大小是原文中的一个细节,但在相应的插图中并不突出,看起来和普通的绳子并无多大差别。相反,任公子手中的鱼竿显得特别粗大,成为视觉焦点。[①] 基于这一观察,译者选择了将绳子的描述省略,转而用 a giant pole 来突出鱼竿的巨大尺寸。这样的翻译策略不仅与插图中的视觉重点相吻合,而且也强化了故事中钓鱼工具的非凡之处,提升了文本和图像之间的协调性。通过这种细致的改

---

① 具体图像详见蔡志忠:《庄子说》(中英文对照版),北京:现代出版社,2013,第 214 页"任公子钓大鱼"故事第 1 幅图。

第六章 漫画版《庄子说》多模态翻译个案分析

写,译者不仅确保了信息的准确传递,还增强了叙述的视觉影响力。

进行多模态翻译要考虑图文一致,但有时图像也会影响译者对文本的准确理解。当然,问题主要在于图像的绘制出现了偏差,英译者又过于信任图像,未能进行核实,导致偏离文本原意。如在"鹓鸟吃腐鼠"(70)这个故事中,原文是鹓鶵非竹实不吃。竹实是竹子开花结的果实,非常罕见,这也可以看出鹓鶵对生存条件的挑剔,突出其不凡之处。但对应的图像中出现的是竹笋,这应是图像创作的一个失误。[1] 译者在英译时,便根据图像将竹实简单译为 bamboo shoots,而 bamboo shoots 是十分常见的东西,这一误译显然无法传递出原文的意图。同样在这个故事中,庄子用了鸱鸟做对比,提到鸱鸟吃腐烂的老鼠。鸱鸟是中国古代对猫头鹰一类鸟的总称,在中国文化中有不孝、忘恩负义的寓意。但漫画作者将鸱鸟画成了乌鸦,译者根据图像,未加考证,也译为了 crow。不过这倒是能避免西方读者的文化误解,对这个故事产生困惑。在西方文化中猫头鹰通常视为智慧、启示、警惕和神秘力量的象征,被称为吉祥鸟。在这个故事中,庄子将自己比喻为高贵的鹓鶵,将惠子比喻为品行低劣的鸱鸟,两人形成明显差别,但若是将两种鸟分别译为 phoenix 和 owl,两者的差距便不会那么明显。从这点来看,这个故事符际翻译的误译倒是阴差阳错,歪打正着。这也说明,在翻译时,不管是符际翻译还是语际翻译,有些事物的文化寓意比实际所指更为重要。遇到这样的情况,有必要进行相应的改译。在这个故事中,竹实的符际翻译和语际翻译误译偏离了原文的意

---

[1] 具体图像详见蔡志忠:《庄子说》(中英文对照版),北京:现代出版社,2013,第 70 页"鸱鸟吃腐鼠"故事第 5 幅图。

图,但鸦鸟的符际语际翻译误译却比忠实翻译更能传达原文意图,如此可见中国文化典籍多模态翻译之复杂。

总而言之,在漫画翻译中,译者可以充分利用图像信息的作用,发挥不同模态的叙事优势,选用恰当的翻译策略,对原文进行适当的增删、改写和解释,使译文文本和图像更连贯一致,给目标读者呈现更为具体可感的信息,使读者能够跨越语言和文化的界限,感受原作的魅力和深度。

第三节 漫画版《庄子说》多模态翻译中的图文关系重构

一、《庄子说》原文中的图文关系

不同于其他多模态文本,一般漫画书中都是图像为主,文字为辅。然而,对于那些蕴含深刻哲学思想和丰富文化背景的经典著作,即便以漫画形式呈现,文字的作用亦不可忽视。唯有文字和图像紧密结合,有机互补,才能最大程度地呈现典籍意义。以漫画版《庄子说》为例,该作品中的图像与文字通过有机的互补关系,共同讲述了一系列生动而充满哲理的故事。经过翻译之后,图片和文字会发生不同步的变化,译者需要创造性地调整图文之间的匹配度(汤仲雯,2021b),甚至重构图文关系。

第六章 漫画版《庄子说》多模态翻译个案分析

如本书第四章所述,多模态文本中的图文关系可以从各个角度来进行定义。从符号学的角度,基于不同符号体系之间的逻辑关系,可以定义三种图文关系:说明、锚定和接递(Barthes,1977)。从功能视角看,图文关系可以分为五种,即图像相对于文本的功能,包括装饰功能、再现功能、组织功能、阐释功能和转换功能(Carney & Levin,2002)。从逻辑语义视角来看,图文关系可以分为投射和扩展两种。"扩展"又可以分三种类型:详述、延伸和增强(Martinec & Salway,2005)。从信息学的角度看,图文关系可以分为五种,即冗余、互补、增补、并置和布景(Schriver,1997)。当然,这些图文关系有重合之处,只是视角不同而已。如说明、再现、投射和冗余所指的关系就差不多,阐释、增补和拓展也差不多是同样的关系。此外,图文关系是相互的,如Barthes提到的说明关系指图像对文字的说明,锚定关系指文字对图像的锚定,反过来也成立,即说明关系也可以是文字对图像的说明,图像对文字意义的锚定,其他类型的图文关系也是如此。

整合各个视角的图文关系,漫画版《庄子说》的中文主要通过图文冗余、图文拓展和图文互补三种关系实现图文共同叙事。

(一) 图文冗余关系

冗余关系是指图像部分或完整描述了文本的内容,反映了文本的部分或全部信息,也可以理解为图像支持文本意义,图像和文本主要呈现的是同样的内容。在《庄子说》中,大多数的文本和图像都存在冗余关系,使读者能够更轻松地理解文本意义。如"无用的樗树"(13)中,原文提到樗树"主干木瘤盘结,小枝都凹凸扭曲,完全不符合绳墨规矩",相应的图像是一棵巨大的树,树干凹凸不平,长满了不规则的疙瘩凸起,树枝也是弯弯扭扭。一个人拿着墨斗测量树干,扭曲的树干完全不能与墨斗平齐。[①] 由此可见,语言描述的信息所配图像都清晰地展示出来了,关于樗树的外形,图像和文本包含的信息基本相同,图文构成冗余关系。

又如在"孔子游黑森林"(115)这个故事中,第一幅图语言文本是"孔子来到一片黑森林游玩,他的弟子在他身旁读书,他坐在大石上弹琴唱歌",而图像中有山有树,展示场景是森林,图像中央是一块巨大的石头,孔子正坐在上面弹琴,嘴巴张开,从嘴里飘出一串串音符,说明他边弹琴边唱歌,旁边一众弟子在看书。[②] 由此可以看出,文本的信息基本和图像信息重合,图文形成明显的冗余关系。

图文冗余关系大大降低了翻译的难度。我们知道,大多数情况下,多模态文本中的图片在异质文化语境中不会发生变化。如果对应的文字在翻译之后起了细微的变化,则可以依靠图片的稳定性加以修正(汤仲雯,2021b)。在翻译图文冗余的文本时,即使译文文本不能完全传达原文的意义,甚至会偏离原文意象,图像也可以修正语言的偏离之处,如"无用的樗树"中将"绳墨规矩"译为 carpenter's plumb line,孔子弹琴中的"琴"被译为 zither。虽然中国传统木匠用的"绳墨规矩"和英语中的 plumb line 并非同样的东西,英语中 zither 和中国的"古

[①] 具体图像详见蔡志忠:《庄子说》(中英文对照版),北京:现代出版社,2013,第 13 页"无用的樗树"故事第 1 幅图和第 2 幅图。

[②] 具体图像详见蔡志忠:《庄子说》(中英文对照版),北京:现代出版社,2013,第 115 页"孔子游黑森林"故事第 1 幅图。

第六章 漫画版《庄子说》多模态翻译个案分析

琴"也并非严格对应,但由于图中呈现了对应的实物,因此语言上的偏离并不会影响读者理解认知该器物。这也在很大程度上解决了中国特有事物经过翻译后变形的问题。

(二)图文拓展关系

图文拓展关系指一种模态对另一种模态信息的拓展,可能是一种模态对另一种模态信息的进一步延伸和阐释,也可能是提供更为详细的信息或例证,或者是场景、情境性信息。

在《庄子说》中,由于空间限制,文字所占篇幅非常有限,且有些意义本身比较抽象,难以用有限的文字阐述清楚,这时图像便可以提供更具体形象的阐释。如在"薪火尽传"(32)这个故事中:

> 白话文:用油脂来做柴烧,油脂有烧完的时候,火却永远地传下去,没有穷尽。身体有死亡的一天,但精神、思想却可一再传下去,永远不灭。

油脂烧完,火如何传下去?身体死亡的情况下,精神如何传下去?如何做到永远不灭?这里并没有进行详细解说,即使凭借想象,也不一定想象得出。而与之对应的两幅图像,左边一幅显示油脂里的火点燃了蜡烛,蜡烛的火又点燃柴火,如此导致火苗一直传下去;右边一幅图最上面是老子,圆形气泡中有个"道"字,代表精神、思想,老子的下面是头上有天使环且飘于空中的老子魂魄紧挨着庄子,庄子头上仍然有一个写着"道"的圆形气泡,表明老子死亡了,但庄子继承了他的思想,而最下面又是飘浮的庄子紧挨着另一人,这个人头顶也有个写着

205

"道"的圆形气泡,说明庄子死了,但又有其他人继承了他的思想,这样思想便可以一直传承不灭。①如此两幅图从上至下依次三组图像生动地解释了火和精神如何传承,图像拓展解释了文本的意义。

又如在"泛若不系之舟"(120)这个故事中,原文文本中提到"巧妙的人多劳苦,聪明的人多忧愁"。文本是比较宽泛的概括性陈述,而图像对巧妙之人的劳苦和聪明之人的忧愁进行了更为具体的呈现。第一幅图中一个像是王侯之人,面容显露出明显的焦虑与不耐,坐于书案之前。官员排成长龙,各自手捧奏折,等待其审阅与决策,此情此景暗示了该人物肩负着繁重的政务负担,面临着持续不断的事务处理需求。而第二幅图一个人看着面前的书,龇着牙,神情烦躁,额头上不断有汗珠滑落,显示他可能思考太多以至千头万绪,无法理清思绪而焦躁不宁。②通过这种图像为文本提供例证的方式,文本和图像构成了拓展关系,更丰满地呈现了原文意义。

(三)图文互补关系

图文互补关系指两种模态表达不同的内容,但两者共同帮助读者理解文本主要信息。如"杨朱学道"这个故事就明显利用了图文互补,用简洁的语言讲述了杨朱由学道前的嚣张跋扈、人见人怕变成学道后的恭顺守礼。文字只是客观叙述事实,而杨朱嚣张跋扈的样子则由图

---

① 具体图像详见蔡志忠:《庄子说》(中英文对照版),北京:现代出版社,2013,第32页"薪尽火传"故事插图。
② 具体图像详见蔡志忠:《庄子说》(中英文对照版),北京:现代出版社,2013,第120页"泛若不系之舟"故事第1幅图和第2幅图。

像呈现。漫画中第一幅图杨朱神情凶恶,在野外,周围人看到他都是一脸惊惧,而到了旅店,从他大张的嘴巴,挥拳拍打桌子的行为,以及旅店之人一脸惊吓、避之唯恐不及的样子都充分展现出他的性情暴戾。

又如"自然的用"(98)中使用比喻的方法说明有用无用的关系。第五幅图是庄子拿着锄头把一个人所站地方周围的土地都挖掉,图中的语言表述是"如果把立足以外的地统统挖掉……",挖掉后会发生什么语言没有明示出来,但第六幅图、第七幅图都显示出了土挖掉后的事情,即人会无法立足,掉下深坑。第七幅图是这个人完全掉了下去,所配的文字是庄子的反问:"那么你所立足的那小块地还有用吗?"这里文字和图像呈现出了不同的信息,但彼此紧密相关,形成有机互补,共同传达了典籍原文的深刻道理。①

多模态信息传播的本质就是借助多种模态符号共同传递信息,一方面提升信息传播的趣味性,另一方面帮助读者更好地理解信息。图文可以利用冗余关系减轻读者理解的负担。通过拓展和互补关系可以充分发挥语言和图像各自的优势,在有限的空间内呈现更丰富具体的信息,加深读者对信息的理解,提升信息传播效果。而这也是多模态信息传播优于单一语言模态或图像传播的优势。对于内容比较深奥复杂的典籍传播而言,合理整合利用语言和图像的优势就更为重要。当然,由于中英语言文化以及中西读者对信息本身和图像的认知存在差异,原文的图文关系在翻译过程中可能需要调整,以使译文在

---

① 具体图像详见蔡志忠:《庄子说》(中英文对照版),北京:现代出版社,2013,第98页"自然的用"故事第5—7幅图。

目标语环境中实现最佳的信息传播效果。

二、《庄子说》英译中的图文关系重构

如前所述,多模态文本中,图像和语言文本共同传递意义。但在构建意义时,语言和图像有着各自的优势和局限,这就决定了语言和图像两者互为补充,才能共同呈现更丰富的信息。根据文本生成方式,或者文本生成的目的,以及信息本身的特点,图像和语言可能存在不同的互补关系。在翻译活动中,译者在翻译过程中出于各种因素的考虑对语言文本进行了一些调整和转换,这些语言层面的转换"不管是关于原文语言文本本身还是关于图像,都可能影响译文中的图文关系"(Borodo,2015)。也就是说,译者在翻译多模态文本的过程中,会自觉或不自觉地重构译文的图文关系。漫画《庄子说》的翻译也是如此。译者大都保留了原文的图文关系,但也有多处通过增加、删减和改写等语言策略重构了图文关系。

(一)冗余关系重构

在典籍翻译中,构建冗余图文关系非常有助于减轻目标读者的阅读负担,特别是对典籍中反映中国社会文化生活特有概念的翻译。这些概念对缺少中国文化背景的国外读者而言极为陌生,单单语言描述无法让其产生具体的认知,仅通过图像呈现,读者又无法明白图像所指到底为何物,也无法在大脑中形成对该事物的认识。而图像和语言同时呈现,则有助于帮助读者快速建立语言和其所指之间的联系,实现对该概念的正确理解。

第六章 漫画版《庄子说》多模态翻译个案分析

如前面提到过的,在《庄子说》"不可想象的怪人"(41)中白话文是:"有时候……政府救济贫民,支离疏列入甲级贫户,可以领到不少的柴米。"其中图像描绘了支离疏位于队伍前端,士兵正向他发米。该描述突出了中文描述和图像间的直接关联。这里的图像和原文文本"救济贫民"是例证拓展关系,而英译文将"救济贫民"这一行为具体化为 gave out free grain,和图像的信息一样,如此译文便被重构为冗余关系。这种冗余关系有助于读者快速了解中国古代的救济贫民是如何进行的,生动的图像和清晰的语言表达结合,也能加深读者对这一行为的印象。

又如在"黄帝问道广成子"(54)这个故事中,原文提到,听了广成子的话,黄帝"心如死灰,立刻退位,抛了天下,到荒野独居,清清静静地住了三个月"。对应的图像是:黄帝满脸落寞,独坐在简陋的草棚中侧头沉思,草棚外面的案几上摆放着他的王冠。① 这种图像描绘加深了对文本中黄帝情感转变和选择的阐释。从图像和白话文的关系看,这是一种例证拓展关系。图像中黄帝住在草棚里是对"荒野独居"的例证拓展,而英译文则是直接译出了"he left the world behind and went to <u>live by himself in a grass hut</u>",如此英译文和图像构成冗余关系。

又如"燕子结巢梁上"(83)这个故事中,原文燕子"结巢在人间"和图像也是呈例证拓展关系,但通过增加细节信息,将原文的"结巢在人间"译为"built its nests in the eaves of people's house",如此,原文的图文关系在译文中重构为冗余关系,这种调整使得读者能够快速理解

---

① 具体图像详见蔡志忠:《庄子说》(中英文对照版),北京:现代出版社,2013,第 54 页"黄帝问道广成子"第 3 幅图。

209

燕子的筑巢习性,避免不必要的猜测和迷惑。

(二)互补关系重构

如前所述,对于当今读图时代各种图文书的出现,不少学者担心图像会导致人们阅读浅表化,只追求感官的刺激,而无法理解或不愿意去思考图像背后的深层次文化和思想内涵。在图文书的跨文化传播中,也需要考虑图像的这一局限性,进行语言翻译时尽量弥补图像可能导致的负面效应。而要弥补图像的不足,便需要精心构建图文互补关系,在语言层面增加对图像的解释性信息,以保留整个多模态文本的深度,引发读者进行深层次的思考。

如《庄子说》"昭文不再弹琴"(20)这个故事中,昭文悟到"弹琴的时候,只要发出一个声音,便失掉了其他声音……只有在住手不弹的时候,才能五音俱全"。与之对应的两幅图,第三幅图显示的是昭文弹琴,从琴上只发出了一个大大的音符,而第四幅图的图像与"大地的箫声"(18)这个故事的画面非常相似:大风起时,山林巨木各种各样的孔洞发出的各种声音。[①] 在中国文化中,"五音俱全"原本是用来形容音乐方面的协调与完整,指的是宫、商、角、徵、羽这五个音阶都具备,能够演奏出和谐悦耳的音乐。这幅图画面显示的正是昭文停止弹琴后,自然界传出的各种声音,因此原文的文字介绍和图像构成冗余关系。而从英译文来看,第三幅图译文几乎是对原文的直译,也保留了冗余关系,但第四幅图将"五音俱全"改译为"he could hear everything in

---

① 具体图像详见蔡志忠:《庄子说》(中英文对照版),北京:现代出版社,2013,第20页"昭文不再弹琴"故事第3、第4幅图。

第六章 漫画版《庄子说》多模态翻译个案分析

complete harmony"。西方的音乐系统以七音音阶为基础,通常采用大调和小调两种模式,具有不同的音阶结构与和声体系。对于西方读者而言,若是将"五音俱全"译为"complete with the five musical notes",他们可能不会有中国读者的感受。译者将这里的"五音俱全"进行了改译,实际上是对这一成语在这个场景中的深层意义进行了明示。画面中不同孔洞发出的不同声音交汇在一起,和 everything in complete harmony,也就是画面呈现的表层信息和译文语言呈现的深层次的 complete harmony 构成了互补关系,通过这样的图文互补,西方读者能够更好地理解画面中不同声音的交汇所体现的和谐,从而实现对整个文本的深度理解。

又如"鸭脚太短吗"(49)这个故事中,第六幅图表现最后一个情节,原文是"鹤则脚长而脖子短,相互为用",即鹤的长脚和短脖子与前面两幅图中鸭子的短腿和长脖子,刚好能互为补充,使它们能方便地生活。画面显示的是鹤和鸭子都各自利用自己身体的相互协调捕捉到了食物。① 因此图像是对文本的例证。但此处语言文本和图像都只是呈现了表层意义,而这个故事的深层含义是一切要顺应其自然的样子,正如前面提到的,若是把鸭子的脚接长,鹤的脚切短,都会让它们悲哀。但这里最后的总结突出的是对长短的划分。而这句的英译文"so in the end, everything is as it should be"省略了图像呈现的鹤和鸭的脖子和腿相互为用这一信息,直接点明这个故事的深层含义,即一切顺其自然,这也是庄子思想的核心。通过这样的译文调整,图像

---

① 具体图像详见蔡志忠:《庄子说》(中英文对照版),北京:现代出版社,2013,第 49 页"鸭脚太短吗"故事第 6 幅图。

和译文文字也构成一种互补关系,使目标读者能够通过生动的图像轻松地理解庄子的深刻思想。

在翻译中国典籍时,若仅仅依赖文字来阐述其深邃的思想,西方读者可能会难以领会。然而,如果能够巧妙地结合生动的图像,将抽象的思想具象化,再辅以恰当的文字说明,使得图像与文字相得益彰,便能有效地降低理解上的障碍,同时确保典籍的深刻内涵得以完整传达。图文结合的方式不仅能够丰富信息的表达,还能帮助读者更加直观地感受和理解典籍的精髓,这也是典籍多模态翻译的重要意义所在。

(三)锚定关系重构

从前面对语言翻译策略的分析可以看出,《庄子说》中很多地方涉及范畴问题,如在"不可想象的怪人"(41)这个故事中提到支离疏替人卜卦算命,而对应的图像中有一张桌子左边画着阴阳图,支离疏坐在桌边给一个人看手相。① 就原文而言,汉语文本的"卜卦算命"和图像构成了冗余关系。对于"卜卦算命",译者将其译为更宽泛意义上的 telling fortunes,图像提供了更多的细节信息,对英语中这一宽泛表达的意义进行了锚定,从而赋予 telling fortunes 这样常见的英文表达不同的意义,目标读者可以通过自己熟悉的表达轻松实现对文本意义的正确理解,避免因为语言的归化而导致的意象错位。

又如在"风和蛇"(62)故事中,"夔是一种独角兽"被译为"The

---

① 具体图像详见蔡志忠:《庄子说》(中英文对照版),北京:现代出版社,2013,第 41 页"不可想象的怪人"故事第 3 幅图。

kuei is a one-footed creature",而不是直接译为 unicorn,这种选择反映了译者对于图像与文本之间关系的周详考量。将动物的下义词"兽"转化为更广义的范畴 creature,如此转化应是考虑到从图像来看,夔就像一只长着一只角的鸟,①其形象和英语中凶猛的 beast 相去甚远,为了不和西方读者心中"兽"的形象相悖,creature 是个可行的选择。这个故事中的"蚿是一种百足虫"译为"The centipede has one hundred feet","蚿"也译为其上义范畴词 centipede。所配插图画出了夔和蚿的具体样子,限定了英文表达的意义,构成了对语言的锚定。②

众所周知,对于同一对象,不同文化的人可能会有不同的范畴认知。为避免跨文化传播中的认知冲突,译文文本对这些对象的范畴归属的描述就显得比较模糊,对于非典型的形象,译者很多时候都是用上义词指称。若是没有图像,仅仅通过文本中这些上义范畴词,读者将很难对其所指代的对象形成完型感知。在这样的情况下,图像的作用愈发突显。视觉模态传递的信息能够将语言模态传递的信息具体化(Ketola,2016),恰如 Barthes(1977)提出的语言对图像的锚定,当语言的意义过于宽泛时,具体直观的图像就可以实现对语言所指对象的锚定作用。因此,在漫画版《庄子说》英译中,上义词的使用在译文中重构了一种图文锚定关系。中西文化中对很多事物的范畴划分都

---

① 具体图像详见蔡志忠:《庄子说》(中英文对照版),北京:现代出版社,2013,第 62 页"风和蛇"故事插图。
② 具体图像详见蔡志忠:《庄子说》(中英文对照版),北京:现代出版社,2013,第 62 页"风和蛇"故事第 1 幅图。

存在差异,涉及非典型成员的范畴归属时,若是中西读者的认知存在差异,利用图文的锚定关系进行译文选择不失为一个可行之法。

第四节 漫画版《庄子说》多模态翻译小结

　　庄子的思想具有深刻的哲学内涵和独特的文化韵味,对于不熟悉中国古代哲学或道家思想的读者,尤其异域读者,会显得比较抽象和难以捉摸,庄子作品中的众多寓言和隐喻,更增加了异域读者理解上的难度。漫画版《庄子说》对庄子思想进行了漫画式改编,辅以精心设计的文字脚本,大大降低了读者的理解难度。译者结合《庄子》的白话文解读以及精心设计的生动的漫画插图而产生的英语译文,可以使西方普通读者轻松窥见庄子哲学的深邃内涵。《庄子说》漫画英译本的生成也远比单一语言模态的翻译复杂得多。

　　首先,从翻译过程看,《庄子说》的漫画英译本经历了语内翻译、符际翻译和语际翻译三个过程。在语内翻译和符际翻译(典籍原文到漫画图像)阶段,漫画创作者通过分镜头叙事和视觉元素的设计有效地将典籍的文字叙事转换为图像叙事。同时,将典籍原文语言改编为通俗易懂的白话文作为漫画脚本,巧妙地运用图文互补使漫画中的文字脚本与图像紧密结合,共同构建了故事情节。通过精心设计的漫画图像,原文中的人物、事物、场景得以生动直观地呈现,而文字说明通过

第六章 漫画版《庄子说》多模态翻译个案分析

与图像构成冗余、拓展与互补关系,减轻读者阅读负担的同时也保留了文本的深度。

其次,在语际翻译层面,英译文充分考虑了西方读者的阅读习惯和文化背景,采用了多种翻译策略,如意义具体化、文化概念泛化、归化处理、表达方式通俗化、逻辑隐含信息明晰化、信息简略化和语境顺应化等,以确保译文的流畅性和可读性。这些策略不仅帮助读者跨越语言障碍,更促进了对原文文化内涵的深入理解。同时,结合漫画图像,注重语言表达的"具象化"和"图文连贯化",灵活运用增译、减译和变译等手法,使得图像和文字在译文环境中形成了新的冗余、互补和锚定关系,保证了庄子思想充分而完整的呈现。

《庄子说》的多模态翻译不仅仅是语言层面的转换,更是文化和视觉符号的互动。通过这种多模态翻译,庄子的思想得以跨越文化和语言的界限,以一种生动、直观且易于理解的方式呈现给全球读者,促进了中西方的跨文化交流和互鉴。

最后,值得一提的是,《庄子说》除了静态的纸质漫画版,还有根据纸质漫画创作的彩色动画视频。《庄子说》的动画视频版是对漫画版的进一步创新和延伸。通过运用数字技术,动画视频将原有的纸质漫画内容转化为动态的视觉呈现,使得对庄子的哲学思想的表述更加生动立体。

动画视频通过声音、色彩、音乐和动态画面等元素,为观众提供了一种全新的感官体验。声音和音乐的加入,使得庄子的故事和哲学思想得以通过听觉途径传达,进一步激发观众的情感共鸣。动态的画面可以使抽象的概念更加具象化,特别是在体现人物动作、事物变化方面,动态的画面无疑更为直观具体,也能呈现更多的细节,促进观众对意义的准确深入理解。不过遗憾的是,《庄子说》的视频动画目前只有中文版,还没有英文版。《庄子说》的视频动画几乎是完全基于纸质漫画版创作而成,除了使用彩色,人物形象、场景都和纸质漫画并无二致。若是呈现给西方读者,其字幕或对白是否能直接采用纸质图书的英文还需进一步思考。视频的翻译,是更为复杂的多模态翻译,考虑的因素更多,不仅有和漫画脚本一样的空间限制,更有视频的瞬时性给字幕翻译带来的时间限制。相较于静态的纸质画面,动态的视频必定会传递更多的细节信息,但画面出现的瞬时性又可能导致很多视觉信息更容易为受众所忽略,这时语言的引导就更为重要。总而言之,中国典籍视频动画的多模态翻译会面临更多的挑战和困难,但若能克服这些挑战和困难,将能带来更大的收益和价值。

第七章 结语

第七章 结语

随着现代媒介技术的快速发展,我们所处的世界已进入视觉文化时代。在这样的时代,无论是文化产品的接受形式还是生产流通方式,或是文本的意义构成方式,都和传统的以语言为媒介的读写文化时代的审美趣味和审美需求有诸多差异(杨艳、肖辉,2022)。在这个时代,图像文化模式取代了语言文化模式成为把握和理解世界的主要思维模式,人们更加热衷于图像化文本的阅读(杨向荣,2015)。图文结合的文本在很多领域都变得极为流行。而这也给中国典籍作品的对外传播提供了新的机遇。

经典作品的传播效果首先取决于其在译介环境中的再生形态,也就是能否实现"内涵"与"卖相"的优质融合。阅感亲切、文化易近、趣味引人、可读性强是经典大众化的前提条件,决定了译介作品的接纳效果(李志凌,2023)。简言之,典籍的对外传播,必须考虑目标读者的需求和阅读偏好。

中国的典籍翻译已经历了四个世纪,但一直以来其对外传播效果都不够理想,受众范围主要限于关注中国的学者和研究人员,在普通大众读者中的传播和流通还十分有限。造成这种结果的原因在于,以往的典籍翻译一味追求经典诠释的高雅性、殿堂化,力求维护经典的厚重感、典雅性和权威性,往往忽视了目标语境下的大众需求心理,非刻意却又实质性地疏远了作品与读者间的距离,降低了异域环境下经典作品二度经典化的效果。在此背景下,我们必须重视经典作品在异域环境下获得时代生机的通俗化意义。在保持作品文化价值得以传播的前提下,改造作品的呈现形式,超越对语言文字单一信息模态的依赖,丰富文本内外的语境信息,进行多模态的创造改写,是提高作品

可接受度的有效方式。(李志凌,2023)

目前中国不少典籍作品推出了大量的图文书、有声书,或是改编成影视剧、纪录片、小视频,这些充分利用语言、图像、视频的多模态典籍呈现方式,远比传统厚重的语言文本更受当今视觉化时代普通民众的喜爱。因此典籍的对外传播也完全可以采用这样的方式。语言符号与非语言符号的互动使得文本以更加丰富的方式吸引更多受众(孙钰、曾景婷,2023)。通过多模态的方式向国外读者呈现中国典籍中的各种形象既有助于增加典籍的趣味性,也能降低译本难度,更易于被异域受众接受和认同。

充分利用语言、图像、视频等多种符号资源将典籍带入异域文化,就是对典籍进行多模态翻译。而这种翻译实质上正是雅各布森提出的语内翻译、语际翻译和符际翻译的有机整合。从典籍原文到译文的过程中,即使并不一定在译文中体现,对典籍文言文的理解和解释构成典籍的语内翻译,增加描绘典籍中部分内容如人物、事物、生活场景、工艺流程的插图,或是将典籍整体内容进行视觉化的漫画改编,或是将典籍改为视频动画,是从语言符号到非语言符号的符际翻译。而结合语言和非语言符号构建外语译文的过程则同时涉及将原文语言转为译文语言的语际翻译和用译文阐释非语言符号的符际翻译。当然,语内翻译、符际翻译、语际翻译的顺序会存在差异,这几种翻译类型之间的交叉也会有所不同。而语内、语际、符际翻译的不同阶段也涉及不同的工作重心和评价标准。因此,典籍多模态翻译标准的实现是一个多层次、多维度的过程,对多模态典籍译文的评价除了考虑原文意义的传达、译文语言的自然流畅,也要考虑译文中各种符号的统一连贯,以及目标读者对文本中的语言和非语言符号的认知。

要结合目标读者认知实现多模态典籍译本中各种模态符号的有机整合,和谐统一,译者在翻译过程中首先"需要理解原文中不同模态及其之间的关系,并选择合适的翻译策略,以确保多模态译文的连贯性"(杨增成,2022)。不同于单一语言模态翻译,多模态翻译策略的选择需要同时考虑原文语言和非语言符号所呈现的信息,在两者之间寻找平衡,综合考虑各种模态的特点和限制。即使是有些译文生成之后再搭配图像或视频的情况,译文语言也应该在融入图像或视频后进行调整,否则很可能影响图像和语言文本的契合度,或是无法真正实现两者的优势互补。因此,构建译文时,译者可以根据原文语言和图像呈现的信息,考虑目标受众对语言和图像的认知倾向,进行适当的增补、省略、简化或改写转换,如针对原文语言文本中读者在图像的辅助下依然理解困难的信息增加解释,对图像呈现的读者存在理解困难或容易误解的信息也要进行阐释。此外,还需要对图文冗余的信息、图文冲突的信息视情况进行删减或改写转换,对图像可以提供辅助理解的原文语言表达进行简化。

译者翻译过程中充分考虑原文语言文本和图像呈现的信息,灵活采用增补、省略、简化或改写转换等策略构建译文的过程,也是重构译文图文关系的过程。语言和图像都具有文化特殊性,目标读者又和典籍原文具有时间和空间双重距离,原文语言和图像的关系可能适合原文读者更轻松、更有效地理解典籍的思想内涵,但一旦文本进入不同的语言文化环境,同样的信息、同样的图文关系未必适合目标语读者。鉴于此,翻译过程中,在图像无法改变的情况下,通过调整译文语言表达重构图文关系,以更适合目标读者理解和认知的方式充分呈现原文意义和内涵,也是多模态典籍翻译中必不可少的环节。

  由此可见,在典籍多模态翻译中,译者的语言转换始终具有最重要的作用,因为语言除了可以传递原文语言和图像的意义,还可以引导读者解读图像,保证译本所传达的典籍内容的广度和深度。同时,图像等非语言符号的作用也不可忽视,因为图像能够以更生动直观的方式呈现一些语言无法描述清楚的信息,特别是典籍中对于异域读者来说陌生的物件、场景。因此,图像创作的质量、语言翻译的质量都直接影响着最终译文的成败。而要保证典籍译本中的语言和图像都达到最佳状态,必然离不开各翻译主体的充分合作、交流和沟通。典籍多模态翻译也因而成为一种典型的跨界合作行为,涉及典籍研究、视觉设计和创作、翻译多个领域。总而言之,典籍多模态翻译给典籍翻译提供了更好的机遇,但也带来了更多的挑战,同时也给典籍翻译研究带来了更广阔的研究空间。

参考文献

[1] 艾尔雅维茨.2003.图像时代[M].胡菊兰等译.长春:吉林人民出版社.

[2] 鲍晓英.2014."中学西传"之译介模式研究:以寒山诗在美国的成功译介为例[J].外国语,01:65-71.

[3] 蔡新乐.2015.霍克斯英译本《红楼梦》刘姥姥的戏剧性形象塑造的失误[J].外语研究,02:65-70+112.

[4] 蔡志忠.2013.菜根谭·心经[M].北京:现代出版社.

[5] 蔡志忠.2013.列子说·韩非子说[M].北京:现代出版社.

[6] 蔡志忠.2013.大学·中庸·论语·孟子说[M].北京:现代出版社.

[7] 蔡志忠.2013.庄子说[M].北京:现代出版社.

[8] 蔡志忠.2014.聊斋志异·六朝怪谈[M].北京:现代出版社.

[9] 曹雪芹.1982.红楼梦[M].北京:人民文学出版社.

[10] 陈风华,董成见.2017.多模态翻译的符际特征研究:以《习近平谈治国理政》为中心[J].学术探索,10:90-95.

[11] 陈锦宣.2015.新媒体时代大众阅读的视听转向[J].四川图书馆学报,05:10-13.

[12] 陈静,刘云虹.2021.漫画版《黄帝内经——养生图典》(汉英)与中医药典籍多模态翻译[J].北京第二外国语学院学报,03:103-115.

[13] 陈丝雨,孙见坤.2015.山海经[M].北京:清华大学出版社.

[14] 陈曦,潘韩婷,潘莉.2020.翻译研究的多模态转向:现状与展望[J].外语学刊,02:80-87.

[15] 董璐.2016.传播学核心理论与概念[M].2版.北京:北京大学出版社.

[16] 都晓.2024.中华文化符号的对外具象化传播[J].新疆师范大学学报(哲学社会科学版),03:1-9.

[17] 顾欣珺.2021.符际互补关系对多模态翻译的影响:以蔡志忠漫画《世说新语》英译版为例[D].陕西师范大学硕士论文.

[18] 顾毅,孙千雅.2024.中国古代器物的翻译:以"觞"为例[J].中国科技翻译,02:42-45.

[19] 韩子满,黄广哲.2023.典籍的"演译":典籍漫画《庄子说》的人物多模态改写[J].外语研究,02:81-86.

[20] 贺显斌.2003.英汉翻译过程中的明晰化现象[J].解放军外国语学院学报,04:63-66.

[21] 贺逸群,刘黎明.2018.蜜糖或砒霜:碎片化阅读的利与弊[J].编辑之友,11:11-15.

[22] 胡牧.2013.桃花源记的符号翻译艺术研究[J].艺术百家,06:221-224.

[23] 胡兴文,巫阿苗.2014.中国文化走出去:面向受众的翻译出版路径[J].中国出版,01:34-37.

[24] 黄国文.2012.典籍翻译:从语内翻译到语际翻译:以《论语》英译为例[J].中国外语,06:64-71.

[25] 黄广哲,朱琳.2018.以蔡志忠典籍漫画《孔子说》在美国的译介谈符际翻译[J].上海翻译,01:84-89.

[26] 黄慧玉.2023.大学课堂的符际翻译教学:以数位双语童话书为例[J].编译论丛,01:1-26.

[27] 贾佳,龚晓斌.2015.多模态话语分析视阈下题画诗《画鹰》的英译研究[J].语文学刊,10:50-52.

[28] 蒋梦莹,孙会军.2018.符际翻译与后翻译研究视角下的中国当代文学对外传播：从《妻妾成群》到《大红灯笼高高挂》[J].外语教学,05:90-94.

[29] 李美.2008.母语与翻译[M].上海:上海外语教育出版社.

[30] 李志凌.2023.经典漫画化:文化典籍超文本改写的理据、模式及方式[J].深圳大学学报(人文社会科学版),01:143-151.

[31] 林元彪.2015.走出"文本语境":"碎片化阅读"时代典籍翻译的若干问题思考[J].上海翻译,01:20-26.

[32] 刘波.2005.读图时代的受众心理和阅读取向[J].编辑学刊,01:34-36.

[33] 刘成科.2014.多模态语篇中的图文关系[J].宁夏社会科学,01:144-148.

[34] 刘华.2012.日式故事漫画艺术创作中有关声音的表达[J].艺术百家,04:229-230.

[35] 刘琼雨.2021.多模态话语视角下典籍漫画的符际互补翻译策略研究[D].广东外语外贸大学硕士论文.

[36] 刘晓明,吴利琴.2015.唐诗意境传神英译的多模态共建[J].蚌埠学院学报,01:1222-126+135.

[37] 刘彦妗.2019.基于语料库的《道德经》多模态翻译研究[J].智库时代,50:292-294.

[38] 刘一辰.2017.论中国古代白色动物崇拜的文化内涵[J].淮海工学院学报(人文社会科学版),12:75-78.

[39] 刘伊婷.2016.模态视角下宋词翻译的意象美:以辛弃疾的《西江月·夜行黄沙道中》的英译为例[J].戏剧之家,11:252-253.

[40] 刘云虹,胡陈尧.2019.论中国古典文学名著外译的生成性接受[J].外语教学理论与实践,02:1-7.

[41] 龙迪勇.2007.图像叙事:空间的时间化[J].江西社会科学,09:39-53.

[42] 龙明慧.2011.翻译原型研究[M].广州:中山大学出版社,2011.

[43] 龙明慧.2019a.论数字化时代典籍翻译的多模态模式[J].翻译季刊,04:84-102.

[44] 龙明慧.2019b.传播学视域下的茶典籍英译研究[M].杭州:浙江大学出版社.

[45] 龙明慧.2020.与时俱进创新翻译:论数字化时代中国典籍复译[J].外国语,02:121-128.

[46] 卢颖.2009.跨文化符际翻译视角下的唐诗英译[J].襄樊学院学报,03:59-62.

[47] 罗琛.2014.日本漫画成功的奥秘:浅析日本漫画叙事手法的丰富性[J].科技资讯,01:238-239.

[48] 马桂纯.2022.《天工开物》插图研究[J].围炉夜话,02:112-115.

[49] 马祖毅,任荣珍.1997.汉籍外译史[M].武汉:湖北教育出版社.

[50] 米歇尔.2006.图像理论[M].陈永国,胡文征,译.北京:北京大学出版社.

[51] 蒲桦鑫.2023.多模态话语分析视域下中医典籍英译的符际衔接探析:以《黄帝内经——养生图典》为例[D].齐鲁工业大学硕士论文.

[52] 木易.1994.美将推出蔡志忠哲学漫画系列[J].出版参考,06:8.

[53] 强晓.2014.海外《论语》漫画英译评鉴[J].上海翻译,02:48-53.

[54] 乔令先.2015."文化走出去"背景下的汉英合作翻译研究[J].学术界,02:142-148+327.

[55] 邱贵溪译.2023.茶经[M].上海:上海交通大学出版社.

[56] 任悦.2008.视觉传播概论[M].北京:中国人民大学出版社.

[57] 宋奇论.2018.论叙事文学的漫画改编[J].徐州工程学院学报(社会科学版),02:79-82.

[58] 孙钰,曾景婷.2023.漫画《白蛇传:雷峰塔下的传奇》多模态译介研究[J]. 英语广场,28:36-39.

[59] 谭晓丽.Brian Bruya.2021.中国典籍译介的漫画媒介:蔡志忠漫画中国思想系列英译者布莱恩·布雅访谈[J].衡阳师范学院学报,01:2+149.

[60] 谭载喜.2005.翻译研究词典[M].北京:外语教学与研究出版社.

[61] 汤仲雯.2021a.典籍漫画翻译的跨模态跨文化改写:以蔡志忠《西游记》英译为例[J].湖北工程学院学报,01:42-46.

[62] 汤仲雯.2021b.蔡志忠《菜根谭》英译本的文化拓变[J].成都航空职业技术学院学报,02:89-92.

[63] 汤文华.2014.符际翻译视角下蔡志忠《论语》漫画研究[J].济宁学院学报,06:第115-118.

[64] 唐方文.2014.故事漫画创作表现技法新探[J].大舞台,04:40-41.

[65] 王海燕,刘欣,刘迎春.2019.多模态翻译视角下中国古代科技文明的国际传播[J].燕山大学学报(哲学社会科学版),02:49-55.

[66] 王宏,赵峥(译).2010.山海经[M].长沙:湖南人民出版社.

[67] 王建华,张茜.2020.多模态文化翻译理论与传播研究[M].北京:中国人民大学出版社.

[68] 王丽莹.2016.浅谈分镜头脚本在故事漫画创作中的重要作用[J].现代交际,02:111-112.

[69] 王敏,罗选民.2017.文化预设与中国神话的多模态互文重构:以《山海经》英译为例[J].中国外语,03:92-100.

[70] 王伟.2013.蔡志忠漫画特征解析[J].艺海,05:82-83.

[71] 王艳玲.2015.让碎片化阅读成为经典导读的有效途径[J].新闻爱好者,03:66-68.

[72] 王义静等英译.2011.天工开物[M].广州:广东教育出版社.

[73] 王颖冲,王克非.2014.现当代中文小说译入、译出的考察与比较[J].中国翻译,02:33-38+127.

[74] 王云坤.2023.多模态语用视角下的中国文化典籍英译策略:以漫画《孙子兵法》为例[J].宁波开放大学学报,02:113-119.

[75] 王韵涵.2018.碎片化阅读趋势下编辑出版创新路径探索[J].中国报业,05:82-83.

[76] 王治国,张若楠.2023.活态史诗《格萨尔》漫画翻译的多模态话语阐释[J].西藏研究,05:134-140.

[77] 魏姝.2013.国内符际翻译研究透视[J].北京邮电大学学报,05:93-80.

[78] 毋娟.2023.融媒体时代《道德经》翻译传播的多模态重构[J].文化创新比较研究,12:61-64.

[79] 吴静,龙明慧.2023.数字化读图时代多模态翻译能力与培养策略[J].外国语文,06:159-168.

[80] 吴赟.2022.国际传播能力建设与翻译学发展的未来向度[J].上海交通大学学报(哲学社会科学版),01:12-22.

[81] 吴赟,何敏.2019.《三体》在美国的译介之旅:语境、主体与策略[J].外国语,01:94-102.

[82] 吴赟,牟宜武.2022.中国故事的多模态国家翻译策略研究[J].外语教学,01:76-82.

[83] 许多.2017.译者身份、文本选择与传播路径:关于《三国演义》英译的思考[J].中国翻译,05:40-45.

[84] 许多,许钧.2019.中国典籍对外传播中的"译出行为"及批评探索:兼评《杨宪益翻译研究》[J].中国翻译,05:130-137.

[85] 许雷等.2010.后现代语境下跨文化传播的"图像转向":蔡志忠漫画中英文版《论语》的启示[J].贵州大学学报,02:132-135.

[86] 杨纯芝,覃俐俐.2018.多模态视角下的典籍漫画外译策略[J].乐山师范学院学报,07:39-44.

[87] 杨向荣.2015.图像转向抑或图像霸权:读图时代的图文表征及其反思[J].中国文学批评,01:100-109+129.

[88] 杨向荣,黄培.2014.图像叙事中的语图互文:基于蔡志忠漫画艺术的图文关系探究[J].百家评论,04:83-90.

[89] 杨艳,肖辉.2022.视觉化审美趣味的过滤与《论语》翻译中的变异:以蔡志忠漫画《论语》英译本为例[J].外语教学理论与实践,04:112-122.

[90] 杨增成.2022.多模态翻译研究范式的构建[J].《中国外语》,04:105-111.

[91] 于雪棠.2015.简说企鹅书屋《庄子》英译本的插图[J].中国社会科学报国家社科基金专刊,http://www.nopss.gov.cn/n/2015/0624/c230113-27200251.html.

[92] 袁珂.2022.山海经校注[M].北京:北京联合出版公司.

[93] 张丽萍.2017.多模态警示语的整体意义建构[M].上海:上海交通大学出版社.

[94] 张南峰.2004.艾克西拉的文化专有项翻译策略评介[J].中国翻译,01:20-25.

[95] 张文娜.2023.多模态视域下《庄子》英译研究[J].黑河学院学报,09:129-132.

[96] 张祥瑞.2009.试析超文本在典籍翻译中的应用:以两部茶典籍为例[D].大连理工大学硕士论文.

[97] 张小曼,卞珍香.2021.《论语》英译新动向:从译者合作到跨媒介传播[J].重庆工商大学学报(社会科学版),https://kns.cnki.net/kcms/detail/50.

1154.C.20210324.1836.011.html.

[98] 张钰,曾景婷.2023.漫画《白蛇传:雷峰塔下的传奇》多模态译介研究[J].英语广场,28:36-39.

[99] 章国军.2014.《孙子兵法》复译中的漫画化改写[J].滨州学院学报,02:6-9.

[100] 中共中央宣传部.2016.习近平总书记系列重要讲话读本[M].北京:人民出版社.

[101] 周宪.2005."读图时代"的图文"战争"[J].文学评论,06:136-144.

[102] 周新凯,许钧.2015.中国文化价值观与中华文化典籍外译[J].外语与外语教学,05:70-74.

[103] 朱玲.2015.昆剧翻译的多模态视角探索:以《牡丹亭》英译为例[D].苏州大学博士论文.

[104] 朱明明.2019.数字出版时代的碎片化阅读现象及应对策略[J].中国传媒科技,12:72-75.

[105] 朱永生.2007.多模态话语分析的理论基础与研究方法[J].外语学刊,05:82-86.

[106] 邹广胜.2013.插图本中的图像叙事与语言叙事:文学与图像的融合与分离[J].江海学刊,01:181-187.

[107] Aixela, J. F. 1996. Culture-specific items in translation[C]//R. Alvarez & M. C. Vidal (eds.). *Translation*, *Power*, *Subversion*. Clevedon: Multilingual Matters: 52-78.

[108] Amarantidou, D. 2019. Confucius: The Analects[J]. *Teaching Philosophy*, 3: 295-297.

[109] Baker, M. (ed.). 1998. *Encyclopedia of Translation Studies*[M]. London and New York: Routledge.

[110] Barthes, R. 1977. The rhetoric of the image[C]//S. Heath (ed. &trans.). *Image, Music, Text*. London: Fontana Press:32-51.

[111] Birrell, A. 1999. *The Classic of Mountains and Seas*[M]. London: Penguin Books.

[112] Borodo, M. 2015. Multimodality, translation and comics[J]. *Perspectives*, 23(1): 22-41.

[113] Carney, R. N. & J. R. Levin. 2002. Pictorial illustrations still improve students' learning from text[J]. *Educational Psychology Review*, 14(1): 5-26.

[114] Carpenter, F. R. (trans.). 1974. *The Classic of Tea: Origins and Rituals*[M]. New York: Little Brown and Company.

[115] Chan, W. T. 1963. *A Source Book in Chinese Philosophy*[M]. Princeton: Princeton University Press.

[116] Chuang, Y. T. 2006. Studying subtitle translation from a multi-modal approach[J]. *Babel*, 5(4): 372-383.

[117] Emily, E. M. & D. W. Marilyn. 2003. A taxonomy of relationships between images and text[J]. *Journal of Documentation*, 59(6): 647-672.

[118] Goldblatt, H. 2021. *Fantastic Creatures of the Mountains and Seas: A Chinese Classic*[M]. New York: Arcade Publishing.

[119] Godfrey, L. G. 2012. Text and image: the internet generation reads "The short happy life of Francis Macomber"[J]. *The Hermingway Review*, 32(1): 39-56.

[120] Gonzalez, L. P. 2014. Multimodality in translation and interpreting studies:

231

theoretical and methodological perspectives[C]//Berman, S. & Porter, C. A. (eds.). *Companion to Translation Studies*. West Sussex: John Wiley & Sons Ltd:119-131.

[121] Graham, A. C. 1981. *Chuang-tzu: The Seven Inner Chapters and Other Writings from the Book Chuang-tzu* [M]. London: George Allen & Unwin.

[122] Halliday, M. A. K. 1994. *An Introduction to Functional Grammar*[M]. 2nd ed. London: Arnold.

[123] Hegarty, M. & M. A. Just. 1993. Constructing mental models of machines from text and diagrams[J]. *Journal of Memory and Language*, 32(6): 717-742.

[124] Jakobson, R. 1959. On linguistic aspects of translation[C]//R. A. Brower (ed.). *On Translation*. Cambridge: Harvard University Press: 232-239.

[125] Ketola, A. 2016. Towards a multimodally oriented theory of translation: A cognitive framework for the translation of illustrated technical texts[J]. *Translation Studies*, 9: 67-81.

[126] Kress, G. & T. van Leeuwen. 2001. *Multimodal Discourse: The Modes and Media of Contemporary Communication*[M]. London: Edward.

[127] Kress, G. & T. van Leeuwen. 1996/2006. *Reading Images: the Grammar of Visual Design*[M]. London: Routledge.

[128] Ku, P. 2000. Tsai Chih Chung: a new lease of life for the Chinese classics [J]. *International Institute for Asian Studies Newsletter*, 2: 37.

[129] Lee, T. K. 2013. Performing multimodality: literary translation, intersemioticity and technology[J]. *Perspectives*, 21(2): 241-256.

参考文献

[130] Legge, J. (trans.). The writings of Kwang Tsze[C]//M. Müller (ed.). *The Sacred Books of the East*. Oxford: Oxford University Press.

[131] Lent, J. 2015. *Asian Comics*[M]. Jackson: Mississippi University Press.

[132] Lemke, J. L. 1998. Multiplying meaning: visual and verbal semiotics in scientific text[C]//J. R. Martin & R. Veel (eds). *Reading Science: Critical and Functional Perspectives on Discourses of Science*. London: Routledge.

[133] Lemke, J. 2006. Toward critical multimedia literacy: technology, research, and politics[C]//M. McKenna (ed.). *International Handbook of Literacy and Technology*(vol. 2). Mahwah, NJ: Erlbaum.

[134] Marsh, E. E. & M. D. White. 2003. A taxonomy of relationships between Images and Texts[J]. *Journal of Documentation*, 59(6):647-671.

[135] Martinec, R., & A. Salway. 2005. A system for image-text relations in new (and old) media[J]. *Visual Communication*, 4:337-371.

[136] Matthiessen, C. M. I. M. 2007. The multimodal page: systemic functional exploration[C]//T. Royce & W. Bowche (eds.). *New Directions in the Analysis of Multimodal Discourse*. New Jersey: Lawrence Erlbaum Associates: 34-36.

[137] Mossop, B. 2011. *Revising and Editing for Translators*[M]. London & New York: Routledge.

[138] Nord, C. 1991. *Translation as a Purposeful Activity: Functionalist Approaches Explained* [M]. Shanghai: Shanghai Foreign Language Education Press.

[139] Nord, C. 2001. *Text Analysis in Translation* [M]. Amsterdam and

Atlanta: Popodi.

[140] O'Halloran, K. L. 1999. Towards a systemic functional analysis of multisemiotic mathematics texts[J]. *Semiotica*, 124(1): 1-29.

[141] Rota, V. 2008. Aspects of adaptation: the translation of comics formats [C]//F. Zanettin(ed.). *Comics in translation*. London: Rouledge: 79-98.

[142] Royce, T. 2007. Intersemiotic complementarity: a framework for multimodal discourse analysis[C]//T. Royce & W. Bowcher (eds.). *New Directions in the Analysis of Multimedia Discourse*. New York: Routledge:63-109.

[143] Schriver, K A. 1997. *Dynamics in Document Design: Creating Text for Readers*[M]. Willey Computer Publishing.

[144] Séguinot,C. 1988. Pragmatics and the explicitation hypothesis[J]. *TTR: Traduction, Terminologie, Redaction*, 1(2): 106-114.

[145] Serafini, F. 2011. Expanding perspectives for comprehending visual images in multimodal texts[J]. *Journal of Adolescent & Adult Literacy*, 54(5): 342-350.

[146] Shuttleworth, M. & M. Cowie. 2004. *Dictionary of Translation Studies* [M]. Shanghai: Shanghai Foreign Language Education Press.

[147] Wei Shuchu. 2001. Redrawing the past: modern presentation of ancient Chinese philosophy in the cartoons of Tsai Chih-chung[C]//J. Lent (ed). *Illustrating Asia: Comics, Humour Magazines and Picture Books*. Richmond, Surrey: Curzon Press: 153-170.

附录*

与时俱进　创新翻译

——论数字化时代中国典籍复译[1]

近年来,国家大力推进中国典籍外译工作,特别是《大中华文库》项目,翻译整理了大量中国各个领域的代表性典籍。有些以前没有翻译的典籍招募译者翻译,已有多个译本的典籍,则选其经典译本重新出版,其中不少是国外汉学家的译本。然而,这些典籍翻译活动的组织和推介却仍遵循传统做法,没有考虑时代变化,导致这些典籍的译介与传播效果总体而言并不理想。既然在新时代重新推出中国典籍,进行中国文化国际传播,那就应该要顺应时代发展。如今我们已处在互联网数字化时代,随着新媒体技术的发展和广泛应用,信息传播领域发生了颠覆性变革,包括信息传播者、传播渠道和传播受众的信息传播环境已经大大不同于传统的传播环境。在此情况下,中国典籍翻译作为一种传播活动,也需要与时俱进,对现有翻译模式进行改革创

---

* 本附录所附论文可作为本书的一些补充和延伸阅读,收录时文字略有修改。
[1] 本文原载《外国语》,2020年第2期。

新,才能适应数字化时代的信息传播环境。因此,在媒体创新的数字化时代,中国典籍的复译显得尤为必要。以往谈及复译,研究者关注的一般都是改正已有译本错误、重述被删减的内容、语言过时、对源文出现新的解释、澄清一些历史典故、改进已有译本生硬的风格等问题(Massardier-Kenney 2015),很少切合时代发展、信息传播领域的变革对复译问题进行探讨。本文则立足时代变化,特别是数字新媒体技术对信息传播的影响,考察典籍复译的必要性,探索典籍复译的创新方式,为更好地推进典籍翻译和中国文化走出去提供借鉴。

1 数字化时代典籍复译的必要性

许钧(1994)曾总结出现复译的几个原因:一是已有译本不完整;二是已有译本为转译本;三是已有译本语言陈旧,不符合当代人的审美习惯;四是已有译本失误较多,理解有待加深,表达更有待提高;五是已有译本是合译本,风格上不和谐。这几个原因实际上也可以作为复译的条件。是否需要复译可以参考这几个条件,但又不能完全局限于这些条件。如刘雪芹(2010:169)所指出的:

> 即使旧译本已经是全译本,但为了某种明确的目的或为了某些特定的读者群体,可以再出新的节译本或选译本,换言之,新译本应该与旧译本在功能上互补。概括而言,复译的基本条件是:旧译译者未能照顾到一些特殊的目的;旧译译者未能服务于某些特殊的读者群;旧译译者对原作的阐释过时、僵化;旧译本的语言风格与原作不符或不能顺应时代发展;旧译译者未尝试过某种传播方式;旧译译者未尝试过某种翻译视角。

从以上复译的条件来看,我们当前的典籍到底需不需要复译呢?答案是肯定的。最主要的原因,就是现有译本并没有充分顺应时代发展,没有顺应当前数字新媒体时代信息传播方式和当代读者的阅读习惯。

1.1 数字化时代信息传播方式的改变

进入 21 世纪数字化时代,传播领域一个典型变革就是新媒体传播的流行。新媒体是"音/视频技术与因特网等数字通信技术的结合,既指新兴的数字技术和数字平台,也指电子或多媒体出版(尤其是在因特网上)"(董璐 2016:126-127)。新媒体有两个明显特征:一是"能够承载旧媒体所能承载的,如:文本、图像、视音频等所有形式的内容";二是"能够从根本上改变原有媒体(旧媒体)的传播特征及传播形态,其传播形式、传播内容及传播渠道上有较大改变和创新"(白燕燕 2013)。

传统信息传播以图片与文字为主要传播载体,是一种静态传播,信息传播方式比较单一。新媒体传播则是集图片、声音、视频、文字等多种媒介形式为一体的综合传播(李百晓 2016)。这种新型传播形式能充分调动人们的听、视、触觉,形成"全息化"传播环境,在更大程度上突破语言、文字等的障碍与限制,使受众能更好地吸收所传播的知识,获取信息,达到更好的传播效果,进一步扩大传播范围(彭小年 2015)。

此外,传统的信息传播是单向的,受众被动接受信息,无法进行实时反馈与互动。而以互联网为代表的新媒体则让受众有机会主动参与到信息传播过程。受众可以利用网络论坛、微博、微信等多种新媒体传播方式,及时对所接受的信息进行反馈,与信息传播者互动交流。如此,信息传播方也能及时根据受众的反馈,改进信息传播方式和内容。

总的来说,新媒体传播依托互联网等数字技术的发展,在信息传播的速度、广度和效度上都有着传统媒体无法比拟的优势,因此各个领域纷纷借助新媒体,变革其信息传播方式,实现更为快捷高效的信息传播。

1.2 数字化时代读者阅读习惯和阅读力的改变

译本价值的最终实现有赖于读者的顺利接受,读者的阅读体验是实现这一目标需要考虑的重要因素(吴赟、何敏 2019)。典籍翻译要让目标读者获得良好的阅读体验,真正为其所接受,就不得不考虑读者的阅读习惯。随着互联网和数字新媒体的发展,信息传播方式发生了革命性变化,读者的阅读习惯和阅读力也发生了相应变化。不管在中国还是西方,概括起来,读者阅读习惯都出现了网络化、碎片化、浅表化、视觉化倾向。而读者的阅读能力在网络的帮助下,也有了很大提升。

首先,网络数字化阅读成为当前读者的主要阅读方式。随着社会进一步发展,数字阅读会成为常态,不管我们是否接受,这都是不可逆转的(Miller 2016)。人们接触异国文化,也更倾向网络渠道。在一项针对国外民众对中国文化接触意愿与渠道的年度大型跨国调查中,问及国外受访者接触中国文化的首选渠道时,选择互联网的受访者合计

62.9%(杨越明、藤依舒 2017)。

随着网络电子阅读的盛行,各种信息平台的发展,特别是人们越来越依赖智能手机获取各种信息,人们的阅读也变得碎片化。碎片化(fragmentation)最初是一个后现代主义概念,指完整的事物被分解成许多零碎的小块,后被引入传播学中,指伴随着互联网科技的发展和生活节奏的加快而出现的,通过平板电脑、智能手机、电子阅读器等终端接收器进行的不完整的、断断续续的阅读模式。与传统阅读相比,这一阅读方式以其独特的优势迎合了现代人的需求,成为新媒体融合语境下不可逆转的趋势(马建桂 2016)。

除了阅读碎片化,大众还出现了阅读浅表化趋向。在数字化时代,快节奏的生活、信息的爆炸,年轻一代读者已不太喜欢大块头的书籍,也不愿进行深阅读。正如 Carr(2010:111)在关于网络文化的调查中得到的反馈,像《战争与和平》这样的经典,现在已经没有人读了,因为人们认为这样的作品太长,也不够有趣。

此外,在数字化时代,受众审美也呈现出感性化倾向,表现在他们更愿意接受直观的形象,因此读图模式成为当今受众最喜欢的阅读方式(张伶俐 2013)。

由于读者更追求阅读过程中的视觉体验,融合图片、音视频的多模态文本便更受读者偏爱。在此情况下,纯粹文字形式的、内容高大上的中国典籍译本,将很难吸引在数字新媒体环境中成长起来的国外读者。要改变这样的局面,就有必要顺应读者的阅读习惯,进行改变翻译方式和译本传播模式的典籍复译,即在保证典籍内容经典性和思想性的基础上,以新的翻译方式、新的译本设计和布局对中国典籍进行重新翻译和出版。

另一方面,随着越来越多信息的公开化,读者阅读能力也有所提升。网络的发展使获取信息更便捷,人们可以通过网络搜索几乎任何自己想要的信息。读者在阅读过程中遇到理解困难,也可以在网上获取咨询。各个领域的网络互动平台,有对各种问题的讨论,甚至在线答疑解惑。因此,针对以前信息资源匮乏的读者的典籍译本,可能会呈现给读者太多冗余信息,特别是过于厚重的译本,可能一开始就会受到普通读者的抗拒。适合当代读者的,是如窗口般的译本,引导读者自己去探索窗外更广阔的美景。在纸质媒体时代,我们很难改变内容的呈现方式,但在数字化时代,运用新媒体技术进行创新型典籍复译,就可以给中国典籍和中国文化对外传播带来新的契机。

2 数字化时代典籍复译的创新模式

典籍翻译最大的问题无疑就是目标读者的理解和接受问题。以中国文化传播为目的的典籍翻译,不仅要面向专业读者,也要面向普通大众读者,吸引不了解中国文化的读者对中国文化产生兴趣。有学者提到,目前电子阅读和网络阅读群体代表了新兴的海外读者群,尤其是年轻阅读群,他们将会成为今后中国文学与文化"走出去"的接受主体,他们的判断与选择,将会成为重要参考(夏天 2016)。而目前大多数中国典籍的英译本更适合高层次的专业读者,不太适合数字化时代的普通大众读者。一来,中国典籍内容对普通读者,特别是缺乏中国社会文化背景的读者而言过于深奥难懂;二来,现有的典籍译本过于高大上,过于厚重,其信息呈现方式不符合当前大众读者的阅读习惯。因此,若是对当前典籍进行复译,就很有必要从译文内容呈现方式上创新,借用数字新媒体技术,降低读者的阅读困难,顺应读者的阅读习惯,同时保留原文思想和内容上的深度。

2.1　超链接内容分层设计

中国典籍翻译,除节译本、摘译本,一个普遍的现象是比原文厚重,这主要是由于译者翻译中国典籍时通常会在译文中添加长篇引言和详实的注释。例如《论语》只有一万多字,Simon Leys 的译本正文共 98 页,注释则多达 105 页。黄继忠《论语》译本则使用了 991 条注释(林元彪 2015)。

添加注释序言的典籍厚重翻译,其价值无可厚非,然而这种厚重翻译却未必适合当今普通读者。如前所述,在数字化时代,中外读者的阅读都呈现出碎片化、视觉化、浅表化和实用娱乐化的倾向,求全求细的厚重的典籍全译本明显不符合当前读者的阅读习惯。但若是没有注释,西方读者恐怕很难理解译文中丰富的思想和文化。如此就出现了矛盾。此外,加注本来是为了替读者扫除障碍(理解障碍),可注释太多又会给读者造成新的障碍(阅读不畅)(曹明伦 2014)。当然,这里的注释是指文内注释。在数字新媒体环境下,我们就可以很好地处理这样的矛盾,即通过超链接形式处理注释、序言等副文本内容。译本正文就是对原文正文的简练翻译,注释、引言等通过超链接形式置于另一层面,读者可以很方便地选择是否查看这些信息,同时使译本保持精炼简洁。

此外,普通读者对于典籍阅读往往有着明显的工具性动机和效率化诉求(马建桂 2016),大多数读者愿意去阅读的是他们能够理解、有现实意义、能给他们带来愉悦体验的、他们需要的信息。因此对于普通读者,有选择的编译更适合。面对当代读者,编译方式也可以进行创新。

首先,可以选择原文最核心的内容,作为翻译的主体文本。比如林语堂在编译《论语》时就从《论语》原文 512 条中选择了其中特别能表现孔子幽默、大度、富于智慧的 203 条,并依据"主题思想性质进行重新整合分类",将其分为十节进行翻译(李钢 2013)。这种分主题的编译就比较适合读者的碎片化阅读。而读者在阅读这些最核心的内容之后,也可能产生进一步阅读的欲望,因此其他内容可以视与主体文本的关联性通过超链接方式置于另一层面。也就是根据主题相关性,将译本以超链接的方式设计成不同层次,最核心、最实用、最易理解的内容放在第一层次,稍微边缘的、更微妙难懂的放在第二或第三层次。

而对于某一主题具体内容的翻译,结合当代读者的阅读需求,有时也可以进行再次编辑。例如,文中和主题关系不大的信息可以删掉,或者通过超链接放入第二层次。以茶文化典籍《茶经》为例,我国茶文化专家王旭烽曾指出:"《茶经》中究竟有没有一些已经被实践证明不再有现实意义的所在呢?我想应该是有的。有一些知识性的内容,时过境迁,失去原有价值,积淀为历史的记录。"(王旭烽 2016)例如《茶经》第七章"之事"介绍唐以前所有有关茶的记载,其中不乏有趣的奇闻逸事,也有显示茶人简朴生活的,但有些记载却既无趣,也没有任何茶文化隐射,只是提到茶而已,这样的内容很难让读者产生兴趣,因此翻译这部分内容时，可以选择最有意义的内容作为译本主体内容，其他关于茶的记载可以删掉，或是以附录形式变为超链接内容。

早在1995年，计算机科学家Negroponte(1995:69-70)就预言：

> 长远看来，多媒体会为编辑工作带来根本性的变化，因为在深度和广度上，将不会再有顾此失彼之憾。在原子的世界里，物理上的限制使人们无法同等兼顾深度与广度，但在数字世界中，深度/广度问题消失了，读者和作者都可以自由遨游于一般性的概述和特定的细节之间。在数字世界中，通过超媒体，信息空间完全不受三维空间的限制，要表达一个构想或一连串想法，可以通过一组多维指针(pointer)，来进一步引申或辩明。阅读者可以选择激活某一构想的引申部分，也可以完全不予理睬。我们可以把超媒体想象成一系列可随读者的行动而延伸或缩减的收放自如的讯息。

因此，在典籍翻译中，运用超媒体技术，对译本内容进行超链接非线性分层设计，译本主体精炼简洁，不会让读者望而生畏，同时也有助于突出典籍的核心精华内容，而超链接附属的内容又可以让普通读者进一步了解典籍全貌，还可以为学者型读者研究使用。如此设计的译本既厚重又不厚重，薄而不浅，可以满足不同读者、同一读者不同阶段的不同需求。

2.2 非语言媒介辅助翻译

前面提到，在数字化时代，读者的阅读习惯不仅呈现出网络化、碎片化、浅表化倾向，还出现了视觉转向，我们已身处一个"读图的时代"（王宁 2014）。语言虽然能够表达深刻的思想，引发读者无限联想，但语言也有其自身的局限，特别是我们在理解陌生概念事物时，不管语言描述多么细腻形象，也很难唤起我们对所描述事物场景的直观想象，导致对文本内容的理解有限。若是给文字以恰当的配图，则可以增强文本的可理解性，加大文本的信息量，创造出单纯的文字或图像都无法达到的新的意境（王立静 2006）。

　　文本中的插图往往与信息传播密切相关，图像可以解释文本，也可以拓展文本（Harthan 1981）。图像有助于我们更完整地理解信息（Stoian 2015）。"与语言传播和文字传播相比，图像传播更具直观性、生动性，能够全面、快速、准确地反映客体。主体无须专门的学习，在生活经验的基础上，便可无师自通。图像超越时空，冲破一切民族语言的障碍，成为人类都能读懂的一种共同语言。"（陈星宇 2011：19-20）因此，在无共通语言的文化之间，图像比语言、文字更具有跨文化传播力（上官雪娜 2017）。

　　翻译作为一种跨文化传播活动，完全可以借助图像的这种优势，在目标读者单凭语言难以理解或容易产生误解的地方添加图像帮助读者理解，同时给读者带来愉悦的阅读体验。其实也的确有译者进行了这样的尝试，只不过受时代和技术的限制，未能将图像优势最大化。例如美国译者 Francis Ross Carpenter 的《茶经》全译本 *The Classic of Tea: Origins & Rituals*（1974/1995），William Ukers 收录于其茶学著作 *All About Tea*（1935）中的《茶经》节译本都配有一定数量的有关茶器、茶具、饮茶场景、茶叶形状等的插图，但受当时出版印刷技术的限制，译本中所配插图都是黑白图片，图片数量有限，设计布局不够合理，有些图片和文字内容契合度不高。

由于纸媒的限制,单纯的图像发挥的作用还很有限。但若使用新媒体,我们就有了更多可能。新媒体不仅可以包含文字,还可以承载图像、声音、动画或影视片段等多种媒体来表达的信息。因此,运用新媒体技术,除了可以在译本中增加静态的高清图像,还可以插入音频、动画、视频等立体动态影像,动静结合,使信息呈现更形象更直观。总而言之,影像传播比文字传播更直接,可以跨越语言翻译瓶颈,获得传播的最佳效果(龙晓翔 2019)。

虽然有学者担忧阅读的视觉转向会导致读者过于追求感官体验,而懒于深入思考,影响阅读的深度,但这个问题其实可以通过合理设计来避免。也就是在设计译本时,文字始终居于主要地位,图像可以视情况和文字并置,安排在同一层面,也可以超链接形式放入另一层面,而音频、视频、动画等皆以超链接形式植入,如此既可以丰富译本,给读者带来别样的阅读体验,也可以防止视觉图像过多导致文本浅表化。

3 典籍复译创新出版和推广模式

翻译与出版有着非常密切的关系。翻译成果需要通过出版才能实现其沟通受众的目的。而翻译成果的出版,也同样要考虑当下的信息传播环境,特别要考虑受众的阅读习惯。在新媒体环境下,网络阅读已成为主要阅读方式,因此典籍复译本的数字出版显得尤为必要。前面所述的多层次内容布局,文字、图片、音视频、动画多种媒介整合的译本也唯有通过数字出版方能实现。数字化出版的译本,方便读者阅读,超链接的使用,可以让读者选择"浅阅读"还是"深阅读",满足不同层次读者的需求。当然,这里的数字出版,不是像目前一些电子书一样,只是对纸质本进行电子扫描,而是充分利用多媒体技术,在译本中植入丰富的超链接内容,如使用 ABM 或 BOK 文件格式制作译本,把文字内容、图片、音频甚至视频动画有机结合,生成丰富多彩的数字图书。

这样的数字化译本还非常方便进行低成本的全球网络推广。纸质译本的推广非常有限,特别是在国外推广。有研究者曾以《孙子兵法》为个案,对《大中华文库》版中国典籍在海外的接受状况进行调查,发现中国译者的译本在译入语环境中接受状况不佳,其中一个表现就是流通和保有量很小,可获得性极低;即使有网上销售,也不能改变这个问题。以《大中华文库》林戊荪译本为例,亚马逊网上共有 13 个卖家,只要卖家不在美国的,在发货地后都有一句话"点击了解进口税和国际邮寄时间",这难免会给读者带来购买顾虑(李宁 2015)。

网络是跨越国界的,数字化译本可以直接发布到国内外各种民间网络平台,还可利用新媒体的互动性,建立交流社区,吸引同时阅读该书的人组建阅读群,交流心得,互相解惑。译者也可以根据读者反馈随时修改译本。通过网络出版和推广,译者、中国读者都可以和西方读者实现即时互动交流,而在交流过程中,西方读者将会对中国典籍有更深刻的理解和认识。此外,数字化时代也是一个分享的时代,读者的网上分享推介又可能使译本快速进入更多人的视野。

4 典籍复译的多元合作模式

翻译从来就不是个人行为,译作的成功接受往往是多方合力的结果(吴赟、何敏 2019)。而数字化时代的典籍翻译,更切合信息传播方式和读者阅读习惯的是充分利用超链接的多层次内容布局,文字、图片、音频、视频、动画多种媒介整合的数字化译本,这样的译本,凭借译者一己之力很难做到,需要多方合作方能完成。

  首先,多层次布局的译本需要对源文内容进行选择,将其按传播价值和重要性排序分层。这往往涉及两个方面的考虑,一是从文化传播方来看,哪些是我们应该重点传播的内容,另一方面则是从读者考量,哪些是读者感兴趣的内容。若要同时兼顾两方面,最好的做法便是中国译者和目标语母语译者共同合作完成。中国译者往往对传播一方的目的把握更好,而目标语母语译者和读者属于同一文化群体,更了解读者需求,双方共同协商,有助于实现理想的内容选择和分层设计。

  其次,借助非语言媒介辅助翻译,必然涉及插图、音视频、动画的使用。译本哪些地方需要非语言媒介辅助,需要什么样的插图、视频、动画,也需要中国译者和目标语母语译者共同协商决定。此外,插图、视频、动画具体应该是什么样子,往往还需典籍专家把关。例如茶典籍的茶器茶具,到底是什么形状,茶文化专家是最清楚的。茶典籍中涉及的饮茶煮茶流程,若是需要视频辅助,也需要茶文化领域的人士协助拍摄。若是需要手工绘制插图,则需要插画家的参与,而插图如何绘制,突出物象哪方面的特征,则需要译者、典籍专家和插画家共同协商。在这个过程中,译者始终应该作为翻译活动的中心和这些相关人士保持密切沟通。就如同 Torresi(2008)提到的,负责语言翻译的若是不了解或是不和负责视觉方面的人员合作,语言和视觉信息一旦结合，便会出现冲突。不管插画家也好，视觉传媒人员也好，其习惯遵循的是其自身领域的规则，比如他们可能更关注作品的艺术性和美学价值，而忽视在这样的情况下其作品的主要功能是辅助读者理解文本内容。若是在非语言媒介内容的设计过程中，译者完全置身事外，只等作品完成后直接拿来使用，这些辅助资源未必能取得良好的效果，比如写意、抽象的插图，不懂艺术的读者是很难理解的，这样的插图不仅不能帮助读者理解文本内容，反而会干扰读者，造成读者额外负担。

然后，非语言媒介和语言文本的整合，则需要译者和编辑、数字技术人员的合作。非语言媒介内容放在文本的哪个位置，超链接如何设置，译者未必清楚与之相关的出版规范。此外，数字化译本有其自身的便于阅读的格式体例，需要数字技术人员参与才能完成。而对于出版的作品，编辑也可能有其不同于译者的标准。在编辑过程中，他们可能会以自身的标准，如排版的方便美观对语言和非语言媒介资源进行配置，比如将多幅插图集中在一个版面，使插图和其密切相连的语言文本被分割开来，影响了其辅助读者理解文本信息的效果。为避免这样的问题，在整个译本编辑阶段，译者也需要与编辑和数字技术人员保持沟通交流，确保语言文本和非语言媒介资源的有机统一。

最后，出版的译本推广也是需要多方人员共同推动方可实现。如译者和译作出版方可以和国内外各类网络社区平台建立联系，开辟论坛，推广译本。

总的说来，在新时代的典籍复译中，我们往往需要走出翻译领域，和翻译领域之外的人士展开深度合作，当今网络平台实时互动交流的便利性则为这种合作提供了技术支持。而在这样的合作过程中，译者应始终作为中心,保持和各方的密切沟通,如此才能产出理想的新型译本并使之真正进入目标读者群体。

5 结语

我国典籍翻译已有两三百年的历史,但其传播效果一直不够理想。随着互联网的发展,我们已进入数字化时代,数字新媒体技术的发展带来信息传播方式的变革,为翻译跨文化传播提供了新的契机,为典籍翻译打开了一扇新的大门。因此,我们应该与时俱进,充分利用技术优势,对中国重要典籍进行创新型复译,借助新媒体技术,构建融合文字、图片、视频和动画的多层级、多模态的电子典籍译本,为大众带来更生动直观,更富趣味性的阅读体验。这种新型译本进行数字化出版,可通过各种网络平台推广,还可使译者与读者保持互动交流,根据读者反馈不断修改完善译本。

当然,构建这种新型典籍译本也要注意避免电子媒介、视觉文化流行所带来的负面影响。如有学者指出:"印刷媒介成就了阅读、写作和思想的深度,而电子媒介的兴起则降低了这种深度,图像挤走了文字,视觉弱化了思维,'快阅读'搁浅了思考。"(陈锦宣 2015:11)要避免这种情况,在对思想性、知识型比较强的中国典籍进行复译时,便需要通过合适的文字翻译保证译本内容的深度,语言文字始终应该占据主导地位,图片、视频、动画等只能是辅助补充。而有了非语言媒介辅助,语言文字翻译也可以在策略上进行相应调整,使译本中语言媒介和非语言媒介实现有机整合。

此外,当今互联网时代是多方合作的时代,这种新型的典籍复译工作不可能由译者单独完成，需要译者、典籍专家、视觉传媒、网络信息技术等领域的人员共同合作，方能产出高质量的译本。

  最后需要指出的是，复译并不是否定以往译本的价值，只是给读者提供一种新的选择，读者在阅读典籍复译本的过程中，若对某些内容产生进一步的兴趣，也有可能去阅读其他译本，以求对该典籍更全面的了解，因此在复译时甚至可以将该典籍现有各译本以超链接形式加入新译本中，给读者提供更多选择。

  总之，在数字化时代，利用数字新媒体技术的典籍复译，可以内含无限可能。

参考文献

[1] Carr, N. *The Shallows: What the Internet Is Doing to Our Brains* [M]. New York: W. W. Norton, 2010.

[2] Harthan, J. *The History of the Illustrated Book: The Western Tradition* [M]. London: Thames and Hudson, 1981.

[3] Massardier-Kenney, F. Toward a rethinking of retranslation [J]. *Translation Review*, 2015, 92(1): 73-85.

[4] Miller, R. E. On digital reading [J]. *Pedagogy: Critical Approaches to Teaching Literature, Language, Composition, and Culture*, 2016, 16(1): 153-164.

[5] Negroponte, N. *Being Digital* [M]. London: Hodder & Stoughton, 1995.

[6] Stoian, C. E. Meaning in images: complexity and variation across cultures

[C]// Starc, S. et al. *Meaning Making in Text, Multimodal and Multilingual Functional Perspectives*. Palgrave and Macmillan, 2015:152-169.

[7] Torresi, I. Advertising: a case for intersemiotic translation[J]. *Meta*, 2008, 53(1):62-75.

[8] 白燕燕.浅议新媒体发展态势及对社会影响[J].中国出版,2013,(6):32-34.

[9] 曹明伦.当令易晓,勿失厥义:谈隐性深度翻译的实用性[J].中国翻译,2014,35(3):112-114.

[10] 陈锦宣.新媒体时代大众阅读的视听转向[J].四川图书馆学报,2015,(5):10-13.

[11] 陈星宇.读图时代下图像的传播动因研究[D].扬州:扬州大学,2011.

[12] 董璐.传播学核心理论与概念[M].2版.北京:北京大学出版社,2016.

[13] 李百晓.新媒体语境下体育文化的影像书写与跨文化传播研究[J].电影评介,2016,(2):85-88.

[14] 李钢.林语堂《论语》编译的生态翻译学解读[J].湖南社会科学,2013,(6):263-265.

[15] 李宁.《大中华文库》国人英译本海外接受状况调查:以《孙子兵法》为例[J].上海翻译,2015,(2):77-82.

[16] 林元彪.走出"文本语境":"碎片化阅读"时代典籍翻译的若干问题思考[J].上海翻译,2015,(1):20-26.

[17] 刘雪芹.典籍复译的危机:《论语》英译二百年(1809—2009)之启示[J].广西民族大学学报,2010,32(3):163-170.

[18] 龙晓翔.大数据时代的"大翻译":中国文化经典译介与传播的若干问题思

考[J].外国语,2019,42(2):87-92.

[19] 马建桂.碎片化阅读时代典籍翻译的跨文化传播[J].中国报业,2016,(8):81-82.

[20] 彭小年.新媒体对中国传统文化传播的促进性影响[J].西部广播电视,2015(12):15-17.

[21] 上官雪娜.图像跨文化传播力在出版"走出去"中的价值探索[J].出版广角,2017,(2):27-30.

[22] 王宁.走出"语言中心主义"囚笼的翻译学[J].外国语,2014,37(4):2-3.

[23] 王旭峰.十年一部《新茶经》[N].光明日报,2015-11-17(11).

[24] 王立静.试论图文书的现状及前景[J].中国出版,2006,(2):28-30.

[25] 吴赟,何敏.《三体》在美国的译介之旅:语境、主体与策略[J].外国语,2019,42(1):94-102.

[26] 夏天.走出中国文学外译的单向瓶颈[N].中国社会科学报,2016-07-18(5).

[27] 许钧.重复·超越:名著复译现象剖析[J].中国翻译,1994,(3):2-5.

[28] 杨越明,藤依舒.十国民众对中国文化的接触意愿与渠道研究:《外国人对中国文化认知与意愿》年度大型跨国调查系列报告之二[J].对外传播,2017,(5):30-33.

[29] 张伶俐.基于受众心理的高效传播策略[J].编辑之友,2013,(5):71-72.

数字化读图时代多模态翻译能力与培养策略[①]

0　引言

21世纪是一个数字化时代,也是一个读图的时代。在这个时代,数字、网络和新媒体技术在各个领域得到广泛使用,人们的阅读习惯出现视觉化转向,整合语言文字、图片、影像等多种符号的多模态信息传播日益成为信息传播的主流方式。相应地,在翻译领域,翻译的对象也已远超出传统线性文本范畴(王少爽等,2018),译者在更多时候需要处理的是整合文字、图像、声音、影像等多种模态符号的多模态文本,进行多模态翻译。能够处理多模态文本,以及运用多模态手段进行翻译的多模态翻译人才的培养也变得极为必要。

多模态翻译有不同于单一语言模态翻译的特点,最突出的就是在翻译过程中涉及多种模态符号的意义构建。因此,相对于单一语言模态翻译,多模态翻译对译者有着不同的要求。然而,在当前的翻译教学领域,虽然越来越多的声音倡导多模态教学,但学者们提及的多模

[①] 本文原载《外国语文》,2023年第6期。

态翻译教学主要限于利用多媒体技术、多媒体网络平台或多模态材料作为辅助工具来进行语言翻译教学活动。这些方法旨在培养语言翻译人才,尚未深入研究多模态翻译实践本身的特点及其对译者提出的新要求,以解决多模态翻译人才培养的问题。能力的培养是翻译人才建设的核心(唐昉,2022)。那么,培养多模态翻译人才的核心问题就是培养学生的多模态翻译能力。因此,本文结合多模态翻译的特点,构建多模态翻译能力模式以及多模态翻译能力的具体培养策略,为培养更能适应时代需求的多模态翻译人才提供借鉴。

1　数字化读图时代的多模态翻译能力模式

翻译能力一直是翻译研究,特别是翻译教学研究的一个重要话题。对于翻译能力,学者们一般从不同角度,通过翻译的"子能力"对翻译能力进行诠释。纽博特(Neubert,2000:3-18)认为翻译能力包含语言能力、文本能力、主题能力、文化能力和转换能力。麦肯齐(Mackenzie,2004:32-33)指出,翻译能力不仅包括语言文化运用能力,还包含沟通能力、计算机运用能力、营销能力和管理能力。西班牙PACTE专项研究小组提出翻译能力"六成分说",即翻译能力包括双语子能力、语言外子能力、翻译知识子能力、工具子能力、心理生理要素和策略子能力等六大子能力(PACTE,2005;祝朝伟,2015)。谭载喜(2012:115)从"综合"的概念出发来考察对译者或翻译专才的教育,认为译者或翻译专才应该具备基本的"子能力",即认知能力、相关双语能力、技术辅助能力和转换能力。而我国2020年发布的《翻译专业本科教学指南》借鉴国外翻译能力研究的相关成果,经由国内翻译学界对翻译能力内涵的持续探讨,将翻译能力界定为:"能运用翻译知识、方法与技巧进行有效的语言转换,一般包括双语能力、超语言能力(如百科知识、话题知识等)、工具能力、策略能力等。"(赵朝永等,2020)

目前学界提出的翻译能力,不管是语言能力还是语言外能力,最终指向的都是依靠并运用这些能力顺利地将一种语言文本表述的信息用另一种语言表述出来。也就是说,学者们在探讨翻译能力时都是以语言为意义载体的翻译为默认对象。而多模态翻译涉及对多种模态符号的意义处理,对译者翻译能力自然会有更多要求。译者除了要具备单一语言模态翻译要求的能力以外,还需要具有非语言视觉符号处理能力以及将语言符号和非语言符号进行有机整合的能力。因此,我们可参照学界对翻译能力的解释,将多模态翻译能力下分为语言翻译能力、视觉读写能力[1]和多模态整合能力这三个子能力。而这三个子能力又可以进一步进行细分,具体如图1所示:

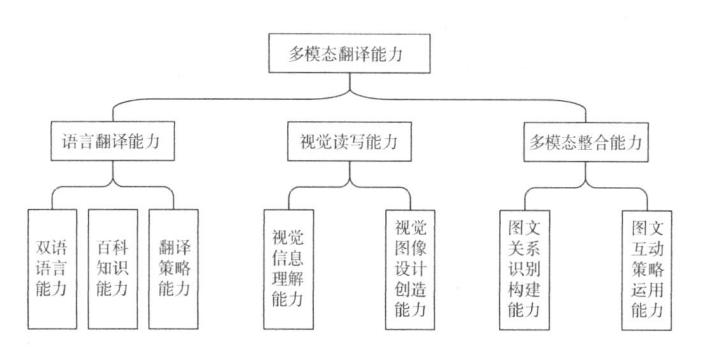

图1 多模态翻译能力模式

---

[1] 虽然有的多模态文本也包含听觉信息,但目前翻译涉及的大多数多模态文本,最突出的意义构建资源还是语言符号和非语言视觉符号,因此本文重点研究涉及视觉信息的多模态翻译能力培养,将视觉读写能力而非听觉读写能力作为多模态翻译能力的一个子能力。

1.1　语言翻译能力

语言翻译能力就是迄今学界所讨论的翻译能力,即从事语言翻译涉及的各种能力。具体而言,就是理解原文语言承载的信息,并结合读者需求,以合适的方式将其用目标语言再现出来的能力。要正确全面地理解原文语言承载的信息并将其转换为另一种语言,译者首先需要具备双语能力,能够理解和熟练运用翻译所涉及的两种语言。然而,语言并非存在于真空中,而是凝聚了各种文化、社会和历史因素。因此,除了双语能力外,译者还需要具备语言之外的百科知识能力,掌握社会文化知识、主题知识等。要获取这些知识,自然离不开运用辅助工具的能力。此外,由于不同语言、文化之间的差异,以及翻译环境、读者需求方面的差异,译者在用译文语言呈现原文信息时,往往需要进行一些调整和改动,这就需要译者具有翻译策略能力。

关于语言翻译能力,学界已有广泛而深入的阐述。本文不再赘述其详细内涵,而将重心置于对视觉读写能力以及多模态整合能力的探讨。

1.2　视觉读写能力

视觉读写能力是"一种就像计算、信息技术和识字一样的跨学科文化技能"(Hughes,1998:117)。具体说来,就是指理解和应用图像的能力,包括运用图像进行思考、学习和表达自己的能力。换言之,拥有视觉读写能力就是要能够创造或选择合适的图像来表达从具体信息到抽象概念中的各种意义。同时,可以阅读、解释和提取他人创造的各类视觉信息(刘成科 等,2014)。因此,视觉读写能力至少应该包括视觉信息理解能力和视觉图像设计创造能力这两个子能力。

1.2.1 视觉信息理解能力

视觉信息理解能力是指能够识别各种视觉设计元素,理解视觉符号的意义,了解一般人对某个图像会产生什么样的反应,并能解释其原因。

视觉符号的意义,和语言符号的意义一样,并不局限于表层意义。早在1955年,德国艺术史学家潘诺夫斯基(Panofsky)在论述如何理解艺术品图像时就提出了理解艺术品图像的三个阶段,即(1) 前图像志阶段(preiconographic),(2) 图像志阶段(iconographic),(3) 图像学解释阶段(iconological)。这三个阶段对应视觉图像的三个意义层次,即事实意义、表现意义和内在意义(Serafini,2011)。

第一个阶段为前图像志阶段,聚焦图像的事实意义,主要是对视觉形式最基本、最自然的意义的解释,涉及将视觉形式与我们从实际经验中认识的对象简单等同起来,简言之,就是能够识别视觉图像所指代的实际事物。

第二个阶段为图像志阶段,聚焦图像的表现意义,主要是对视觉形式从属的或约定俗成的意义的解释,要求观察者跳出表面意象,结合实际社会和特定文化理解视觉形式所代表的意义。比如竖大拇指在中国文化中表示称赞,但在其他文化中可能有不同的意义。同样的颜色、动植物在不同的社会文化中也可能具有不同的含义。而理解视觉图像这一层次的意义对于从事多模态翻译极其重要。翻译总是涉及两种文化之间的转换,译者在理解原文涉及的视觉符号时,就必须考虑该视觉符号在原语文化中约定俗成的意义,同时考虑目标读者在理解该视觉符号时可能会和原文读者产生不同的反应,以及如何避免目标读者对视觉符号可能产生的误解或理解困难。若是使用多模态手段对单一语言模态原文进行翻译,在选择视觉符号时更要考虑来自不同文化背景的目标语读者对视觉符号的接受情况,避免出现文化误解。

第三个阶段为图像学解释阶段,聚焦图像的内在意义的解释。图像总是产生于特定的社会、政治和历史语境之中,并因此获得特定的意识形态和文化意义。要正确理解图像的这一意义,就需要观察者将图像置于特定社会、政治和历史语境中进行分析。如"卐"本是佛祖释迦牟尼胸部所现的"瑞相",象征吉祥福瑞,具有"万德吉祥"的含义,但自二战后成为德国纳粹的党徽,具有了血腥、暴力和恐怖的象征意义。

视觉符号这三个层次的意义刚好对应语言的指称意义、内涵意义和象征意义。这三种意义中,第一个层次的意义,也就是视觉符号的事实意义,由于图像的直观形象性,最易理解。而要理解第二个、第三个层次的意义,则需要进行系统学习。因此培养学生理解多模态文本中视觉符号在特定文化的内涵意义和象征意义应成为培养学生视觉读写能力的重点目标。

1.2.2 视觉图像设计和创造能力

视觉读写能力中解码与编码两种能力同等重要(Braden et al.,1982)。除了解码能力,即理解视觉信息的能力,视觉信息的编码能力,进行视觉图像的设计和创造的能力也是视觉读写能力不可或缺的部分。视觉图像的设计和创造能力,就是基于对视觉元素的了解,能够运用一定的工具,选择合适的原创图片或者根据视觉传播的基本原则对基本视觉元素进行综合设计,传递想要表达的意义,引起读者认知和情感上的反应。

鉴于视觉图像往往具有如上所述的三种意义,进行视觉图像的设计和创造就不能仅限于运用视觉图像来传达其事实意义,而是要能够运用合适的视觉符号在特定文化、特定社会、政治和历史语境中传达更深层次的意义,确保读者能够理解图像的内涵意义或是象征意义,从而产生共鸣。

对于运用多模态手段对单一语言模态文本进行翻译,译者的视觉图像设计和创造能力是十分重要的。虽然存在从事图像创作的专业人士,但不同于艺术领域内的艺术创作,翻译中设计创造图像的目的是更有效地辅助传达原文的意义和内容。单单依靠从事图像创作的专业人士所设计的图像未必能满足多模态翻译的需求,例如为了追求艺术效果,有些图像设计者往往倾向于设计一些抽象、模糊、写意的图像。但对于这类图像,普通读者未必能够理解。因此,进行多模态翻译,还需要译者具备基本的图像设计创造能力,能够立足原文信息的传达以及目标读者的文化背景,灵活运用色彩、声音、动画、人物或事物形象等,选择合适角度、焦点和背景生成图像或影像传达原文各个层次的意义,特别是传达原文无法用语言表述清楚,或是目标读者单单依靠语言无法实现全面理解的信息,同时考虑视觉符号文化特殊性,避免出现在目标语文化中属于文化禁忌,或是让目标语读者困惑、误解的视觉信息。在多模态翻译过程中,即使视觉图像的创作由专门的图像制作者完成,译者仍然需要积极参与并与他们进行有效的沟通。要实现与图像制作者的有效交流,译者也需要具备基本的视觉图像设计和创作能力。这样,译者才能更好地理解和传达原文的内容和意义,并确保翻译文本与所生成的图像之间的一致性和准确性。

1.3 多模态整合能力

进行多模态翻译,不是仅仅理解和创造视觉文本,而是要理解和创造语言和非语言符号整合而成的文本。要做到这一点,除了语言翻译能力和视觉读写能力外,多种模态的整合能力也必不可少。而多模态整合能力具体又可以细分为图文关系识别和构建能力以及图文互动策略能力这两个子能力。

1.3.1 图文关系识别和构建能力

对于多模态语篇,图文关系将直接影响语篇意义的生成与理解(刘成科,2014)。而从事多模态翻译,不管是理解多模态原文,还是生成多模态译文,译者首先需要明确的便是图文关系。

当翻译的对象是多模态文本时,如影视、绘本、配图广告、新闻等,译者首先需要识别语言符号和非语言符号这两种不同的符号体系如何相互联系并生成意义,非语言符号和语言符号是呈现同样信息的冗余关系,还是表达不同内容的互补关系,抑或是非语言符号提供语言信息的背景,或是对语言文本的装饰。译者只有在明确这些关系的基础上才能确定在翻译过程中是否要对非语言符号进行特别处理。例如,若原文中非语言符号和语言符号是冗余关系,译者几乎不需要对非语言图像进行特别处理。但如果在原文语境下非语言符号是对语言符号提供的信息进一步补充,译者便需要做出研判:在目标语环境下,目标语读者是否能够理解这些补充信息?若不能,是需要更换图像,还是对图像进行额外的解释?译者甚至可能还需要考虑原文的图文关系是否适合用于目标语语境,译文是否要改变原文的图文关系。

若是运用多模态手段对单一语言模态文本进行翻译,译者则需要确定对于原文完全用语言表达的信息,需要使用什么样的视觉符号,视觉符号和语言符号以一种什么样的关系才能更好地传达原文的意义,且更容易为目标语读者所理解。确定译文的图文关系后,译者才能据此选择、设计合适的非语言符号,并对这些非语言符号进行排版布局,最终生成有效的多模态译本。

1.3.2 图文互动策略能力

图文互动策略能力是指在使用语言符号和非语言符号共同构建译本时,能够运用一定的策略,使语言符号和非语言符号互相整合,成为一个有机整体,共同传递文本意义。比如,在用多模态手段翻译单一语言模态原文时,若是在文本中插入了插图且这些插图明确表述了原文文本的某些信息,那么译文在语言描述上便可以进行适当的删除和简化。若是插图中出现令读者理解困难、可能产生误解的信息,就需要在语言描述中增加适当的解释。又如译者在翻译多模态文本时,若是发现在原文语境中,本来彼此关联的原文语言和非语言符号,到了目标语环境中由于语言和目标读者文化认知语境的不同,语言和非语言符号失去了关联,译者便需要调整语言表达或非语言符号,实现译文语篇中语言符号和非语言符号的连贯重构,使语言符号和非语言符号在目标语语境中重新成为一个有机整体。

由于多模态翻译本身的特殊性,译者要从事多模态翻译,语言翻译能力、视觉读写能力以及多模态整合能力这三个子能力缺一不可。然而,目前翻译专业和外语专业的学生普遍缺乏视觉读写能力和多模态整合能力的培养。这两种能力的培养需要采用与语言翻译能力培养不同的策略和方法。因此,当前需要着重探索针对视觉读写能力和多模态整合能力的培养策略,以满足日益增长的多模态翻译需求。

2 数字化读图时代的多模态翻译能力培养策略

如前所述,数字化时代的多模态翻译能力应该包括语言翻译能力、视觉读写能力以及多模态整合能力。对于语言翻译能力的培养,学界已有大量论述,本文在此主要探讨从事多模态翻译所需要的视觉读写能力和多模态整合能力的培养策略。

视觉读写能力主要包括视觉信息理解能力和视觉图像设计创造能力,而多模态整合能力则包括图文关系识别构建能力和图文互动策略能力。要培养这几个能力,可以通过具体的多模态翻译实践案例,教授学生识别各种视觉元素,再以视觉语法为指导,了解视觉图像的意义构建原则和方式,激发学生视觉符号的文化差异意识,继而训练学生识解各种图文关系,熟悉多模态整合策略。

2.1 引导学生识别视觉元素,以视觉语法为指导,了解视觉图像意义构建原则

视觉信息通过视觉图像呈现,而视觉图像则是由各种视觉元素整合构成。不管是理解视觉图像的意义,还是设计创造视觉图像,都需要熟悉构成视觉图像的各种元素。因此,培养学生视觉符号的理解和运用能力,首先需要教会学生识别各种视觉元素,了解各种视觉元素如何构建意义。

视觉元素包括线条、形状、色调、色彩、图案、纹理和形式等,是艺术作品的基本构件[①],相当于语言中的字和单词。这些基本元素本身具有丰富的意义,同时又根据一定的原则组合起来传达更多的意义。如不同的色彩,除了指代色彩本身以外,还有不同的联想象征意义。色彩和形状、线条、图案组合起来又会传达不同的意义。如陈丝雨绘图、孙见坤文字注解的《山海经》图文版,其中的插图使用了黑、白、红三种颜色,刚好契合中国人民历来对这三种颜色的偏爱以及这三种颜色代表的深厚文化内涵[②]。

对于各种视觉元素如何表达意义,克莱斯等(Kress et al.,1996)在韩礼德的系统功能语法理论的基础上提出的视觉语法为我们提供了一套系统的分析框架。两位学者将韩礼德提出的语言的三大

---

① 对视觉元素的具体详细介绍可参见 https://www.artyfactory.com/art_appreciation/visual-elements/visual-elements.html。
② 对于黑白红三色在中国文化中的特有内涵和重要意义,参见李彦彬,2009,中国传统色彩中的黑白情结.艺术教育[J].07:156-157,以及"中国传统'红'与'黑'色彩元素的文化探源"https://wenku.so.com/d/41c454e150cfac599049b75ba083ba66。

元功能延伸到视觉图像,认为视觉图像具有再现意义、互动意义和构图意义,分别对应语言的概念、人际和语篇的三大元功能。其中,再现意义可分为叙事再现和概念再现两大类。叙事再现主要分为行动过程、反应过程、言语和心理过程。概念再现则主要分为分类过程、分析过程和象征过程。体现再现意义的符号资源包括表征参与者、过程和环境。表征参与者是指被描绘的,"我们所谈论的、书写的或是为之生成图像的"的参与者(Kress et al.,1996：48),例如图像中的人物、事物和地方。过程指图像中描绘的动作和关系。环境则指图像中描绘的场景。

视觉图像中的互动意义指图像制作者、图像所呈现的世界与图像观看者之间的关系,同时表达图像观看者对表征事物应持有的态度(张敬源、贾培培,2012)。实现互动意义主要依赖接触(contact)、社会距离(social distance)、态度(attitude)和情态(modality)四个要素。接触指图像中的参与者与观看者通过目光建立起来的一种想象中的关系。社会距离决定图像参与者和观看者之间的亲疏关系,进而展示一种社会关系。这种亲疏关系主要通过镜头取景的框架大小得以体现,特写或近镜头、长镜头、中镜头分别表示不同的亲疏关系。态度指图像观看者对图像参与者的态度,主要通过视角体现,水平角度体现观看者介入图像世界的程度,垂直角度则体现两者的地位差异。情态强调图像世界反映现实的真实度,与色彩饱和度(color saturation)、色彩区分度(color differentiation)、色彩协调度(color modulation)、语境化(contextualization)、再现(representation)、深度(depth)、照明(illumination)和亮度(brightness)相关(张敬源、贾培培,2012)。以色彩饱和度为例,如果颜色传达情感,那么饱和度就是这种情感的饱满度,饱和度等级就等同于感情从最强烈到最柔和的等级。图像饱和度高可能代表一种积极的、冒险肆意的或充满活力的情感,而饱和度低则可能表达一种平淡、压抑和阴郁的情感(Chen,2021)。

视觉图像的构图意义指图像如何整合其再现意义和互动意义,从而形成一个有意义的整体,主要通过信息值(information value)、显著性(salience)和取景(framing)实现。信息值通过图像中元素的位置安排来实现,通过位置安排可以判断图像元素的地位、角色和重要性(Kress & van Leeuwen 1996)。也就是说,图像元素在整个图像的中央、边缘、左侧、右侧、上方、下方等方位会传递不同的意义;取景指通过分割线条或分割框架连接或隔断图像中的元素,来表达意义上的从属或不从属关系(张敬源 等,2012);显著性指图像元素对读者注意力的吸引程度,通过前景、背景、相对大小、色调、清晰度等方面体现(Chen,2021)。

基于视觉符号传递信息的特点,要培养学生的视觉读写能力,我们可以首先引导学生认识单个视觉元素,让其了解单个视觉元素的不同形式所表达的意义以及人们会如何感知这些视觉元素,会对这些视觉元素的不同形式产生何种联想。例如,线条的不同形式中,曲线表达什么意义,直线、锯齿线、水平线、垂直线又分别表达什么意义;哪种颜色有什么具体及抽象的联想意义,不同色调如何传达不同的信息等等。

在学生了解基本视觉元素后,可以视觉语法为指导,让学生了解由各个视觉元素组合而成的图像如何通过相对大小、位置安排、前景背景设置、色调、色彩饱和度、分割线、镜头长短、视角、人物目光注视方向等细节设置实现再现意义、互动意义和构图意义。在具体操作上,可以给学生呈现一幅图片,然后以提问的方式引导学生对图像意义进行深度理解。比如可以问学生:什么是前景?什么是背景?图中人物在看什么?图中人物是用长镜头拍摄,还是中、短镜头?这样的拍摄给你什么样的感觉?某个人物或物体在整幅图像占据中心位置,还是边缘位置,是在左边还是右边,上面还是下面,这样的位置传达出什么信息?图像使用了什么色调,这种色调给你什么样的感觉?

除了提问引导,还可以通过图像对比的方式加深学生对图像细节设置的认知。比如呈现一幅图画中两个人物大小、位置的差异,让学生推敲这种差异代表什么意思,是否代表两个人物地位的不同?也可选择报道同一事件的不同新闻图片,让学生分析图片中的前景和背景设置的差异,或是物像色彩饱和度等的差异,进而解读作者看待该事件的不同视角和态度。

培养学生的视觉读写能力,就如同培养学生的语言读写能力一样,可以从单个视觉元素到元素整合的规则和方式,让学生逐步学会对视觉图像进行深入细致的分析,为多模态翻译奠定基础。不过,多模态翻译涉及跨文化的图像理解和创造,而图像也和语言一样,具有文化特殊性,因此在学生了解基本的视觉符号及其意义构建方式后,还需要培养学生的视觉符号文化差异意识。

2.2 激发学生视觉符号文化差异意识

如前所述,图像和语言一样,具有多重意义。除了事实意义以外,其表现意义和内在意义都和图像所处的文化背景有着非常密切的关系,具有文化特殊性。对于同一个视觉符号,在不同的文化背景中,其所表达的表层含义或者隐性意义也会因此产生偏差。如因汉民族先祖之一轩辕氏经常穿黄衣,加之"黄"和"皇"谐音,黄色在中国便具有了皇权、尊贵之意。而在西方文化中,由于背叛耶稣的犹大喜欢穿黄色衣服,黄色便有了背叛、卑鄙的联想意义。

此外,视觉符号相比文字符号更具多义性,在编码和解码的过程中由于文化差异极易出现误读(高晓瑜,2021)。人们在理解文本时,一般都会下意识地基于自身的文化背景、生活经历和文化立场进行理解。理解语言文本如此,理解视觉文本则更是如此。如生活在中国文化背景下的读者普遍能对龙凤、麒麟、虎狮、如意、八卦等文化符号产生心理情感共鸣,而西方读者则鲜有这样的联想。若是在多模态翻译中,译者没有这样的意识,对这些图像缺乏必要的解释和说明,国外读者便无法像中国读者一般产生同样的反应。因此在进行跨文化多模态翻译时,译者必须具有较强的视觉符号文化差异意识,在翻译多模态文本时,一方面要立足原语文化语境理解图像意义,同时也要预测目标读者可能对原文图像的反应,必要时增加语言解释或改变图像以避免目标读者对图像的误读,帮助读者理解图像所代表的真正含义。此外,在运用图像对原语语言文本进行翻译时,更是要选择目标读者易于接受的图像,辅助传达原文意义。若是无法进行视觉图像的归化处理,就需要通过语言对视觉图像进行额外解释,避免读者对图像产生误读。

因此,培养学生的视觉读写能力,非常有必要激发学生对于图像的文化差异意识。这可以分两个层面进行。首先是通过对比,让学生了解单个视觉元素的文化特殊性,如图像的色彩、位置所代表含义的文化差异。然后再展示不同国家、民族和文化在传递某一主题内容的图像的异同,引导学生挖掘图像所传递的独特文化信息,以强化学生的文化意识,使学生在进行多模态翻译的过程中,能够识别展现了独特文化信息的视觉元素,进而判断这些视觉元素是否可能给目标读者带来理解困难或是引起误读。如有,则需在语言翻译中进行解释。例如,在浙江嘉兴的宣传片中,出现了一艘红船。这艘红船代表着什么样的含义?又比如在《话说中国节》宣传视频中介绍冬至演变成祭天祭祖的节气,为什么画面只呈现了点燃的香烛?介绍立冬补冬为什么呈现的是煲汤的画面?提到以二十四节气为灵感的美食菜品,为什么会搭配饺子的画面?介绍七夕时为什么画面会出现一对鸳鸯?多模态文本中存在的不少文化细节能让原文读者感知并产生情感共鸣,但他国文化的读者未必能理解其中的内涵。在翻译这样的多模态文本时,译者若不能识别这类文化信息并进行额外处理,目标观众便很难理解这些图像的深层文化意义,导致文本整体意义的传达受到影响。

2.3 训练学生识解各种图文关系,熟悉多模态整合策略

多模态文本总是通过语言和非语言模态共同构建意义。在进行多模态翻译时,译者必须清楚多模态文本中的图像和文字是如何进行互动协调的,以及在传递某个信息时图像和文字之间的关系是怎样的,才能确定如何整合图像和文字以实现信息的最佳传播效果。例如,若是图像和语言文本传递同样的信息,语言翻译时便可以酌情删

减某些信息。若是在传达某个信息时,图像展示更多细节信息,是对文本部分内容的例证,语言翻译便可以采用泛化策略。若是图像解释拓展文本,提供了更为具体的信息,译者也可以根据图像信息将文本内容具体化。如葛浩文在翻译陈丝雨配图的《山海经》时,很多时候都结合图像,对原文进行了泛化或具体化处理。以对蛊雕的翻译为例,原文为"水有兽焉,名曰蛊雕,其状如雕而有角,其音如婴儿之音,是食人。"陈丝雨为蛊雕绘制了非常精致的插图,呈现了更多的细节信息,葛浩文的英译本则根据插图所呈现的蛊雕形象,对蛊雕进行了更为具体的描述:

It was the source of the Zegeng River, which flowed east and emptied into the Pang River, where lived a strange man-eating creature that resembled, but was not, an ordinary bird. A horned vulture, the Gudiao had a richly feathered body, a serpentine tail, and a head with a hooked beak and a single horn from which several pointed ends bent backward. (Goldblatt, 2021: 22-23)

原文对蛊雕外形的描述非常简单,只提到了"其状如雕而有角",

但译文却进行了非常详细的描述,增加了"richly feathered body, a serpentine tail, and a head with a hooked beak and a single horn from which several pointed ends bent backward"诸多细节信息。同时,该译本使用了指涉极为广泛的 creature 翻译原文的"兽"。若是没有插图,creature 一词很难让人对所指对象产生具体的想象,但配上插图,这一泛化表达便丝毫无损目标读者对这一异兽形象的理解和认知。

要培养学生的多模态翻译能力,除了前面提到的熟悉视觉元素及其意义构建方式,了解视觉符号的文化差异,还需要训练学生识解图文关系,并在此基础上使用恰当的图文整合策略,充分利用图文各自的优势传递信息。对于这一点,可以分为两个步骤进行。首先可以给学生呈现大量体现不同图文关系的多模态文本,引导学生分析文字和图像分别传递什么信息,两者各自传递的信息有什么关系。然后再引导学生将图文结合的信息用另一种语言翻译出来,设置一些如空间、时间因素限制,或者告知学生目标读者不同于原文读者的认知习惯,提示学生在图像保持不变的情况下,语言可以进行什么样的调整,或者能否根据翻译目的和目标语境的要求,调整图像形式,若是图像进行调整,语言又可以进行什么样的改动。例如一部杭州宣传片中出现一幅说明杭州变化的片段。

这幅画面背景模糊化,突显了居于画面中间的蝴蝶破蛹而出这一意象,以表达杭州的蜕变成长。原文,也就是中文字幕"成蛹,破茧,化蝶"和图像是一种"冗余"关系,即图像与语言两种不同的模态符号表达的是同样的信息。若是将"成蛹,破茧,化蝶"都译为英文,英文字幕便几乎要占据整排屏幕空间,目标读者未必能够在图像停留的短暂时间内看完所有字幕。因此,翻译这句字幕时便可以提醒学生,不必译出原文所有内容,而是只选择"破茧"这一中间阶段进行翻译,译为 emerging from its cocoon,这一英文表达结合图像,同样可以完整呈现原文语言和图像表达的意义。

除了通过多模态文本的翻译训练学生对多模态翻译策略的使用,也可以给学生一篇纯语言表达的文本,让学生分析文本中哪些内容可以使用图像来传达,图像和文本可以形成什么样的关系。使用了图像后,语言的翻译又可以进行什么样的调整。通过诸如此类的反复训练,逐渐扭转学生仅仅使用语言传达信息的习惯,强化其整合使用语言模态和非语言模态的意识。如此,在进行多模态翻译时,才能真正有效地利用多模态优势传递原文信息。

3 结语

如今我们已经进入一个数字化时代。在这样的时代,图像无处不在,读图成为一种风尚,思想和信息越来越依赖视觉形式进行传播,多模态语篇成为信息传播的主流。相应地,在翻译领域,多模态翻译也必定会占据越来越重要的位置。要满足这个时代翻译市场的需求,就必然需要译者具备多模态翻译能力。多模态翻译涉及多种模态符号的意义处理,那么多模态翻译能力除了包括语言翻译能力,就还应该包括非语言视觉符号处理能力以及将语言符号和非语言符号进行有机整合的能力。归纳起来,就是语言翻译能力、视觉读写能力和多模态整合能力。视觉读写能力又具体包含视觉信息理解能力和视觉图像设计创造能力,多模态整合能力具体包括图文关系识别构建能力以及图文互动策略能力。要培养这些能力,我们首先需要引导学生识别基本视觉元素,然后以视觉语法为指导,了解由视觉元素组合而成的视觉图像的意义构建原则和方式,同时激发学生视觉符号文化差异意识,通过文化对比让学生学会理解图像深层含义,然后训练学生识解各种图文关系,熟悉多模态整合策略,逐步培养学生的多模态翻译能力,满足数字化读图时代翻译市场的需求。

参考文献

[1] Braden, R. A. & Hortin, J. L. Identifying the theoretical foundations of visual literacy[J]. *Journal of Visual/Verbal Language*, 1982, 2: 37-42.

[2] Chen X. A multimodal study of paratexts in bilingual picture books on Mulan[C]//Zhang Meifang & Feng Dezheng (eds.). *Multimodal Approaches to Chinese-English Translation and Interpreting*. London & New York: Routledge, 2021. 43-65.

[3] Goldblatt, H. tr. *Fantastic Creatures of the Mountains and Seas: A Chinese Classic*[Z]. New York: Arcade Publishing, 2021.

[4] Hughes, P. Exploring visual literacy across the curriculum[C]//Evans J. (ed.). *What's in the Picture? Responding to Illustrations in Picture*

Books. London: Paul Chapman Publishing Ltd, 1998. 115-131.

[5] Kress, G. & T. van Leeuwen. *Reading Images: The Grammar of Visual Design*[M]. London & New York: Routledge, 1996.

[6] Mackenzie, R. The Competencies required by the translator's role as a professional[C]//Malmkjær K. (ed.). *Translation in Undergraduate Degree Programmes*. Amsterdam and Philadelphia: John Benjamins Publishing Company, 2004. 31-38.

[7] Neubert, A. Competence in language, in languages and in translation[C]//Schäffner C. & B. Adab (eds.). *Developing Translation Competence*. Amsterdam: John Benjamins, 2000. 3-18.

[8] PACTE. Investigating translation competence: Conceptual and methodological issues[J]. *Meta*, 2005, 50(2): 609-619.

[9] Serafini, F. Expanding perspectives for comprehending visual images in multimodal texts[J]. *Journal of Adolescent & Adult Literacy*, 2011, 54(5): 342-350.

[10] 高晓瑜. 新媒体时代影像表达:提升中国国家形象对外传播效果的关键一环[N]. 中国社会科学网,2021-01-04.

[11] 刘成科,颜志蓉. 多模态语篇时代下的视觉读写能力[J]. 长春大学学报,2014,(10):1469-1472.

[12] 刘成科. 多模态语篇中的图文关系[J]. 宁夏社会科学,2014,(1):144-148.

[13] 谭载喜. 翻译与翻译研究概论:认知·视角·课题[M]. 北京:中国对外翻译出版有限公司,2012.

[14] 唐昉. 面向国际传播的译者能力培养以:《习近平谈治国理政》英译赏析课程为例[J]. 外国语文,2022,(5):33-41.

[15] 王少爽,覃江华.大数据背景下译者技术能力体系建构:《翻译技术教程》评析[J].外语电化教学,2018,(2):90-96.

[16] 张敬源,贾培培.关于视觉语法的几点思考[J].当代外语研究,2012,(3):38-42.

[17] 赵朝永,冯庆华.《翻译专业本科教学指南》中的翻译能力:内涵、要素与培养建议[J].外语界,2020,(3):12-19.

[18] 祝朝伟.基于翻译能力培养的MTI课程设置研究[J].外语界,2015,(5):61-69.

后记

在数字化浪潮的推动下,我们步入了一个全新的"读图时代"。图像、声音、文字等多模态元素在信息传播中扮演着越来越重要的角色。在这样的背景下,中国典籍的翻译与传播也面临着新的挑战与机遇。本书的完成,正是在这样的时代背景下,对典籍多模态翻译研究的一次探索。

2017年,我有幸前往英国曼彻斯特大学访学,期间专注于传播学视域下的茶文化典籍翻译研究。在这一年的时间里,我深入探讨了茶文化典籍翻译的传播主体、传播内容、传播媒介、传播受众以及传播效果,同时积极参加曼彻斯特大学中国访问学者组织的科研沙龙,有幸与众多学者分享了我的研究成果,并得到了宝贵的反馈。

在这些交流中,段自力老师的建议尤其令我印象深刻。他特别提到传播媒介在典籍翻译中的重要性,并建议我考虑图文书的翻译。这一建议如同一颗种子,在我心中生根发芽,激发了我对多模态典籍翻译的浓厚兴趣。

完成茶典籍翻译研究后,我便开始将研究重心转向多模态翻译。在这一过程中,我申请了重庆市社科规划课题,开始了相关的论文撰写工作。去年,开始着手撰写本书稿。在这一过程中,我深刻体会到了学术研究的艰辛与乐趣。

　　本书的完成，也离不开同事和学生的辛勤工作与支持。同事吴静老师对本研究具有浓厚的兴趣，因此参与了部分书稿（第一章、第四章、第五章部分内容约5万字）的撰写，此外还负责了书稿的校对和参考文献整理工作。她的专业精神和严谨态度，为本书的质量提供了坚实的保障。研究生赵瑞雪对全书进行了审读，提出了许多宝贵的问题和建议，她的敏锐洞察力和批判性思维，对本书的完善起到了重要作用。此外，研究生甘昊平、唐珊珊、钟文等同学也参与了本书部分案例的分析核对工作，保证了本书的顺利完成。南京大学出版社的张淑文老师在本书整个出版编辑过程中给予了大力支持和帮助。在此向她们表示衷心的感谢。同时，也感谢重庆市社科规划办以及重庆师范大学外国语学院对本研究的支持。

　　在"读图时代"的背景下，中国典籍的多模态翻译研究方兴未艾。本书的完成，希望能为这一领域添砖加瓦。我们期待着与更多的学者和实践者一起，继续探索和推动这一领域的研究与发展。

　　以此书，献给所有对多模态翻译研究感兴趣的同仁。

龙明慧
2024.09.20